Für die Freunde
der Freiheit
und die, die es
werden wollen

ACHGUT EDITION

DAS STAATSVERBRECHEN

Gunter Frank

Mehr über unsere Publikationen und Autoren:
www.achgut.com

MIX
Papier aus verantwortungsvollen Quellen
FSC® C083411

Achgut Edition ist ein Verlag der
Achgut Media GmbH, Berlin
ISBN 978-3-9822771-4-1
1. Auflage: 1–10.000, Berlin 2023

Umschlaggestaltung und Satz: usus.kommunikation, Berlin
Druck und Bindung: CPI books GmbH, Leck
Printed in Germany

Die Coronakrise endet erst dann, wenn die Verantwortlichen vor Gericht stehen

Inhalt

Einleitung

Als ich 2020 mein erstes Corona-Buch schrieb, ging es mir vor allem darum, über die Fehler der Pandemie-Politik aufzuklären. Die eigentliche Gefahr 2020 war für mich nicht das biologische Virus, sondern ein „Staatsvirus", der in der Gesellschaft Irrsinn und Irrationalität verbreitete. Doch die Covid-Impfkampagne änderte meine Sicht auf die Corona-Krise. Plötzlich bekam das irrationale Ausrufen einer gefährlichen Pandemie, die tiefgreifend einschränkenden Schutzmaßnahmen sowie das brutale Ausschalten jeder vernünftigen Kritik einen tieferen Sinn. Alles diente dazu, einem bekanntermaßen nutzlosen wie hochrisikohaften Arzneimittel aus der Biowaffen-Forschung endlich zu einem weltweiten Verkaufserfolg zu verhelfen. Ohne Rücksicht auf den gigantischen Schaden, den man dabei in Kauf nahm. Auf diesem Weg wurden zahlreiche Verbrechen begangen, die man in der Gesamtheit nur als systematischen Angriff auf die Zivilbevölkerung bewerten kann, und das unter Beifall von Politik, Wissenschaft, Medien – und Kirchen.

Dieses Buch ist die dazugehörige Anklageschrift. Es bietet eine Gesamtsicht auf die Vorgänge, beschreibt die Hintergründe und benennt die Drahtzieher, wobei es sich auf Fakten und eine überwältigende Indizienlage bezieht. Die erschreckende Wehrlosigkeit unserer Gesellschaft gegenüber diesen mächtigen, global agierenden Netzwerken erklärt sich durch ihre vielfältigen finanziellen Verstrickungen tief in unsere Institutionen hinein – aber nicht nur. Seit Jahren breitet sich eine Art autoritärer Dilettantismus in den Institutionen aus, deren Führungspersonal nicht nur versagte – viele wurden, bewusst oder unbewusst, in der Corona-Krise selbst zu Tätern.

Das alles ist Stoff für einen atemberaubenden Krimi. Das Problem ist nur, dass die Abermillionen Opfer, die die Corona-Verbrechen mit körperlichen, psychischen und existentiellen Schäden bezahlen müssen, real sind. Unzählige kostete es das Leben. Die Opfer haben das Recht auf Aufklärung, Anerkennung und soweit es überhaupt noch Sinn macht, auf Entschädigung. Wachsweiche Eingeständnisse und wohlfeile Aufrufe zur Versöhnung, wie wir sie jetzt zunehmend von Lauterbach, Spahn,

Wieler, Drosten und Co. hören werden, sollen hingegen lediglich von der eigenen Mitschuld ablenken.

Die umfassende juristische Aufarbeitung der Corona-Krise bietet die große Chance, diese gefährlichen Fehlentwicklungen endlich ins Licht der Öffentlichkeit zu bringen und so wieder zu einer angstfreien, offenen Debatte und zu verantwortungsvollem Handeln zurückzufinden. Erst wenn die Verantwortlichen vor Gericht stehen, erst wenn Entscheider wissen, dass sie sich für ihre kriminellen Handlungen vor der Gesellschaft verantworten müssen, erst dann ist die Corona-Krise wirklich vorbei. Und erst dann ist unsere Gesellschaft in der Lage, die nächsten Angriffe, die bereits vorbereitet werden, abzuwehren.

Kapitel 1

Corona in harten Zahlen

Die Corona-Krise begann offiziell in Deutschland mit der ersten bestätigten Infektion am 27. Januar 2020. Ein 33 Jahre alter Mann hatte sich bei einer aus China angereisten Kollegin mit dem neuen Corona-Virus angesteckt. Nachdem Regierung und Wissenschaftsfunktionäre die neue Corona-Infektion zunächst als harmlos einschätzten und die Warnung davor sogar als rechte Panikmache bezeichneten, erfolgte Anfang März der radikale Schwenk. Am 18. März 2020 schwor Bundeskanzlerin Angela Merkel in einer Fernsehansprache schließlich die Bevölkerung auf weitreichende Einschränkungen ein.

Wörtlich sagte die Bundeskanzlerin: *„Es wird weltweit unter Hochdruck geforscht, aber noch gibt es weder eine Therapie gegen das Corona-Virus, noch einen Impfstoff. Solange das so ist, gibt es nur eines, und das ist die Richtschnur all unseres Handelns: die Ausbreitung des Virus zu verlangsamen, sie über die Monate zu strecken und so Zeit zu gewinnen. Zeit, damit die Forschung ein Medikament und einen Impfstoff entwickeln kann. Aber vor allem auch Zeit, damit diejenigen, die erkranken, bestmöglich versorgt werden können. Deutschland hat ein exzellentes Gesundheitssystem, vielleicht eines der besten der Welt. Das kann uns Zuversicht geben. Aber auch unsere Krankenhäuser wären völlig überfordert, wenn in kürzester Zeit zu viele Patienten eingeliefert würden, die einen schweren Verlauf der Coronainfektion erleiden. Das sind nicht einfach abstrakte Zahlen in einer Statistik, sondern das ist ein Vater oder Großvater, eine Mutter oder Großmutter, eine Partnerin oder Partner, es sind Menschen. Und wir sind eine Gemeinschaft, in der jedes Leben und jeder Mensch zählt. […] Also: Es geht darum, das Virus auf seinem Weg durch Deutschland zu verlangsamen. Und dabei müssen wir, das ist existentiell, auf eines setzen: das öffentliche Leben so weit es geht herunterzufahren."*

Seitdem wurden alle Corona-Schutzmaßnahmen, von den Schulschließungen bis zur einrichtungsbezogenen Impfpflicht, mit der Begründung durchgesetzt, einer Überlastung des Gesundheitssystems entgegenwirken zu müssen. Dazu wurde am 27. März das Gesetz zum Schutz der Bevölkerung bei einer epidemischen Lage von nationaler Tragweite erlassen. Dieses Gesetz sah eine Neufassung des bestehenden Infektionsschutzgesetzes (IfGS) vor, welches im Laufe der Corona-Krise mehrfach geändert und verlängert wurde. Damit ließ sich die Einschränkung von Grundrechten handstreichartig durchsetzen, wie das Recht auf Versammlungsfreiheit, Freiheit der Person, Brief- und Postgeheimnis sowie Unverletzlichkeit der Wohnung. Sogar berufliche Tätigkeitsverbote wurden damit möglich.

Doch musste zu irgendeinem Zeitpunkt diese Überlastung befürchtet werden? Beruhte diese Annahme auf irgendeiner fachlich soliden Basis? War sie selbst im Frühjahr 2020 trotz damals lückenhafter Informationen überhaupt realistisch?

Beweisend sind nur die harten Zahlen der Wirklichkeit

Um es gleich zu Anfang klarzustellen: Die Infektionskrankheit Covid-19 ist ohne Frage eine ernstzunehmende Erkrankung, an der man in seltenen Fällen auch sterben kann – wie an sehr vielen anderen Erkrankungen auch. Ihr Erreger, das neue Corona-Virus mit Namen SARS-CoV-2, unterscheidet sich von anderen Viren durch eine Besonderheit, auf die wir noch zu sprechen kommen. Eine ganz andere Frage ist, ob Covid-19 eine ernstzunehmende Bedrohung für die Gesellschaft darstellte, und zwar gefährlicher als die bekannten winterlichen Grippewellen. So gefährlich, dass man mit außergewöhnlichen Maßnahmen reagieren musste, um Schlimmeres zu vermeiden.

In diesem Kapitel wird diese Frage beantwortet sowie die Frage, ob die Maßnahmen einen Einfluss auf den Infektionsverlauf, sprich einen Nutzen hatten. Und zwar beweisend anhand der Wirklichkeit in Form von nicht widerlegbaren harten Zahlen. Denn am Ende einer Pandemie reden wir über die Vergangenheit. Um sie zu beurteilen, braucht es keine Studien, erst recht keine Spekulationen oder Computermodelle mehr. Die Wiedergabe der puren Wirklichkeit in Form der offiziellen Belegungs-, Todes- und Vergleichszahlen reicht völlig aus.

Erster Wirklichkeitsbeweis – Die Krankenhausbelegung

Fangen wir an zu klären, ob während der Corona-Jahre 2020/2021 eine außergewöhnliche Belastung der Krankenhäuser durch die Krankheit Covid-19 vorlag. Dabei spielt die Anzahl von Infektionen, Inzidenzen oder Ansteckungsraten überhaupt keine Rolle. Denn nur die schweren Fälle, die eine Krankenhauseinweisung notwendig machen, können ein Gesundheitssystem überlasten. Beginnen wir mit der Gesamtbelegung der Krankenhäuser während der Corona-Krise. Wenn es eine außergewöhnliche Gefahr durch Covid-19 gegeben hätte, dann hätte dies trotz Absagen vieler Operationen zu einer angespannten Belegungssituation führen müssen. Doch das Gegenteil war der Fall, denn 2020 herrschte historische Unterbelegung – ganzjährig!

Besonders aussagekräftig ist eine Analyse der gesamten Krankenhausbelegung 2020 in Deutschland, die im Auftrag des Bundesministeriums für Gesundheit (BMG) vom Leibniz-Institut für Wirtschaftsforschung erstellt wurde. Diese ist seit April 2021 bekannt und auf der Internetseite des BMG aufrufbar. Dort steht wörtlich:

„Im betrachteten Zeitraum 2020 gab es in Deutschland seit Beginn der COVID-19-Pandemie Mitte März durchgehend weniger stationäre Fälle, und zwar im Zeitraum bis Ende Mai um ca. -30% und ab dann – einschließlich des Zeitraums der zweiten Welle – um -10%. Über das Jahr gesehen beläuft sich das Minus auf 13%, d.h. ohne Berücksichtigung der ersten zehn COVID-19-freien Wochen auf ca. 16%. Da die durchschnittliche Verweildauer nur minimal stieg, sanken auch die Verweildauertage um -12%. Im Resultat sank die Bettenauslastung auf ein [sic!] Allzeittiefpunkt von 67,3% (und 68,6% auf den Intensivstationen)."

Im Klartext: 2020 herrschte in deutschen Krankenhäusern eine historische Unterbelegung – auch auf den Intensivstationen. Das sind keine Schätzungen, Studienergebnisse oder Modellrechnungen. Das ist die Analyse der offiziellen Belegungszahlen und kommt damit der Wirklichkeit so nahe wie sonst nichts.

Anteil der Covid-Patienten an der Gesamt-Belegung: 2 Prozent

Und wie hoch war der Anteil der Patienten an dieser Unterbelegung, die die Diagnose Covid erhielten? Dazu wieder ein Zitat der Leibniz-Analyse, aufrufbar auf der Internetseite des Ministeriums: *„Dies berücksichtigt bereits die Versorgung der COVID-19-Patienten, für deren stationäre Versorgung im Jahresschnitt unter Berücksichtigung der Überlieger 2% aller Betten und knapp 4% der Intensivbetten benötigt wurden, natürlich mit zeitlichen und geographischen Spitzen."* Und wie hoch war der Covid-Anteil während dieser Spitzen in der Winterwelle 20/21? Sie erinnern sich vielleicht an Medienberichte aus dieser Zeit mit überquellenden Krankenhäusern. Die Leibniz-

Analyse schreibt dazu. *„Die höchsten tagesbezogenen Belegungsquoten gab es in der zweiten Dezemberhälfte mit knapp 5 Prozent aller Betten“.*

Sie haben richtig gelesen. Es herrschte in deutschen Krankenhäusern während des Corona-Jahrs 2020 historische Unterbelegung und der Anteil der Covid-Patienten betrug im Schnitt lediglich 2%, in Worten: ZWEI PROZENT. Und höchstens 5% in der Zeit der größten Infektionswelle.

InEK-Belegungszahlen für 2019, 2020 und 2021

Inzwischen liegen auch die Abrechnungsdaten aller Krankenhäuser für das Jahr 2021 vor. Sie stammen vom Institut für das Entgeltsystem im Krankenhaus (InEK), das in regelmäßigen Abständen umfassende Daten zu allen stationären Krankenhausleistungen in Deutschland veröffentlicht. Diese Daten bilden die staatliche Grundlage für die stationären Abrechnungssysteme. Der Datenexperte Tom Lausen analysierte die InEK-Daten für die Jahre 2019, 2020 und 2021 und stellte die Ergebnisse am 14. März 2022 in einer Anhörung dem Gesundheitsausschuss des Deutschen Bundestages vor. Das bedeutet, dass folgende Zahlen ab diesem Zeitpunkt auch offiziell dem Bundestag bekannt waren. Tabelle 1 zeigt die wesentlichen Zahlen.

Tabelle 1

Belegung Krankenhäuser 2019 – 2021

	Fallzahlen	**davon COVID-19**	**Veränderung zu 2019**
2019	19.241.830	0	0
2020	16.704.757	111.324	minus 2.537.073
2021	16.665.365	276.332	minus 2.576.465

(datenbrowser.inek.org)

Die InEK-Daten belegen ebenfalls, dass im Jahr 2020 in deutschen Krankenhäusern trotz 111.324 Covid-19-Fällen insgesamt über 2,5 Millionen stationäre Fälle weniger behandelt wurden als 2019. Obwohl im Jahr 2021 deutlich mehr Covid-19-Fälle stationär behandelt wurden (276.332), wurden ebenfalls erneut insgesamt über 2,5 Millionen Fälle weniger stationär behandelt als 2019.

Die InEK-Daten zeigen sogar einen noch niedrigeren Covid-Patienten-Anteil an der Gesamtbelegung als die Analyse des Leibniz-Instituts: 2020 ca. 0,7% und 2021 ca. 1,7%.

InEK-Belegungszahlen der Intensivabteilungen

Das gleiche Bild zeigen die InEK-Daten auch für die Intensivbelegung.

Tabelle 2

Zahlen zur Intensivbelegung 2019–2021

	Fallzahlen	davon COVID-19	Veränderung zu 2019
2019	2.267.118	0	0
2020	2.049.247	27.469	minus 217.871
2021	1.897.001	68.228	minus 370.117

(datenbrowser.inek.org)

Im Jahr 2020 wurden demnach in den Intensivstationen der deutschen Krankenhäuser insgesamt 217.871 Fälle weniger intensivmedizinisch behandelt als 2019. Auch hier lesen Sie richtig: fast eine Viertelmillion weniger Intensivfälle im Jahr einer der angeblich schlimmsten Seuchen aller Zeiten. Ebenfalls 2021 lagen erneut deutlich weniger Patienten auf Intensiv als 2019. Dabei betrug der Anteil der Covid-Patienten in den Intensivabteilungen 2020 lediglich ca. 1,3% und 2021 ca. 3,6%. Es fällt insgesamt auf, dass 2021 deutlich mehr Covid-Fälle abgerechnet wurden als 2020. Doch das lag sicher nicht am Virus. Woran dann? Die Meldepraxis der deutschen Intensivabteilungen in der Corona-Krise sollte vielleicht bereits mit „organisierter Kriminalität“ beschrieben werden. Wir widmen uns dem Thema ausführlich in Kapitel 3.

Festzuhalten ist: Die InEK-Zahlen bestätigen eindeutig die Leibniz-Analyse und damit die historische Unterbelegung in deutschen Krankenhäusern und messen den Anteil an Covid-Patienten sogar noch unter 2%.

Kein Tsunami, sondern die übliche leichte Brise

Andere Gründe für die historische Unterbelegung lagen sicher in abgesagten Operationen – und auch in einer Panikstimmung, die dazu führte, dass Patienten die Krankenhäuser mieden, die sich dort besser hätten behandeln lassen sollen. Aber wenn es sich tatsächlich um eine besonders gefährliche Epidemie gehandelt hätte, hätten sich die dadurch freigewordenen Betten dennoch mit vielen Covid-Kranken füllen müssen. Doch der vorausgesagte Covid-Tsunami war in Wirklichkeit als kleine, typische Winterwelle in der Krankenhausbelegung kaum wahrnehmbar. Wenn überhaupt, dann während des Jahreswechsels 2020/2021, als es regional zu Engpässen kam und Patientenverlegungen notwendig wurden. Doch dies ist seit Jahren die pure Normalität im Rahmen winterlicher Atemwegsinfektionen. Auch im Januar 2021 konnten jederzeit Patienten auf halbleere Intensivabteilungen vieler Krankenhäuser verlegt werden. Auch dies ist eine Feststellung der Leibniz-Analyse. Über diese historische Unterbelegung ist das Bundesgesundheitsministerium demnach durch ein eigenes Gutachten spätestens seit April 2021 offiziell im Bilde. Eine unmittelbare Entwarnung und Beruhigung der Bevölkerung hätte zwingend erfolgen müssen, was jedoch mit tatkräftiger Mithilfe der etablierten Medien unterblieb. Damit sollte klar sein, dass die politischen und medialen Horrorberichte zu Corona reiner Humbug waren. Das drängt allenfalls die Frage auf, ob die Maßnahmen diesen Tsunami verhindert haben. Diese Frage beantworten wir gleich.

Widmen wir uns zuvor dem möglichen Einwand, dass die neue Corona-Infektion so schlimm war, dass die meisten infizierten Menschen starben, bevor sie es ins Krankenhaus schafften. Deshalb folgt nun die Klärung des zweiten entscheidenden Faktors, der bei einer außergewöhnlichen Situation hätte auffallen müssen: das Sterbegeschehen in den Corona-Jahren 2020 und 2021.

Zweiter Wirklichkeitsbeweis – Das Sterbegeschehen

Neben der Zahl der schweren, krankenhauspflichtigen Erkrankungsfälle ist die Zahl der Covid-Toten die entscheidende Größe bei der Frage, ob es sich bei der Infektion mit SARS-CoV-2 um eine außergewöhnlich gefährliche Pandemie gehandelt hat. Bei der Beantwortung kommt der Berechnung der sogenannten Übersterblichkeit eine zentrale Bedeutung zu. Man spricht von Übersterblichkeit dann, wenn mehr Tote verzeichnet werden, als es für dieses Jahr aufgrund der Bevölkerungsentwicklung zu erwarten gewesen wäre. Die Zahl der jährlichen Grippetoten wurde stets anhand solcher Übersterblichkeiten eingeschätzt. Die nun folgenden Zahlen beziehen sich auf das Statistische Bundesamt, das Robert-Koch-Institut (RKI) und die weltweite Corona-Datenerfassung der Johns-Hopkins-Universität, *www.worldometers.info*. Es gibt teilweise leichte Unterschiede in den dortigen Tabellen, weil die Art der Erfassung oder unterschiedliche Stichtage zu Detailänderungen führen. Um es vorwegzunehmen: Ähnlich den Krankenhausbelegungen hat die Infektion mit dem Corona-Virus bei den Sterbedaten zu keiner außergewöhnlichen Situation in Deutschland geführt.

Die Covid-Sterbezahlen

Das Statistische Bundesamt meldete am 16. Dezember 2022, im Jahr 2020 seien 39.758 und im Jahr 2021 dann 71.331 Menschen verstorben. Laut RKI betrug die Zahl der Covid-Todesopfer im Jahr 2020 ca. 33.000, im Jahr 2021 ca. 79.000 und im Jahr 2022 ca. 48.000. Stand 5. Januar 2023 gelten offiziell insgesamt 162.256 Gestorbene als Covid-Opfer. Das Covid-Sterbegeschehen fand allermeist im Altersbereich der 70-plus-Jährigen statt (ca. 85%). Das Covid-Durchschnittssterbealter (Median) betrug in Deutschland 83 Jahre. Gestorben sind diese Patienten vor allem im Winter. Unterhalb von 70 Jahren steht Covid unter den vielen anderen möglichen Sterberisiken ganz hinten an. Insbesondere bei Kindern und Jugendlichen sind die extrem seltenen schweren Verläufe gekoppelt mit anderweitigen sehr schweren, lebensgefährlichen Erkrankungen. Bei den 5–11-Jährigen wurden bis Ende 2021 sieben Todesopfer gezählt. Das RKI schreibt im Januar 2022:

„Alle 7 Kinder litten bereits vor der SARS-CoV-2-Infektion an schweren Grunderkrankungen (z.B. frühkindliches Fehlbildungssyndrom, schwere kardiale oder neurologische Erkrankungen, Immundefizienz). [...] Während der gesam-

ten bisherigen Pandemie sind in Deutschland bei Kindern dieser Altersgruppe ohne Vorerkrankungen keine COVID-19-bedingten Todesfälle aufgetreten.“

Eines lässt sich mit Sicherheit sagen: Zurzeit beträgt die durchschnittliche Lebenserwartung eines Neugeborenen ca. 81 Jahre. Mit einem durchschnittlichen Sterbealter von 83 dürfte Covid-19 zu den Todesursachen mit der längsten Lebenserwartung gehören.

„An“ oder „mit“

Nun zur heiß diskutierten Frage, ob die meisten Covid-Toten gar nicht ursächlich an der Infektion, sondern aufgrund einer anderen Ursache verstarben. Auffällig ist, dass das RKI seine Todeszahlen beschrieb mit „an und mit“, während das Statistische Bundesamt bei seinen Zahlen von „an“ ausgeht. Eine sichere Klärung dieser Frage können nur Obduktionen leisten. Ein 2022 veröffentlichter Bericht des deutschen Covid-19-Autopsieregisters kam anhand 1.095 ausgewerteter Datensätze zum Schluss, dass in 86 % der Obduktionsfälle Covid-19 die zugrundeliegende Todesursache war, während in 14 % der Fälle Covid-19 eine Begleiterkrankung war. Der Heidelberger Direktor der Universitätspathologie, Prof. Dr. Peter Schirmacher, kommt 2020 anhand seiner Untersuchungen von Covid-Toten auf etwa 80% ursächlich an den Folgen einer Covid-Lungenentzündung Verstorbene. Alle meist im hohen Alter und mit schweren Vorerkrankungen. Generell fehlen repräsentative Daten, so dass keine sicheren Rückschlüsse auf die Gesamtsituation gezogen werden können. Aber genau solche repräsentativen Untersuchungen wären zur Klärung dringend notwendig, denn es gibt auch bei dieser Frage eigenartige Unstimmigkeiten.

Rätselhafte Diskrepanzen

Zum Beispiel addierten sich in den RKI-Tagesberichten der 20. bis 23. Kalenderwochen 2022 die Covid-Todeszahlen zu insgesamt 1.819 Verstorbenen. Während im Monatsbericht zur Impfeffektivität des gleichen vierwöchigen Zeitraums „nur“ 98 Covid-Tote verzeichnet werden. Das sind 1.721 Covid-Tote weniger, wir sprechen von einem Unterschied um den

Faktor 20. Das Gesundheitsministerium erklärt dazu, dass in den Bericht zur Impfeffektivität nur Covid-19-Fälle eingehen, bei denen Angaben zu einer bestehenden Symptomatik verfügbar sind. Hatten nun 1.721 Covid-Tote der Tageberichte keine Symptome und verstarben tatsächlich an etwas anderem? Genauso rätselhaft ist die Tatsache, dass laut der RKI-Covid-Totenzahlen im Herbst in Deutschland 10% aller weltweiten Covid-Toten verstarben. Bei einem Anteil an der Weltbevölkerung von einem Prozent?

Umetikettierung

Sterbebegleitung ist Teil meiner hausärztlichen Tätigkeit. Dabei komme ich immer wieder mit Bestattern zusammen. Sie berichteten, dass Särge von Covid-Toten versiegelt sind, wenn sie diese aus dem Krankenhaus abholen. Bringen dann die Angehörigen gute Kleider für die letzte Reise, dann muss sie der Bestatter enttäuschen – er darf den versiegelten Sarg nicht mehr öffnen. Mehrfach hätten sie dann von Angehörigen gehört: Was? Der Großvater oder die Tante hätten doch gar nicht wegen Corona im Krankenhaus gelegen. Ähnliches habe ich auch des Öfteren von Angehörigen direkt erfahren. Besonders die alten, dementen Verstorbenen hätten die Covid-Diagnose fast automatisch bekommen. Das zeigt ziemlich eindrücklich, dass die offiziellen Todeszahlen besonders seit der Omikron-Variante 2022 sehr kritisch gesehen werden müssen.

Es gab offensichtlich eine Verschiebung der Todesursachen vor allem bei vorerkrankten, alten Menschen. Auch hier erfuhr ich von Bestattern, die ich dazu befragte, dass die Ärzte früher bei alten Menschen, die an einem Infekt verstarben, meist die Grunderkrankung als Todesursache eingetragen haben. In den Corona-Jahren jedoch habe meist Covid auf dem Totenschein gestanden.

Ich gehe davon aus, dass am Anfang der Coronakrise, wie von Prof. Schirmacher vermutet, 80% der offiziellen Covid-Toten in den Krankenhäusern schwer an Covid-19 erkrankt waren. Sie starben meist an einer Lungenentzündung, oft in Kombination mit Lungenschäden als Folge einer invasiven Beatmung (warum dies oft vermeidbar gewesen wäre, erkläre ich noch an anderer Stelle). Die Dunkelziffer einer falschen Todesdiagnose dürfte in den Altersheimen größer gewesen sein. Doch ab

Sommer 2021 gehe ich von mindestens 50% falsch deklarierten Covid-Todesdiagnosen aus. Seit Omikron im Frühjahr 2022 sollte man besser von 90% ausgehen.

Andere Länder

In manchen Ländern, insbesondere in Hotspots wie New York oder Madrid, war Anfang 2020 eine hohe Opferzahl zu beklagen, darunter viele Beatmungsopfer. Im August 2022 gibt die Johns-Hopkins-Universität eine Covid-Gesamtopferzahl von über 6,4 Millionen an, angeführt von den USA mit einer Million Opfer. Doch nicht nur in Deutschland sollten wir die offiziellen Zahlen anzweifeln. Auch international wurde teilweise sehr fragwürdig agiert. Die Universität Oxford beispielsweise analysierte 14 Formulierungen für die Feststellung der Todesart bei Covid-Toten in Großbritannien, darunter auch „verstorben innerhalb von 28 bis 60 Tagen nach einem positiven Covid-Test“. Manche Krankenhäuser verlangten nicht einmal einen Covid-Test, um einen Corona-Toten eindeutig zu zertifizieren. Ähnliches wird sich in vielen Ländern finden. Eine Patientin erzählte mir, in Kroatien hätten Ärzte den Verwandten Geld angeboten, damit sie auf dem Totenschein des Verstorbenen Covid als Todesursache eintragen könnten, denn dafür erhielten sie eine Prämie. Ich weiß nicht, ob das stimmt, aber ganz sicher ist die Zahl von 6 Millionen direkt an Covid gestorbenen Opfern zu hoch. Berücksichtigt man zusätzlich das hohe Sterbealter, dann war und ist, nüchtern betrachtet, die Bedrohung durch das neue Corona-Virus nicht das vordergründige medizinische Problem für die Weltgesundheit.

Übersterblichkeit – oder wie täuscht man mit Statistik

Doch ohne Zweifel starben Menschen an Covid. Muss man diese Covid-Toten jedoch zum normalen Sterbegeschehen hinzuaddieren oder nicht? Kommen wir nun zu der Frage, ob es in den Corona-Jahren zu einer Übersterblichkeit kam.

Seit Jahrzehnten sterben in Deutschland pro Jahr mehr Menschen als im Vorjahr. Daraus automatisch auf eine Übersterblichkeit zu folgern, ist jedoch ein Trugschluss, denn jedes Jahr verändern sich die Bevölkerungszahlen. Sowohl die Gesamtmenge als auch die Altersstruktur. Vor allem wird Deutschland immer älter. Deshalb steigt die Todesrate, weil alte Menschen nun mal häufiger sterben als junge. So starben 2006 noch 0,998% der Bevölkerung, während es im Jahr 2021 schon 1,227% waren. Diese Steigerung der Todesrate ist bei einer alternden Gesellschaft erwartbar und normal. Übersterblichkeit ist somit ein dehnbarer Begriff, dessen konkrete Bewertung davon abhängt, welche Vergleichsdaten man wie auswertet. Neben der Altersentwicklung und der Bevölkerungszahl können viele Faktoren die Sterblichkeit beeinflussen. Gab es im Vorjahr eine schwere Grippewelle, sterben im Folgejahr meist weniger alte Menschen, weil die Schwächsten schon im Vorjahr verschieden. Der Lockdown beispielsweise könnte zu weniger Verkehrstoten, aber mehr Suiziden geführt haben und vieles mehr.

Keine Übersterblichkeit 2020

Das Statistische Bundesamt behauptet beharrlich eine Übersterblichkeit für 2020. Doch diese Behauptung fußt auf der altbekannten statistischen Irreführung mit Hilfe der willkürlichen Gruppenzusammenlegung. 2019 war das mit Abstand niedrigste Sterbejahr der letzten zehn Jahre, gefolgt von 2016. Wenn man genau diese Jahrgänge 2016–2019 zusammenlegt und den Durchschnitt mit 2020 vergleicht, dann schneidet 2020 leicht schlechter ab. Aber die Wirklichkeit sieht ganz anders aus, wenn man die letzten zehn Jahre einzeln betrachtet und miteinander vergleicht. Schnell stellt sich dann heraus, dass 2013 das Jahr mit der höchsten Sterberate war und 2019 war das Jahr mit der niedrigsten. 2020 war das Jahr mit der drittniedrigsten Sterberate. Das beweist, dass 2020 ein mildes Sterbejahr war und keine Übersterblichkeit bestand.

(Diesen Datenvergleich habe ich Raimund Hagemann zu verdanken, der zusammen mit einem Netzwerk aus Statistikern und Wissenschaftlern sehr gute Corona-Statistiken veröffentlicht.)

Übersterblichkeit 2021 – bei den Jüngeren

2021 besteht das vierthöchste Sterberisiko der letzten zehn Jahre. Gegenüber 2020 erhöhte sich das Sterbegeschehen also deutlich. Das lag nicht an den alten Verstorbenen, sondern an den jüngeren! Die mittleren Altersgruppen weisen plötzlich das höchste Sterbegeschehen der letzten 10 Jahre auf. Das ist sehr bemerkenswert. Laut Raimund Hagemann ist diese Entwicklung jedoch erst ab der zweiten Jahreshälfte 2021 zu beobachten. Der Mathematiker und ehemalige Dozent an der Universität Frankfurt Dr. Thomas Rießinger kommt in einer fachgerechten und zurückhaltenden Berechnung auf 6.000 zusätzliche Tote in der Altersklasse der 35-75-Jährigen in der zweiten Jahreshälfte.

An Covid kann es nicht gelegen haben, denn die Sterbezahlen sind in dieser Altersklasse sehr gering und waren 2021 auf ähnlichem Niveau wie 2020. Politik, Medizin und Medien schenkten dieser besorgniserregenden Entwicklung jedoch keine Beachtung.

Allgemeine Übersterblichkeiten 2022

Für das Jahr 2022 wurden pro Monat von Januar bis Dezember zwischen 4 und 20 Prozent allgemein mehr Tote gezählt als in den Vorjahren (Ausnahme Februar), sogar im Sommer. Laut Presseportal der Behörde seien 2022 im November 88.129 Menschen gestorben. Diese Zahl liege 7 Prozent oder 5.945 Fälle über dem mittleren Wert (Median) der Jahre 2018 bis 2021 für diesen Monat. Destatis räumt ein, dass *„die Zahl der COVID-19-Todesfälle im November abnahm“*, sie habe sich *„innerhalb von vier Wochen in etwa halbiert“*. Und: Die aktuelle Entwicklung könne *„nicht allein beziehungsweise nur zu einem geringen Teil auf die Alterung der Bevölkerung zurückzuführen“* sein. Corona oder die Demographie erklären den erneuten Anstieg also nicht. Im Dezember betrug die Übersterblichkeit wieder 19 Prozent.

Doch nicht nur in Deutschland, nein, in fast allen Ländern stieg 2022 die Sterblichkeit im Vergleich zu den Vorjahren um die 16% an. Wir sprechen von Großbritannien, Griechenland, der Schweiz, Norwegen und auch Australien. Gleichzeitig gingen weltweit die Covid-Todeszahlen 2022 stark zurück. Realistisch betrachtet kommen als Ursache für die vielen zusätzlichen Toten ab 2021 nur zwei andere Ursachen infrage, die wir in diesem Buch genau beleuchten werden.

Dritter Wirklichkeitsbeweis – Der Ländervergleich

Eine Frage bleibt zu klären. Was wäre gewesen, wenn unsere Gesellschaft auf diese Infektionskrankheit so reagiert hätte wie bei jeder Wintergrippe – nämlich gar nicht? Wäre es dann zu der Katastrophe gekommen, vor der uns Politik, Medien und Arztfunktionäre eindringlich warnten? Haben uns die historisch einmaligen und umfassenden Schutzmaßnahmen davor bewahrt? Schutzmaßnahmen, die das öffentliche Leben in noch nie dagewesener Weise einschränkten mit dem Ziel, körperliche Kontakte weitgehend zu vermeiden? Und wenn sie unvermeidbar waren, dann nur hinter Atemmasken und Plexiglasscheiben und mit so viel Abstand wie möglich?

Nun könnten tausend Seiten folgen, auf denen verschiedenste Studien unterschiedlichster Qualität und Aussagekraft gegeneinander abgewogen würden. Doch 2023 brauchen wir diese Studien nicht mehr, um die obige Frage zu beantworten. Denn auch hier muss man nur die Wirklichkeit wahrnehmen. Am besten anhand eines Vergleichs von Ländern, die diese Maßnahmen streng durchgesetzt haben, mit jenen, die milde oder gar keine Maßnahmen verhängten. Denn wären Lockdown, Isolierung und Masken notwendig, um eine katastrophale Ausbreitung schwerer Covid-Fälle zu verhindern, dann hätten Länder ohne Maßnahmen Probleme mit überlasteten Krankenhäusern bekommen und hohe Covid-Todeszahlen verzeichnen müssen. Schließlich wurden katastrophale Zustände und Todeszahlen für solche Länder von medial dauerpräsenten Experten von Drosten bis Lauterbach prophezeit.

Glückliches South Dakota

Ein solcher Ländervergleich bietet sich beispielsweise unter den 50 US-Bundesstaaten an, die teilweise höchst unterschiedliche Strategien während der Corona-Pandemie verfolgten. In Florida wurden beispielsweise ab dem 28. September 2020 praktisch alle Restriktionen aufgehoben. Bars, Kinos, Freizeitparks wie Disneyland hatten geöffnet, unter nur mäßigen Hygieneregeln. Während dagegen Kalifornien oder New York an strengen Maßnahmen bis heute festhalten. Im April 2022 veröffentlichte das National Bureau of Economic Research eine Auswertung, die die unterschiedlichen Corona-Schutzmaßnahmen der 50 US-Staaten anhand von drei Variablen vergleicht: Gesundheitsentwicklung, Wirtschaftsentwicklung und Bildungsentwicklung. Das Ergebnis zeigt eindeutig, dass die Strenge des Lockdowns keinen Einfluss auf die Covid-Sterblichkeit hatte. Ganz egal, ob Geschäfte, Schulen oder Kirchen geschlossen wurden oder nicht, völlig unabhängig von Reise-, Berufs- und Restauranteinschränkungen: Es gab keinen relevanten Unterschied auf die Infektionsentwicklung in den 50 Staaten. Die Maßnahmen hatten demnach keinen nennenswerten Einfluss auf die Verbreitung schwerer Covid-Infektionen mit Todesfolge. In den Staaten, die kaum Restriktionen veranlassten, ist überall die prophezeite Katastrophe des ungebremsten „exponentiellen" Wachstums ausgeblieben. Besonders eindrücklich ist der Vergleich der zwei Nachbarstaaten South Dakota (ohne Zwangsmaßnahmen) vs. North Dakota (mittlerer Lockdown mit Maskenpflicht und Gastronomieeinschränkungen). Obwohl in diesen zwei Staaten fast identische Ausgangssituationen herrschen, gab es keinen Unterschied.

Schweden wurde am Ende belohnt

Für Europa bietet sich insbesondere der Infektionsverlauf in Schweden als Vergleich an. Dort verzichtete man komplett auf Lockdowns und setzte auf milde Maßnahmen (Restaurants mit Restriktionen offen, keine Ladenschließungen, Schulen weitgehend offen, Sport weiter möglich, Skigebiete geöffnet, lediglich zeitweise Maskenempfehlungen in öffentlichen Transportmitteln). Anfangs befanden sich die Todeszahlen im oberen Drittel der europäischen Länder, in dem sich ansonsten durchweg Länder mit strengem Lockdown fanden. Schweden hatte allerdings mit 86 Jahren das höchste Durchschnittstodesalter. Und da in Schweden alte Menschen lange bei ihren Familien wohnen bleiben, befinden sich in Pflegeheimen besonders alte, pflegebedürftige und anfällige Bewohner. Als der Infektionsschutz für Pflegeheime verbessert wurde (oder weil die besonders Schwachen bereits verstorben waren) sanken die schwedischen Covid-Todeszahlen ins untere europäische Drittel. Tatsache ist: Als die

Weltgesundheitsorganisation (WHO) am 5. Mai 2022 neueste Zahlen zu den weltweiten Todesfällen veröffentlichte, schnitt Deutschland besonders schlecht und Schweden besonders gut ab. Die Beteuerungen, Deutschland sei besonders gut durch die Pandemie gekommen, sind schlicht falsch. Und dabei sind die Schäden des Lockdowns noch gar nicht eingerechnet.

Festzuhalten ist: Nirgends schossen Infektionszahlen durch Lockerungen in die Höhe oder wurden durch einen Lockdown eingedämmt. Mit diesem Ländervergleich ist ein relevanter Einfluss der Corona-Schutzmaßnahmen auf Covid-Krankenhausbelegung und Covid-Todeszahlen widerlegt. Und zwar von der Wirklichkeit am Ende der Pandemie.

Fazit

Kapitel 1 beweist anhand nicht zu widerlegender Zahlen der Krankenhausbelegung und der Sterberate, dass aufgrund der neuen Corona-Infektion zu keiner Zeit eine außergewöhnliche medizinische Situation für die Gesellschaft drohte. Die einzige Auffälligkeit war das Ansteigen der Sterblichkeit, insbesondere in den mittleren Altersgruppen, ab Mitte 2021, dessen Ursache jedoch die Behörden nicht interessierte. Ebenso erwiesen sich die Maßnahmen in der Gesamtbetrachtung der Ländervergleiche als nutzlos. Wer diese Beweise abstreitet, der kann auch abstreiten, dass die Nordsee im Sommer wärmer als im Winter ist oder dass Argentinien 2022 Fußballweltmeister wurde.

Doch statt Entwarnung wurde weiterhin eine drohende Überlastung von der Regierung behauptet. Verantwortung für diese folgenreiche Falschdarstellung tragen die zuständigen Fachbehörden, vor allem das Robert-Koch-Institut und das Statistische Bundesamt sowie deren Dienstherren, die Ministerien für Gesundheit und des Innern. Für die Wissenschaftsredaktionen der etablierten Medien wäre es ein Leichtes gewesen, diese Falschinformationen richtigzustellen, doch sie dramatisierten sie noch zusätzlich.

Kapitel 2

Verbrechenskomplex Lockdown

Die verheerenden Folgen der Corona-Schutzmaßnahmen

Hören wir dazu noch einmal in die Corona-Ansprache Angela Merkels vom 18. März 2020 hinein: *„Und wir sind eine Gemeinschaft, in der jedes Leben und jeder Mensch zählt. […] Und dabei müssen wir, das ist existentiell, auf eines setzen: das öffentliche Leben so weit es geht herunterzufahren."*

Meinte die damalige Bundeskanzlerin jedes Leben oder meinte sie nur diejenigen, die von einer schweren Covid-Erkrankung bedroht waren? Wenn letzteres, dann hätten sich die Anstrengungen auf menschenwürdige Schutzkonzepte in den Pflege- und Altersheimen und einen Kraftakt zur Verbesserung der Pflegesituation konzentrieren müssen. Doch stattdessen mündeten die Quarantäneregeln dort in eine humanitäre Katastrophe, auf die wir in diesem Buch noch eindrücklich eingehen werden.

Oder meinte Angela Merkel, dass wirklich jedes Leben und wirklich jeder Mensch zählt? Also auch diejenigen, für die ein „das öffentliche Leben so weit es geht herunterzufahren“ schwere Schäden für Gesundheit, Psyche und für die berufliche Existenz bedeutet? Schließlich legte sie, ebenso wie ihr Nachfolger Olaf Scholz, einen Amtseid ab, der wie folgt lautet:

„Ich schwöre, dass ich meine Kraft dem Wohle des deutschen Volkes widmen, seinen Nutzen mehren, Schaden von ihm wenden [...] werde.“

Von den Schäden, die von der Bundeskanzlerin und ihrem Nachfolger nicht abgewendet, sondern verursacht wurden, reden wir nun. Sie sind verheerend. Wir reden jetzt über die realen Auswirkungen der Corona-Schutzmaßnahmen. Denn sie, nicht das Virus, führten zur größten Katastrophe in der bisherigen Geschichte der Bundesrepublik Deutschland.

Chronologie und begleitende Angstkampagne

Anfang 2020 herrschte ein hoher internationaler Druck auf Regierungen, einen Lockdown für ihre Länder zu beschließen. Nur wenige Länder hielten diesem Druck stand und agierten vernünftig. Deutschland gehörte nicht dazu. Nun folgt eine kurze Chronologie der deutschen Schutzmaßnahmen, die auf dem Boden der Corona-Gesetzeslage durchgesetzt wurden.

Ab 13. März 2020: erster Lockdown: Verschiebung planbarer Operationen, Quarantänemaßnahmen für Reisende aus dem Ausland und Reisebeschränkungen beschlossen. Schließung von Schulen sowie sämtlicher „nicht lebensnotwendigen“ Einrichtungen und Geschäfte. Die Bevölkerung wird teils per Lautsprecherdurchsagen über Ausgangsbeschränkungen und Kontaktbeschränkungen informiert. Ein Mindestabstand im öffentlichen Raum von mindestens 1,50 Metern wird eingeführt, und der Aufenthalt im öffentlichen Raum ist nur allein oder mit einer weiteren Person außerhalb des eigenen Hausstands gestattet. Gastronomie und zahlreiche weitere Dienstleistungsbetriebe werden geschlossen. Anfang April führt Jena als erste Stadt in Deutschland eine Maskenpflicht ein. Andere folgen schnell. Teilweise Lockerung unter Abstands- und Hygieneauflagen ab 15. April bzw. 6. Mai 2020.

Über die gemeinsam beschlossenen Maßnahmen hinaus erlassen Bayern, Berlin, Brandenburg, das Saarland, Sachsen und Sachsen-Anhalt Ausgangsbeschränkungen, die das Verlassen der eigenen Wohnung oder das Betreten des öffentlichen Raumes grundsätzlich vom Vorliegen eines „triftigen" Grundes abhängig machen.

Ab 28. Oktober 2020: Zwischenlockdown – „Lockdown light": Nachdem die Nationale Akademie der Wissenschaften die geltenden Beschlüsse als nicht ausreichend kritisiert hat, werden Maßnahmen weiter verschärft. Bürger werden aufgefordert, soziale Kontakte auf ein absolutes Minimum zu reduzieren und der Aufenthalt in der Öffentlichkeit wird auf kleine Gruppen beschränkt. Kultur-, Gastronomie- und Dienstleistungsbetriebe werden wieder geschlossen. Geöffnet bleiben Schulen, Kindergärten sowie Groß- und Einzelhandelsbetriebe. Für die von Schließungen betroffenen Betriebe werden zusätzliche wirtschaftliche Hilfen beschlossen. Die Pflicht zum Tragen einer Maske im öffentlichen Raum wird weiter ausgedehnt.

Ab 13. Dezember 2020: zweiter Lockdown: Kindertagesstätten und Schulen sowie die meisten Geschäfte und Dienstleistungsbetriebe werden geschlossen. Maskenpflicht wird ausgeweitet. Ab 3. März teilweise Lockerungen.

23. April bis zum 30. Juni 2021: dritter Lockdown – die „Bundesnotbremse": Ab bestimmten Inzidenzzahlen werden noch strengere Kontaktbeschränkungen verhängt. Eine Ausgangssperre gilt von 22.00 bis 5.00 Uhr. Eine Verordnungsermächtigung zum Erlass besonderer Regelungen für „Geimpfte, Getestete und vergleichbare Personen" tritt in Kraft. Sie sieht eine Rücknahme von bestimmten Grundrechtseinschränkungen für geimpfte und genesene Personen vor.

Ab 23. August 2021: Besuch und Aufenthalt von zahlreichen Orten des öffentlichen Lebens sind nur noch für geimpfte, genesene oder getestete Personen möglich. Verbindliche 3G-Regel (geimpft, genesen, getestet) für öffentlich zugängliche Innenräume. Zusätzlich 3G für Restaurants, Kinos, beim Frisör und bei anderen körpernahen Dienstleistungen, für Fitnessstudios, Schwimmbäder und Sporthallen, für Veranstaltungen, den Besuch in Krankenhäusern, Reha- oder Behinderteneinrichtungen sowie in Pflegeheimen.

November 2021: Neuregelung: 3G für Arbeitsplätze, Nah- und Fernverkehr und bei Inlandsflügen. Geimpfte und Genesene müssen ihren jeweiligen Status belegen. Ungeimpfte müssen einen tagesaktuellen Schnelltest oder maximal 48 Stunden alten PCR-Test vorlegen. Unter Aufsicht des Arbeitgebers ist auch ein Selbsttest erlaubt. Verstöße sowohl von Arbeitgebern als auch Beschäftigten können mit Bußgeldern geahndet werden. Ab einem Hospitalisierungswert von 3 sollen die Länder flächendeckend die 2G-Regel (geimpft, genesen, 2G-plus mit Test) einführen, die Ungeimpfte de facto vom öffentlichen Leben ausschließt. In Alten- und Pflegeheimen und in Behinderten- und Gesundheitseinrichtungen gilt eine Testpflicht für Personal und Besucher. Ungeimpfte Besucher müssen tagesaktuelle negative Tests vorweisen. Geimpfte oder genesene Beschäftigte können auch Selbsttests durchführen.

19. März 2022: Auslaufen der bundesweiten Schutzmaßnahmen, auch der G-Regeln. Ein „Basisschutz" ermöglicht es jedoch weiter, tiefgreifende Schutzmaßnahmen wieder anzuordnen (Hotspot-Regelung).

16. September 2022: Covid-19-Schutzgesetz: FFP2-Maskenpflicht im öffentlichen Personenfernverkehr (bisher reichten medizinische Masken aus). Bundesländer können eigenmächtig nach Feststellen von hohen Infektionsverläufen Schutzmaßnahmen und Einschränkungen von Grundrechten beschließen.

Begleitende Angstkampagne

Begleitet wurde die Durchsetzung der Schutzmaßnahmen von einer beispiellosen Angstkampagne, basierend auf einem 17-seitigen Strategiepapier des Bundesinnenministeriums (BMI) mit dem Titel „Wie wir COVID-19 unter Kontrolle bekommen". Dieses Papier wurde ab dem 18. März 2020 an weitere Ministerien sowie das Bundeskanzleramt mit dem Stempel „Geheim" verteilt. Über die grotesken Hintergründe dieses Papiers habe ich im Buch „Der Staatsvirus" ausführlich berichtet. Geheim war nichts an diesem Papier, denn es wurde umgehend in die medialen Kanäle gespeist. Sofort sprachen die etablierten Medien von Millionen Toten, wenn nichts gegen dieses Killervirus unternommen würde. Das Papier setzt unverhohlen auf „die gewünschte Schockwirkung" und ereifert sich in der Schilderung grausamer Szenarien, die sich ohne Maßnahmen abspielen würden. Die Autoren gehen dabei fantasiereich, plastisch und regelrecht lustvoll vor. Einige Kostproben:

„Viele Schwerkranke werden von ihren Angehörigen ins Krankenhaus gebracht, aber abgewiesen, und sterben qualvoll um Luft ringend zu Hause. Das Ersticken oder nicht genug Luft kriegen ist für jeden Menschen eine Urangst."

„Wenn sie [Kinder] dann ihre Eltern anstecken, und einer davon qualvoll zu Hause stirbt und sie das Gefühl haben, schuld daran zu sein, weil sie zum Beispiel vergessen haben, sich nach dem Spielen die Hände zu waschen, ist es das Schrecklichste, was ein Kind je erleben kann."

„Folgeschäden: ... Dies mögen Einzelfälle sein, werden aber ständig wie ein Damoklesschwert über denjenigen schweben, die einmal infiziert waren."

Konzertierte Panik-Aktion

Damit waren Stil und Inhalte von staatlicher Seite vorgegeben, mit denen das gesamte Land während der Corona-Krise von Regierung und etablierten Medien panik-dauerbeschallt wurde. Von *ARD, FAZ* bis hin zur *Bild* gab niemand der Bevölkerung eine Chance, die genannten Zahlen in die Normalität einzuordnen und ihnen damit den Schrecken zu nehmen. Keiner berichtete, dass die Todeszahlen, die in 24-stündiger Dauerschleife als TV-Untertitel, auf den Smartphones und den großen Bildschirmen im öffentlichen Raum verbreitet wurden, dem ganz normalen Sterbegeschehen eines 83-Millionen-Landes mit ca. 2.700 täglichen Toten entsprachen. Nur wenige Tage im Winter 20/21 wurden, wie auch in den Vorwintern, diese normalen Tageszahlen überschritten. Keiner berichtete, dass jedes Jahr ca. 660.000 Patienten an Lungenentzündungen erkranken, von denen ca. 300.000 im Krankenhaus behandelt werden müssen und an denen ca. 40.000 Menschen sterben. Oder dass aufgrund von Hygieneproblemen sich jedes Jahr 400.000–600.000 Menschen in Krankenhäusern oder Pflegeeinrichtungen mit einer nosokomialen Infektion anstecken und 10.000–20.000 Menschen daran sterben – ohne dass sich bisher jemand großartig darüber aufgeregt hätte. Es entstand ein Meinungskartell, welches ohne jeden rationalen Grund pure Todesangst verbreitete. Mitmenschen wurden zu Infektionsquellen, Kinder zu Virusschleudern reduziert.

Jede Kritik an diesem Irrsinn wurde als unsolidarische „Coronaleugnung", der das Schicksal kranker Menschen egal sei, gebrandmarkt. Dabei warnen alle, wirklich alle Forschungen aus Medizin, Psychologie und Soziologie davor, Menschen in Krisenzeiten in Panik zu versetzen. Denn sie verhalten sich dann irrational und bringen so sich selbst und andere in Gefahr.

Masken

Ein Wort zur Maske. Gesunder Menschenverstand reicht völlig aus, um zu verstehen, dass ein engmaschiges Mikrogewebe in der Lage ist, eine Ansteckung über die Atemluft zu mindern. Genauso wie es keine Studien braucht, um zu verstehen, dass Masken das Atmen erschweren und somit eine erhebliche Einschränkung bedeuten. Für den einen mehr, für den anderen weniger. Gutgemachte Laborexperimente gehen von einem Virenschutz von 20 bis 70 Prozent aus. Doch für einen guten Sitz werden in solchen Experimenten die Maskenränder oft mit Knetmasse abgedichtet. Wir brauchen nicht groß darüber zu diskutieren, was dies für den tatsächlichen Schutz in der Maskenrealität der Corona-Jahre bedeutet. Die Krönung war für mich ein Rauschebart, auf dem die Maske wie ein lockeres Häubchen thronte, und zwar immer die gleiche – für Wochen. Passgenaue FFP2-Masken sind noch am effektivsten, aber warum schreibt dann der Arbeitsschutz vor, diese nach 90 Minuten für eine halbe Stunde abzusetzen? Weil sonst gesundheitliche Schäden drohen! Und wieso gilt dies plötzlich nicht mehr für Personal, das sie während der gesamten Arbeitszeit tragen soll?

Allgemein können Masken den Infektionsverlauf jedoch nicht ändern, weil sich im Fall einer viralen Atemwegsinfektion die Ausbreitung nicht verhindern lässt. Dies wäre nur zu vermeiden durch konsequente Abschottung, was in einer funktionierenden Gesellschaft nicht möglich ist. Das bedeutet, der Maskenzwang in Schulen, Unternehmen oder in Zügen war eine völlig unnötige Quälerei. Die Maske bietet allenfalls einen relativen Schutz für Personen, die in einer konkreten Situation Ansteckung mindern möchten, etwa alte, immungeschwächte Menschen, die im Winter öffentliche Verkehrsmittel benutzen. Oder auf einer Spezialstation für immunsupprimierte Patienten.

Doch Menschen werden nur dann Masken korrekt tragen, wenn sie auf freiwilliger Basis davon überzeugt sind. Zu guten Informationen gehört auch die vorherige Prüfung von möglichen Schäden, ganz besonders bei Masken fragwürdiger Herkunft, die giftig riechen! Außerdem haben Masken ganz sicher auch negative Effekte auf die menschliche Psyche. Was bedeutet es, wenn Kita-Kinder anfangen, menschliche Gesichter ohne Mund und Nase zu malen? Für die negative Seite der Masken haben sich Politik und Wissenschaft nicht interessiert. Ich befürchte noch einige böse Überraschungen.

Auch was die Art der Maskenbeschaffung betrifft. Die Zustände im Bundesgesundheitsministerium unter Jens Spahn kann man nur als Eldorado für Glücksritter bezeichnen. Darunter beschämenderweise auch Parlamentarier, die für ihre „Deals“ höchste Provisionen einstrichen.

Der Bundesrechnungshof kritisiert inzwischen die „massive Überbeschaffung“, die uns unfassbare sieben Milliarden Euro gekostet hat. Allein für externe Berater, Rechtsanwälte, Transport, Lagerung und Qualitätsprüfung muss der Bund für 2020 und 2021 weitere 320 Millionen Euro aufbringen. Sieben Milliarden entsprechen übrigens dem Jahresgehalt von fast 200.000 Pflegekräften.

Die realen Auswirkungen der Schutzmaßnahmen

Kapitel 1 belegt anhand des Ländervergleichs, dass die Corona-Schutzmaßnahmen keinen relevanten positiven Effekt auf den Infektionsverlauf hatten. Bewerten wir nun die negativen Auswirkungen.

Tödliche Folgen des Lockdowns

Mitte August 2022 meldeten mehrere große britische Tageszeitungen Verstörendes. Der *Telegraph* titelte: „Bringen Lockdown-Effekte mehr Menschen um als Covid?“ In der *Daily Mail* war zu lesen: *„Der Preis der Lockdowns in Bezug auf die öffentliche Gesundheit ist hoch: Wir schätzen, selbst wenn sie vielleicht irgendeine Effektivität hinsichtlich eines Infektionsschutzes haben, dass Lockdowns 20-mal mehr Menschenleben fordern als sie retten.“* Die Autoren gehen also davon aus, dass die in Kapitel 1 beschriebene Übersterblichkeit durch den Lockdown verursacht wurde. Dafür gibt es gute Argumente. Zum Beispiel weisen laut der University of California Länder mit strengem Lockdown, wie Neuseeland oder Australien, 2021 eine auffallende Übersterblichkeit auf, die sich dann 2022 sogar noch mehr als verdreifachte. Während Schweden in diesen Jahren kaum Übersterblichkeit zu verzeichnen hat.

Ausbleibende oder zu späte Behandlungen

Bedingt durch den Lockdown wurden in Deutschland alle nicht-wesentlichen ärztlichen Behandlungen, Früherkennungsuntersuchungen und

Eingriffe vorübergehend eingestellt. Sie fanden gar nicht oder erst später statt. Oft zu spät. Auch mieden Patienten aus Angst vor Ansteckung die Krankenhäuser. Selbst dann, wenn sie eine Behandlung dringend nötig gehabt hätten. Ein selbstschädigendes Verhalten, zu dem die staatliche Panikstrategie sicher einiges beigetragen hat. All diese Annahmen werden durch britische Daten untermauert, die auf einer besonders systematischen Erfassung beruhen. Laut Schätzungen des englischen National Health Service (NHS) werden verspätete Diagnosen und Behandlungen in den nächsten Jahren in Großbritannien zu einem Anstieg der Darm- und Brustkrebstoten von schätzungsweise um 15 beziehungsweise neun Prozent führen.

Eine umfassende Analyse von Daten aus 158 Studien in 50 Ländern von der University of Leeds in Großbritannien zeigte einen Rückgang an diagnostischen und therapeutischen Kathetereingriffen am Herzen, weniger Untersuchungen zur Abklärung von Herzrhythmusstörungen, weniger Herzklappenoperationen, Implantationen von Herzschrittmachern und Bypass-Operationen. Diese Befunde wurden durch eine globale Umfrage der Europäischen Gesellschaft für Kardiologie erhärtet: Die Folgen der verzögerten Behandlung wären verbleibende Schäden am Herzmuskel, Herzinsuffizienz und damit eine höhere Sterblichkeit. Gleiche Entwicklungen für Nierenkranke, Diabetiker oder Schlaganfälle. Auch die WHO schlug 2021 Alarm: Vor allem im Lockdown blieben Krebserkrankungen zu oft unentdeckt und unbehandelt. In Deutschland fehlt leider eine vergleichbare systematische und zentrale Datenerfassung, weshalb für hiesige Verhältnisse kaum verlässliche Aussagen möglich sind.

Katastrophale Zunahme psychischer Krankheiten

Die Weltgesundheitsorganisation (WHO) konstatierte ebenfalls Lockdown-bedingt zunehmende Raten an Einsamkeit, schädlichem Alkohol- und Drogenkonsum sowie selbstschädigendem oder suizidalem Verhalten. Neben den negativen Folgen für die körperliche Gesundheit fallen die psychischen Folgen des Lockdowns besonders schwer ins Gewicht. Doch die Regierung interessierte sich dafür reichlich spät. (Karl Lauterbach negierte noch Anfang 2022 den Zusammenhang zwischen der starken

Zunahme von Suizidversuchen bei Kindern und dem Lockdown. Er plädierte weiterhin unverdrossen für Schulschließungen und Isolierungsmaßnahmen.) Erst am 9. Dezember 2021 beauftragte der Gesetzgeber eine Expertenkommission, eine Bewertung der Maßnahmen vorzunehmen. Am 1. Juli 2022 wurde dann, sage und schreibe 28 Monate nach dem ersten Lockdown, diese Bewertung vorgestellt.

Der „Bericht des Sachverständigenausschusses nach § 5 Abs. 9 IFSG: Evaluation der Rechtsgrundlagen und Maßnahmen der Pandemiepolitik“ geht auch auf die psychischen Schäden ein. Er stellt fest, dass eine signifikante Abnahme der empfundenen Lebensqualität bzw. Zunahme von Symptomen psychischer Belastung wie Depression, Angst-Panik-Störungen sowie Vereinsamung festzustellen sind. Besonders betroffen sind Familien und davon die sozial benachteiligten Familien, Familien mit Migrationshintergrund, Haushalte mit eingeschränkten Wohnverhältnissen: *„Über lange Wochen und Monate hinweg waren Schulen für Kinder und Jugendliche geschlossen. Die Folgen dieser Maßnahme auf das psychische Wohlbefinden von Schülerinnen und Schülern und auf deren psychische und somatische Erkrankungen sind immens.“* In Bezug auf internationale und deutsche Studien schreibt der Bericht weiter: *„Viele Studien haben gezeigt, dass während der Schulschließungen der Anteil von Kindern mit psychischen Problemen anstieg: Schulschließungen und häusliche Quarantäne wurden klar als Ursachen für Angst und Einsamkeit bei Jugendlichen mit negativen Auswirkungen auf das soziale und Schlafverhalten der Kinder sowie ihr psychisches Wohlbefinden identifiziert. In Deutschland zeigt sich ein ähnliches Bild.“*

Diagnosen wie Essstörungen, Suchtmittelmissbrauch, Angststörungen, Sprach-Sprechstörungen seien bei Kindern und Jugendlichen sprunghaft angestiegen. Eltern leiden unter diesen psychischen Belastungen, insbesondere eine Gruppe: *„Auch die Auswirkungen auf Kinder und Jugendliche mit körperlichen und geistigen Behinderungen, die in entsprechenden Einrichtungen und zum Teil ausschließlich dort versorgt, betreut und beschult werden, sind bisher nicht untersucht. Es ist anzunehmen, dass diese besonders vulnerable Gruppe in bisher noch nicht abzuschätzendem Ausmaß unter den Schulschließungen und anderen Maßnahmen gelitten hat.“* Das ist die Schreckensbilanz an psychischen Schäden, die durch die deutsche Pandemiepolitik verursacht wurde.

Vereinsamung, Verwahrlosung und Suizide

Hat sich die Suizidrate während des Lockdowns erhöht? Die internationalen Studien dazu sind widersprüchlich. Erschreckend sind Berichte, die ich von vielen Patienten, Bekannten und Lesern erfuhr, über die Verhältnisse, die sich während der Corona-Krise in den Pflegeheimen und Krankenhäusern ausgebreitet haben. Alte Menschen wurden teilweise regelrecht in Einzelisolierung gehalten, ohne dass sie von Angehörigen oder Freunden besucht werden durften. In einem Fall erhängte sich ein 80-jähriger Mann in seinem Kleiderschrank. Er litt unter einer beginnenden Demenz, lebte aber noch weitgehend selbstständig in einem Seniorenheim. Da seine Freunde und seine Familie ihn nicht besuchen durften, glaubte er, es läge an ihm, dass er von allen verlassen wurde.

In einem anderen Fall wurde ich von Klägerseite um ein Gutachten gebeten. Es geht um den Tod eines 90-Jährigen im Dezember 2021 und den Vorwurf der unterlassenen Hilfeleistung. Der Patient wurde aus einem chirurgischen Grund in ein Krankenhaus eingeliefert und dort erfolgreich behandelt. Drei Tage später erkrankte er an einem Atemwegsinfekt mit positivem PCR-Covidtest. Sofort wurde er in einem Einzelzimmer unter Quarantäne gestellt, wo er drei Wochen später an den Folgen einer Lungenentzündung verstarb. Seine 85-jährige rüstige, ungeimpfte Lebensgefährtin, mit der er 30 Jahre lang ein selbstständiges Leben führte, durfte ihn erst drei Tage vor seinem Tod besuchen. Als sie endlich in sein Zimmer vorgelassen wurde, fiel ihr die extrem stickige Luft auf, die Fenster waren nicht zu öffnen. Sie bestellte eine Suppe und hielt ihm den Löffel, so dass er diese mit Appetit komplett zu sich nehmen konnte. Der Patient fragte sie enttäuscht, warum sie erst jetzt komme, und dass er nach Hause wolle. Niemand hatte ihm in den Wochen davor mitgeteilt, dass seine Lebensgefährtin zwei Wochen lang verzweifelt versuchte, zu ihm gelassen zu werden. Stets wurde sie am Krankenhauseingang abgewiesen und verbrachte dabei Stunden in einem kalten Auto. Telefonate waren wegen seiner Schwerhörigkeit nicht möglich. Im Krankenzimmer fand sie in seiner Schublade dann sein Hörgerät mit leeren Batterien sowie eine ungeöffnete Packung neuer Batterien, die sie Wochen zuvor für ihn an der Pforte abgeben ließ.

Beim Lesen der herausgeklagten Krankenakte fiel mir auf, dass der Patient fast drei Wochen lang in seinem Einzelzimmer lag, ohne dass physiotherapeutische oder physikalische Maßnahmen verordnet wurden. Sauerstoffzufuhr ja, aber keine Atemübungen, keine Mobilisierung, keinerlei Krankengymnastik. Doch diese Therapien sind für alte Menschen essentiell, um eine Infektion im Krankenhaus zu vermeiden oder sie zu überleben. Das Essen wurde, wenn überhaupt, offensichtlich abgestellt und unangetastet wieder herausgetragen, weil der Patient angeblich keinen Appetit hatte. Die Flüssigkeitszufuhr war insuffizient. Wenn man in einem Krankenhaus feststellt, dass ein Patient nicht mehr trinken und essen kann, dann wird ihm gewöhnlich eine Magensonde gelegt, um eine ausreichende Versorgung mit Flüssigkeit und Kalorien sicherzustellen. In diesem Fall jedoch hätte schon ein wenig mehr pflegerische Zuwendung Wunder wirken können.

Letztlich stellt sich für mich die Lage so dar, als seien die Quarantänemaßnahmen wichtiger gewesen als das Überleben des Patienten. Eine für ein Krankenhaus empörende Handlungsprämisse. Hätte der Patient mit einer adäquaten Versorgung überlebt? Das weiß niemand, aber er hätte eine größere Chance gehabt. Ganz sicher jedoch muss er sich in seinen letzten Lebenswochen komplett einsam und verlassen gefühlt haben, umgeben von Vermummten, die offensichtlich in diesem Patienten lediglich eine Ansteckungsquelle sahen, die man meiden muss.

Ich fürchte, derlei Dramen haben sich in Deutschland tausendfach abgespielt. Alte Menschen vereinsamten in deutschen Pflegeheimen und Krankenhäusern und wurden ohne adäquate Versorgung isoliert. Viele Angehörige und Pflegekräfte schilderten mir ihre Verzweiflung ob dieser empörenden Verhältnisse, für die sich niemand in der Corona-Krise zu interessieren schien. Wie es zu dieser humanitären Katastrophe kommen konnte, muss aufgearbeitet werden. Einschließlich der Zahl an Menschen, die deshalb durch Unterlassung sterben mussten. Menschen, die wir doch angeblich durch die Maßnahmen schützen wollten. Doch eines ist jetzt schon sicher: Auch wenn Patienten eine solch herzlose Behandlung überlebten – sie wird tiefe seelische Narben bei ihnen und ihren Angehörigen zurücklassen.

Pädagogische Offenbarungseide

Alarmismus war besonders in den Schulen ein ständiger Begleiter in den Corona-Jahren. Völlig unerwähnt und nicht untersucht sind die psychischen Folgen des Abstandhaltens und der Angstpropaganda insbesondere für Kinder. Die Verantwortlichen interessieren sich bisher dafür schlicht nicht. Neben einer erschwerten Atmung symbolisiert das Maskentragen auch den Ausnahmezustand und die ständige unbekannte Gefahr. Dazu kommt, dass die wichtige nonverbale Kommunikation die Mimik des Gegenübers benötigt. Doch diese wichtige Funktion des sozialen Miteinanders und gegenseitigen Verstehens war lange Zeit ausgeschaltet. Auch das ständige Testen, indem teilweise rabiat Stäbchen in die Nase gebohrt wurden, ist belastend. Stäbchen und Masken teils aus dubioser Produktion und völliger Unklarheit über die bei der Herstellung verwendeten Chemikalien.

Wie erging es eigentlich Eltern, die ihre Kinder wenigstens teilweise vor diesem Irrsinn beschützen wollten? Wenn sie heimliche Treffen mit Schulkameraden organisierten oder ihren Kindern Ausgang im Freien ermöglichten, waren sie ständiger Denunziation ausgesetzt und damit Ordnungsstrafen und polizeilichen Untersuchungen. Wollten Eltern ihre Kinder vor dem Schulirrsinn in Gänze schützen und zu Hause unterrichten, wurden sie mit Entzug des Sorgerechts bedroht und wegen Verletzung der Schulpflicht mit Bußgeldern im vierstelligen Bereich belegt. Wohl wissend, dass Kinder bei Verlust des Kontakts zu ihren leiblichen Eltern grundsätzlich gesundheitlichen Schaden nehmen. Zu mir kamen immer wieder Eltern, die verzweifelt berichteten, dass ihre Kinder nach Stunden des Maskentragens in der Schule zu Hause ständig Kopfschmerzen hätten. Sie seien oft müde und lethargisch bis depressiv. Ihre Kinderärzte würden aus Angst vor Repressalien keine Maskenatteste ausstellen und die Schulen hätten kein Verständnis für ihre Nöte.

Egoistische Erwachsene

Kinder waren von Corona null Komma null bedroht. Die Maskenpflicht wurde in den Schulen eingeführt, um die Erwachsenen vor Ansteckung zu schützen. Abgesehen von der allgemeinen Sinnlosigkeit, ist dieses egoistische Verhalten von Lehrern und Eltern, die Kinder zu diesen für sie sehr belastenden Maßnahmen zwangen, schlicht beschämend. Kamen solche Kinder in meine Sprechstunde, habe ich dann stets selbst mit den 6- bis 14-jährigen Kindern und Jugendlichen gesprochen. Wenn Kinder erzählen, dass sie die Maske nicht tragen möchten und sich gar davor fürchten, dann tun sie dies nicht, weil sie politische Gründe dafür haben. Sie teilen eine physiologische Botschaft des Körpers mit, dass er mit dem stundenlangen Tragen ein Problem hat. Ein ärztliches Attest auszustellen, um das Kind davor zu schützen, halte ich schlicht für ethisch verpflichtend. Aber in den Corona-Jahren galten plötzlich all diese Selbstverständlichkeiten nicht mehr.

Exempel an Schutzbefohlenen

Doch es war noch schlimmer. Manche Eltern berichteten, dass Masken-Atteste von den Schulleitungen abgelehnt würden, teils in überheblich-hämischer Weise. Zwei Schulleiterinnen erzählten mir von regelrechten schwarzen Listen, auf denen Ärzte standen, deren Maskenatteste abzulehnen seien. Was für eine Anmaßung! In solchen Fällen schrieb ich dann einen Brief oder versuchte telefonisch der Schulleitung in Erinnerung zu rufen, worum es in einer Schule gehen sollte – doch wohl um das Kindeswohl und nicht um empathielose Konformität. In einem Fall schwänzte dann ein 11-Jähriger die Schule und es dauerte zwei Tage, bis die Schule die Eltern anrief, um nachzufragen, ob der Schüler zu Hause sei. Die aufgebrachten Eltern fanden ihn schließlich allein in der Innenstadt auf einer Parkbank sitzend. Er hatte Angst vor erneuten Kopfschmerzen. Dann endlich wurde das Maskenattest anerkannt. Doch der Klassenlehrer setzte ihn allein in die hinterste Ecke, direkt neben ein geöffnetes Fenster, und das im Winter. Ähnliches geschah in tausendfacher Weise während der Corona-Krise.

Ganze Heerscharen ärztlicher Kollegen und Lehrer versagten darin, besonders Kinder vor staatlichen Übergriffen zu schützen. Im Gegenteil, sie beteiligten sich noch aktiv daran, indem sie diese Übergriffe in autoritärer Weise besonders pflichtschuldig durchsetzten. Damit potenzierten sie das Ohnmachtsgefühl vieler Kinder und Eltern und sind mitverantwortlich zu machen an den immensen psychischen Kollateralschäden.

Schädigungen des Immunsystems

Diesen Bereich möchte ich kurzfassen. Erst in ein paar Jahren wird man wissen, ob und in welcher Ausprägung die Corona-Schutzmaßnahmen, von Isolierung bis zur Maskenpflicht, das Immunsystem beschädigt haben. Die immunologischen Lehrbücher sind voller wissenschaftlicher Hinweise, warum unser Immunsystem durch Kontakt mit Krankheitskeimen ständig trainiert werden muss, um seine Leistungsfähigkeit gegenüber neuen Keimen zu erhalten. Von Anfang an gab es Warnungen, dass eine verminderte Krankheitslast mit einem späteren Anstieg von Infektionen bezahlt wird. Während die Infektionsausbreitung von Covid-19 durch die Maßnahmen nicht relevant beeinflusst wurde, wurden die Raten anderer Infektionskrankheiten reduziert. Vielleicht weil das neue Corona-Virus bereits vor den Reisebeschränkungen und Isolierungsmaßnahmen verbreitet und nicht mehr zu stoppen war? Vorhersehbar zog allerdings deren Rate wieder an, nachdem die Maßnahmen zurückgefahren wurden. Im Winter 2022 riefen dann die Kinderärzte SOS, weil sich die RSV-Infektionen, eine weitere grippeähnliche Atemwegserkrankung, extrem ausbreite und die Krankenhäuser überfüllt seien. Sicher auch ein Ergebnis der zweijährigen Corona-Panikstrategie, die viele Eltern auch bei banalen Atemwegserkrankungen ihrer Kinder zu schnell in die Notaufnahmen führt. Leider ein Anlass für die Unbelehrbaren, im Dezember 2022 eine erneute Maskenpflicht zu fordern, völlig ignorierend, dass man auf diese Weise Schutzmaßnahmen schon wieder zur Ursache und nicht zur Lösung des Problems machen würde.

Wirtschaftliche Schäden

Die bereits zitierte amerikanische Lockdownanalyse stellte hinsichtlich der Infektionsentwicklung keinen Unterschied zwischen US-Staaten mit strengen oder milden bis gar keinen Maßnahmen fest. Doch was die Folgen für Wirtschaft und Bildung betraf, sieht es völlig anders aus. Wenig überraschend schwächten strenge Maßnahmen die wirtschaftliche Entwicklung und führten zu langen Schulschließungen. Unter den strengen Lockdown-Staaten, die am schlechtesten abschnitten, sind New York, Kalifornien, New Jersey and Illinois. Diese Staaten weisen die negativste Entwicklung bezüglich Arbeitslosigkeit, Bruttoinlandsprodukt und Schulausfällen auf – auch in puncto altersbereinigte Sterblichkeit. Staaten wie Utah, Nebraska, Vermont, Montana, South Dakota und Florida schnitten dagegen besser ab. All diese Staaten hatten viel mildere Maßnahmen, die auch früher endeten. Die Autoren schlussfolgern: *„Die Wirtschaft und die Schulen herunterzufahren, war der größte Fehler, den Gouverneure während Covid machen konnten.“*

Nach Berechnung des Statistischen Bundesamts entstand in Deutschland während des Corona-Jahres 2020 ein Defizit von 189,2 Milliarden Euro in den öffentlichen Haushalten. Die Einnahmen sanken um 3,5%. Im Jahr 2021 betrug das Finanzierungsdefizit des Staates eine Summe von 132,5 Milliarden Euro. 130 Mrd. Euro wurden vom Bund als Wirtschaftshilfen ausgezahlt. Laut Berechnungen des Instituts der Deutschen Wirtschaft betrug der Schaden für die deutsche Wirtschaft 350 Milliarden Euro. Diese Schätzung stammt von Anfang 2022.

Bestimmte Branchen traf der Lockdown hart. Der existentielle Schaden des Lockdowns war z.B. sofort in den Veranstaltungs- und Kulturbranchen zu spüren. Viele Musiker, die sich in den letzten Jahren eine bürgerliche Existenz aufbauen konnten, fürchten nun das Abrutschen in prekäre Verhältnisse. Welche Branchen werden noch folgen? Auch das Aussetzen von Lieferketten wird langfristige Auswirkungen haben. Viele Branchen wurden mit massiven Geldmitteln und Kurzarbeit unterstützt, die jedoch das Bundesbudget auf Jahre hinweg belasten und viele Probleme damit einfach in die Zukunft verschieben. Die Corona-Schutzmaßnahmen sind sicher nicht allein dafür verantwortlich, dass die Inflationsrate rasant auf über 10% gestiegen ist, und damit für das Sinken der Reallöhne. Aber sie haben sicher einen großen Teil dazu beigetragen. Niemand kann sicher sagen, was dies alles für die Zukunft bedeutet und wie viele Menschen und Unternehmen in finanzielle Nöte geraten werden. Eines ist jedoch wissenschaftlich gut untersucht: der Zusammenhang der durchschnittlichen Lebenserwartung eines Landes mit seiner wirtschaftlichen Entwicklung, die unter den Corona-Schutzmaßnahmen stark gelitten hat.

Folgen für arme Länder

Den höchsten Preis für diese völlig aus dem Ruder gelaufene Pandemie-Politik zahlen in der Realität die Ärmsten der Armen. Die UNO warnte von Anfang an vor den wirtschaftlichen Folgen unseres Lockdowns auf die armen Länder. Auch der Evaluierungsbericht geht darauf ein. Er schreibt wörtlich: *„Hinzuweisen ist auch auf Auswirkungen der Lockdowns auf globale Gesundheitsprogramme, die zum Teil zum Stillstand gekommen sind. [...] Geschätzte 276 Millionen Menschen weltweit, die Hunger leiden oder sich in der Gefahr einer Hungersnot befinden, geschätzte zwei Millionen Mädchen und junge Frauen, deren Genitalien beschnitten wurden und eine erdrückende Zunahme an Kinderehen sind hier in den Blick zu nehmen."*

Die Folgen für arme Länder sind verheerend. Wenn Zuliefererketten für unsere Wirtschaft gekündigt werden, dann werden die Arbeitslosen und ihre Familien dort nicht durch Sozialleistungen aufgefangen. Das ist dem Bundestag durchaus bekannt, scheint aber die Parlamentarier während der gesamten Krise, in der sie eine Maßnahmen-Verschärfung nach der anderen beschlossen, nicht zu kümmern. Im Menschenrechts-Ausschuss des Deutschen Bundestags warnte der Direktor des UN-Welternährungsprogramms (World Food Programme – WFP), David Beasley, am 26. Januar 2022, die Corona-Pandemie und ihre wirtschaftlichen Folgen hätten die Hungersituation drastisch verschärft. Die Zahl der Menschen, die akut von Hunger betroffen seien, sei in den letzten zwei Jahren massiv gestiegen. Hätten vor Ausbruch der Pandemie weltweit noch 135 Millionen Menschen Hunger gelitten, seien es nun 285 Millionen Menschen. Während das Thema Hungerhilfe zu anderen Zeiten stets von öffentlichen Solidaritätsbekundungen und Spendenbereitschaft geprägt ist, ließ das Lockdown-Hungerdrama dieselben Akteure, von den Kirchen bis zu den Hilfsorganisationen, erstaunlich kalt.

Fazit

Als direkte Folge der Corona-Schutzmaßnahmen mit ihrer begleitenden Angstkampagne ist eine sehr hohe Todesopferzahl zu beklagen, ein deutlicher Rückgang der wirtschaftlichen Entwicklung sowie schwere psychische Belastungen, die man in ihrer Gesamtheit nur als größte Katastrophe in der bisherigen Geschichte der Bundesrepublik Deutschland bezeichnen kann. Als Folge unseres Lockdowns wurde in den armen Ländern die Zahl der Hungernden verdoppelt sowie eine Verschlechterung der Menschenrechtssituation ausgelöst.

Verantwortung für diese Katastrophe tragen allen voran die Bundeskanzler, die Fachminister und die Ministerpräsidenten. Auf die unrühmliche Rolle der Wissenschaftsverbände werden wir noch zu sprechen kommen. Als die Schäden nicht mehr zu leugnen waren, begann Karl Lauterbach Anfang 2022 das Schwarze-Peter-Spiel, wer wen wie falsch beraten habe. Ein Rücktritt wäre die wesentlich glaubwürdigere Reaktion. Als erster Schritt.

Zitieren wir am Ende dieses Kapitels noch einmal Angela Merkel aus ihrer TV-Ansprache vom 18. März 2020: *„Und wir sind eine Gemeinschaft, in der jedes Leben und jeder Mensch zählt.“* Selten wurde ein Ziel politischer Maßnahmen derart verfehlt und in sein Gegenteil verkehrt wie durch die tod- und leidbringenden Corona-„Schutzmaßnahmen“ in den Jahren 2020–2022.

Kapitel 3

Verbrechenskomplex Krankenhaus

Die Pandemie der leeren Betten und Rekordgewinne

Trotz Unterbelegung erhielten 2020 die Krankenhäuser 91,64 Milliarden Euro und damit ein Plus von 11,34 Milliarden im Vergleich zu 2019 (80,3 Mrd. Euro). Eine Steigerung der Einnahmen um 14 Prozent, obwohl die Anzahl der Behandlungsfälle 2020 um rund 13 Prozent (16,8 Millionen) gesunken sind im Vergleich zu 2019 (19,2 Millionen). Das heißt, die Krankenhäuser haben trotz Minderleistung kräftig an der Corona-Krise verdient. Und das leider auf Kosten der Gesellschaft. Wie kann das sein? Wir müssen nun über die langjährige Fehlsteuerung unseres Gesundheitssystems sprechen, das in der Corona-Krise seine Schattenseite schonungslos offenbart.

Das Verkrankungssystem

Die Versorgung kranker Menschen ist ihrem Wesen nach eine solidarische Gemeinschaftsleistung. Gute Medizin und Profitstreben widersprechen sich weitgehend, denn oft ist die Nichtbehandlung die bessere Option. Das bedeutet nicht, dass nicht auch in der Medizin gute Leistung in Behandlung und Forschung gut bezahlt werden sollte. Doch wenn aus Medizin ein Business gemacht wird, dann gerät sehr schnell das Wohl der Patienten aus dem Blick, zugunsten der Gewinnwünsche der Anbieter. Ganz besonders dann, wenn die Politik Rahmenbedingungen schafft, die es cleveren Betriebswirten und ökonomisch motivierten Ärzten erlaubt, durch kreativen Umgang mit der Wirklichkeit Gewinne zu maximieren – auch dann, wenn dies für Patienten und für die gesamte Gesellschaft Nachteile bedeutet. Diese Nebenwirkungen einer profitorientierten Medizin wurden in der Corona-Krise sehr deutlich. Es beginnt mit der Meldepraxis von Corona-Patienten und endet mit unnötigen Behandlungen, die nicht selten Leid vergrößern und Patientenleben kosten.

In Wirklichkeit nur ein Prozent Covid-Patienten

In Kapitel 1 sprachen wir über die harten Zahlen der Corona-Krise. Sie beweisen eine historische Unterbelegung der Krankenhäuser bei einem geringen Covid-Diagnoseanteil von 2%. Doch selbst diese niedrigen Covid-Zahlen sind zu hoch. Die *Welt* schrieb im September 2021 dazu: *„Nach Recherchen von Welt am Sonntag melden zahlreiche Krankenhäuser für die Berechnung der sogenannten Hospitalisierungsinzidenz auch Patienten, die das Robert-Koch-Institut (RKI) dafür nicht vorgesehen hat: Patienten, die zwar mit dem Covid-19-Virus infiziert sind, die aber wegen anderer Krankheiten in die Klinik mussten.“* Im Dezember 2021 ergab eine *Bild*-Umfrage bei den Landesgesundheitsministerien einen Unsicherheitsfaktor von bis zu 50%. Die Wochenzeitung *Die Zeit* berichtete im Februar 2022 über eine Umfrage unter leitenden Ärzten von mehr als 20 Kliniken. Diese habe ergeben, dass mindestens die Hälfte der dort stationär aufgenommenen Corona-Patienten nicht wegen einer Covid-19-Erkrankung behandelt wird, sondern aus einem anderen Grund.

Der „Information zu aktuellen COVID-19-Fallzahlen" der Heliokliniken (86 Krankenhäuser) konnte man am 23. März 2022 entnehmen, dass seit Beginn der Unterscheidung „ohne sympt. Lungen-/Bronchialerkrankung" ab Ende 2021 stets 50% bis 70% aller gemeldeten Covid-Patienten keine Lungensymptome aufwiesen. Sie hatten eine ganz andere Krankheit und lediglich einen positiven PCR-Test.

Auf gut Deutsch: Sie waren keine Covid-Patienten. Das bedeutet: Der in der Leibniz-Analyse festgestellte 2-Prozent-Covid-Anteil aller Krankenhauspatienten beträgt in Wirklichkeit eher ein Prozent! Dabei muss man den Helios-Kliniken konstatieren, dass sie diese Zahlen wenigstens öffentlich machen. Andere Klinikbetreiber mauern diesbezüglich. Doch allein die jetzt schon vorliegenden Daten machen deutlich: Die gesamte deutsche Covid-Statistik auf Basis der Krankenhausmeldungen ist auf Sand gebaut. Allerdings gibt es für diese irreführende Meldepraxis handfeste Gründe.

Das Krankenhaus als Profitcenter

Seit den weitgehenden Gesetzänderungen in den Jahren 2001–2009 unter der ehemaligen Gesundheitsministerin Ulla Schmidt und ihrem Chefberater Karl Lauterbach stehen Krankenhäuser unter Druck, sich wie profitgetriebene Unternehmen zu verhalten und untereinander in Konkurrenz zu stehen.

Unter den neuen Rahmenbedingungen, wie beispielsweise die Abrechnung nach standardisierten Festbeträgen pro Diagnose (DRGs), können herkömmliche kommunale Krankenhäuser gar nicht anders als pleitegehen, um anschließend von den neuen, privaten Klinikketten übernommen zu werden. Inzwischen sogar Universitätskliniken. Nun, was macht diese privaten Klinikketten so zuversichtlich, dass sie zukünftig Gewinn statt Verlust erwirtschaften können, und das bei besserer medizinischer Versorgung? Durch besseres Management?

Besser hinsichtlich des Profits, aber sicher nicht für die Patientenversorgung. Seit der Einführung der DRGs wachsen die Abteilungen, die die Abrechnungen der Patienten optimieren. Krankenhausleiter motivieren Ärzte durch Boni, nicht nur die Diagnosevergabe den Abrechnungsvorgaben anzupassen, sondern auch teure Leistungen wie Operationen auszuweiten. Und das nicht selten weit über das medizinisch Sinnvolle hinaus.

Gleichzeitig wird Druck auf das Personal ausgeübt, effizienter zu arbeiten und alles zu dokumentieren. Patientengespräche, bis auf notwendige Aufklärungen, sind nicht Teil solcher Businesspläne und gelten als überflüssig. In Folge verschlechtern sich die Arbeitsbedingungen, vor allem für die Pflegekräfte, die ursprünglich diesen Beruf gewählt haben, weil sie Kranken helfen wollen. Viele kehren ihrem Beruf den Rücken, aber nicht vorrangig wegen schlechter Bezahlung. Sie sehen einfach keinen Sinn darin, aus reinen Abrechnungsgründen unnötige Infusionen anzuhängen, Schwerkranke zu früh zu entlassen oder Patienten nach unnötigen Knie-, Gallen-OPs oder Chemotherapien zu versorgen. Dafür tummeln sich in dieser schönen neuen Medizinwelt immer mehr gut ausgebildete Managementkräfte, die nun nicht mehr den Patienten, sondern den Aktienkurs gesunderhalten.

Diagnosen – die neue Währung

In meinem Buch „Schlechte Medizin" habe ich dargelegt, wie rein ökonomisch motivierte Übertherapien sich in der modernen Medizin zu einer eigenen Gefahr für die Gesundheit der Menschen entwickeln. Man kann aus gutem Grund von einem regelrechten Verkrankungssystem sprechen, an dem sogar die Krankenkassen seit den Schmidt/Lauterbach-Reformen kräftig mitverdienen. Seitdem sind Diagnosen die neue Währung im Gesundheitssystem. Je mehr Diagnosen, so unsinnig sie auch sind, desto mehr Geld fließt in die Kassen (Stichwörter für die, die es genauer wissen wollen: Gesundheitsfonds, Morbi-RSA und diagnosebezogene Fallgruppen (DRGs)).

Der gesetzlich festgeschriebene Krankenkassenbeitrag beträgt 14,6%. Der Arbeitgeber muss die Hälfte bezahlen (7,3%). Doch die steigenden Kosten trägt der Versicherte in Form eines Zusatzbeitrages ganz allein. Dieser wurde aktuell im Juni 2022 von Gesundheitsminister Lauterbach um 0,3% auf 1,6% angehoben. Damit zahlen die Versicherten ab 2023 schon 8,9% ihres Bruttolohns in den Gesundheitsfonds ein und schon jetzt ist klar, dass sich dieser Anteil immer weiter steigern wird.

Corona als Businessplan

Derart auf Gewinnmaximierung trainiert, waren die Folgen absehbar, wenn die Politik mit finanziellen Anreizen und Ausgleichszahlungen versucht, die Krankenhäuser zu unterstützen. Alles hört sich zunächst – wie immer – sinnvoll an. Für die höhere Belastung durch Covid-Patienten bekamen Krankenhäuser Ausgleichszahlungen, zum Beispiel pro Patient 100 Euro oder auch anhand einer Erhöhung des vorläufigen Pflegeentgeltwerts um rund 38 Euro auf 185 Euro pro Tag (Covid-19-Krankenhausentlastungsgesetz). Später ab November 2021 wurde dann im Infektionsschutzgesetz eine Art „Kopfprämie" für jeden vom Krankenhaus an das Gesundheitsamt gemeldeten Covid-Patienten festgelegt (Infektionsschutzgesetz § 21a KHG Artikel 20e). Seitdem reichen ein positiver PCR-Test und zwei Tage Krankenhausaufenthalt aus, um für diesen Patienten 5.000–10.000 Euro zusätzlich zu erhalten. Ein Beispiel: Ein Patient kommt mit verstauchtem Knöchel ins Krankenhaus. Dort wird routinemäßig ein PCR-Test gemacht. Das Ergebnis ist positiv. Der Patient bekommt dann zu hören, er solle zur Sicherheit zwei Tage im Krankenhaus verbleiben, obwohl er keine Symptome hat. Heutige Krankenhäuser nehmen solche Vorlagen dankend an. Mit dem bereits beschriebenen Ergebnis, dass ein Großteil der gemeldeten Covid-Patienten gar nicht wegen Covid im Krankenhaus lag.

Krankenhäuser rechtfertigen diese kreative Meldepraxis damit, dass, egal ob ein Patient lediglich einen positiven Test aufweist oder eine schwere Covid-Lungenentzündung hat, der gleiche Quarantäneaufwand betrieben werden müsse. Doch wenn man die Gefährlichkeit der Corona-Pandemie messen möchte, dann interessieren nur die echten Fälle, nicht die künstlich herbeigetesteten, die nur leicht oder gar nicht covidkrank sind. Krankenhäuser wissen dies genau, dennoch haben sie eben andere Interessen, als mit ehrlichen Informationen der gesellschaftlichen Panik entgegenzuwirken. Lieber heizen sie die irrationale Angst immer weiter an. Wir kommen gleich noch einmal darauf zurück.

Ohne PCR-Test keine Pandemie und kein Quarantäne-Wahnsinn

Dreh- und Angelpunkt der Corona-Pandemie war der Nachweis über einen positiven PCR-Test. Das Ganze nannte sich stolz „Nationale Teststrategie". Doch Erregernachweise durch PCR-Tests sind nur sinnvoll, um im Rahmen einer Differentialdiagnostik im Krankenhaus zusätzliche Hinweise auf den ursächlichen Erreger zu erhalten. Bei Gesunden führen sie schlicht in die Irre (Stichwort Prävalenz und falsch positive Fälle). Ohne Symptome sollte man überhaupt nicht von einem Fall sprechen. Das stellte sogar die WHO fest, während die Bundesregierung diese Tatsache bis heute ignoriert. Insofern waren die gesamten Inzidenzwerte Fantasiezahlen ohne Aussage. Wer wirklich wissen möchte, wie belastet Krankenhäuser sind, benötigt die sogenannte Hospitalisierungsrate. Und diese Rate war, wie in Kapitel 1 beschrieben, durchgehend niedriger als in den Jahren vor der angeblichen schlimmsten Pandemie seit langem.

Die tatsächlichen Folgen der Massentestung

Aus zwei Gründen waren die neuen Corona-Quarantäne-Maßnahmen zusätzlich zu bestehenden Standards völlig unnötig. Es gab keine außergewöhnliche Belastung der Krankenhäuser durch das Virus und die Maßnahmen haben den Infektionsverlauf nicht relevant beeinflusst, das beweist Kapitel 1.

Dafür wurden Millionen gesunder Arbeitskräfte wegen positiver Testergebnisse in die Isolation geschickt. In den Krankenhäusern führte die völlig überzogene Quarantänepraxis zu einer erheblichen Erschwernis der täglichen Arbeit. Für jedes Bringen und Holen der Essenstabletts, der Medikamente oder einer Urinflasche musste aufwendig Extra-Schutzkleidung an- und ausgezogen werden. Der bereits seit Jahren bestehende Pflegemangel wurde dadurch zusätzlich angeheizt. Personalprobleme, die in der Corona-Krise aufkamen, sind deshalb völlig hausgemacht und haben mit dem Virus nichts zu tun. Doch nicht nur das. In diesem Buch werden mehrere Beispiele aufgeführt, wie positive Testergebnisse in Krankenhäusern, Pflege- oder Kinderheimen zu Situationen führten, die man nur noch als Isolationsfolter beschreiben kann.

Oder um es klar und deutlich zu sagen: Ohne PCR-Test wäre 2020–2022 kein Mensch auf die Idee gekommen, dass eine außerordentliche Belastung der Krankenhäuser durch eine Infektionskrankheit vorliegt. Niemand hätte die Pandemie bemerkt. Lediglich Intensivmediziner hätten 2020 über eine auffällig schnelle Entwicklung einer speziellen Lungenentzündung gerätselt. Dieses Rätsel wird im nächsten Kapitel aufgelöst. Warum es in Wuhan, Bergamo und New York zu zugespitzten Situationen kam, klären wir gleich.

Der größte Selbstbedienungsladen aller Zeiten

Die deutsche Gesellschaft bezahlt für diesen PCR-Irrsinn die unvorstellbare Summe von 6 Milliarden Euro. Es geht aber völlig am Thema vorbei, darüber zu streiten, ob die PCR-Tests überbezahlt waren und der Staat besser hätte verhandeln sollen. Der Skandal liegt darin, dass die PCR-Tests zu über 99% nicht nur unnötig, sondern schädlich waren. Es widerspricht jedem Sachverstand, eine Massentestung von Gesunden und leicht Erkrankten zur Grundlage einer Pandemiepolitik zu machen.

6 Milliarden – was könnte man damit Sinnvolles tun! Aber die Rechnung ist noch nicht vollständig. Es fehlen noch die Kosten für die Schnelltests. Sie waren der Eintritt in das normale Leben, vom Arbeitsplatz bis zu Schulen oder Kinos, obwohl sie noch ungenauer waren und bei Gesunden für noch mehr Verwirrung sorgten. Bezahlt wurde vom Bund pro Test rund 20 Euro. Ein Testzentrum mit 500 Tests pro Tag kommt demnach auf einen Umsatz von über 3 Millionen im Jahr – bei geringen Kosten. Privat geführte Testzentren sprossen aus dem Boden und manche Betreiber konnten der Versuchung nicht widerstehen, die Zahlen nach oben zu manipulieren. Inzwischen sind über 25.000 Verfahren wegen Erschleichens von Corona-Hilfsgeldern anhängig. Ein angeklagter Testzentrum-Betreiber aus Heilbronn schilderte das Vorgehen: *„Man musste in den PC nur eine Zahl eintippen, auf Okay drücken und das Geld wurde überwiesen.“* Am Ende hatte er 1,1 Millionen Euro ergaunert.

Wie das *Handelsblatt* berichtete, wurden zwischen Juli 2021 und Februar 2022 für die Testeritis 9,2 Milliarden aus Steuermitteln ausgegeben. Hochgerechnet etwa 14 Milliarden pro Jahr. Das sind ca. 2,5% des gesamten Bundeshaushalts 2021 (547,7 Mrd.). Nur zum Vergleich: Das ist die Hälfte des Betrages, den der Bund 2020 insgesamt für Forschung, Bildung, Wissenschaft und Kultur ausgegeben hat (28,7 Mrd.).

Die „Nationale Teststrategie“ war eine der teuersten Fehlinvestitionen aller Zeiten, ohne Nutzen, aber mit gigantischen Folgeschäden.

Verlogene Gesundheitsfunktionäre

Im Januar 2022 stellte der Journalist Boris Reitschuster an den Sprecher des Bundesgesundheitsministeriums (BMG) explizit die Frage, ob das BMG sich der Problematik zu hoher Krankenhaus-Covid-Zahlen bewusst sei. Antwort: *„Da müssen Sie das RKI fragen.“* Was Reitschuster dann auch tat, indem er folgende Frage an das RKI stellte: *„Wie viele der als ‚Corona‘-Fälle deklarierten Patienten befinden sich nicht aufgrund von ‚Corona‘ in stationärer Behandlung?“* Diese Zahl ließe sich im Wochenbericht des RKI nicht finden. Die Antwort lautete: *„Dazu finden Sie Erläuterungen in den Antworten auf häufig gestellte Fragen, www.rki.de/covid-19-faq, dort die vierte Frage ‚Wie wird die 7-Tage-Hospitalisierungsinzidenz berechnet und was ist bei der Bewertung zu berücksichtigen?‘“*

Nun, dort steht schwarz auf weiß, dass Covid nicht der Aufnahmegrund sein muss, wenn Krankenhäuser Patienten als stationäre Covidkranke melden. *„Dies soll eine niedrigschwellige, zügige und aufwandsarme Meldung gewährleisten.“*

Egal, total egal, BMG, RKI

Auch hier wäre eine solide Überprüfung der Zahlen durch eine repräsentative Stichprobe möglich. Aber man überlässt die Meldepraxis lieber vollständig den Krankenhäusern. Kurz: Es scheint sich beim RKI und auch im BMG niemand für die Verzerrungen der Hospitalisierungsinzidenzen zu interessieren, die entstehen, wenn Krankenhäuser an massenhaft falschen Meldungen gut verdienen und dabei keine Sanktionen zu fürchten haben. Und das, obwohl die Qualität der Krankenhauszahlen die wichtigste Voraussetzung für ein solides Corona-Pandemiemanagement ist. Die Frage, die sich stellt, ist, ob es sich dabei um schlichte Unfähigkeit der Behörden handelt, oder ob man das Abrechnungstreiben der Krankenhäuser bewusst in Kauf nahm – und warum?

Der Offenbarungseid

Den Unwillen, sich um solide Daten zu kümmern, bestätigten am 14. März 2022 in erschreckender Weise die entsprechenden Spitzenfunktionäre im Rahmen einer öffentlichen Anhörung des Gesundheitsausschusses zum Infektionsschutzgesetz im Bundestag. Der AfD-Abgeordnete Martin Sichert stellte ihnen die Frage, wie die Krankenhäuser die Unterscheidung von „mit" oder „an Covid"-Krankenhauspatienten sicherstellten. Die Antwort lautete unisono: Kein Interesse. Ingo Morell, Präsident der Deutschen Krankenhausgesellschaft (DKG), sagte wörtlich: *„Also erstens, kann man sagen, nach zwei Jahren, da müssen wir uns die ganzen zwei Jahre angucken – wann sollten wir wie was erfassen? Und, ich gebe die Frage zurück, wie wollen Sie das ganz genau messerscharf trennen, ob einer wegen Covid oder mit Covid und so weiter ins Krankenhaus kommt? Derzeit werden grob schon die Dinge erfasst, aber natürlich nicht von Anfang an. Nicht innerhalb der ersten zwei Jahre […]"*

Gernot Marx von der Deutschen Interdisziplinären Vereinigung für Intensiv- und Notfallmedizin (DIVI) beantwortete die Frage wie folgt: *„Insbesondere im Bereich der Intensivmedizin kann man nicht unterscheiden, ob ein Patient mit oder wegen Corona (eingeliefert) ist, weil Covid-19 immer erstmal einen erhöhten Aufwand bedeutet für die betreuenden Ärzt*innen und Pflegekräfte, also das gesamte Team, und zweitens Covid-19 immer […] ein auch aufs Leben bedeutsamer Faktor ist und deswegen kann man hier keine Unterscheidung treffen."*

Die Unterscheidung mit oder an Covid wäre selbstverständlich einfach zu bewerkstelligen. Führen diese Funktionäre die Öffentlichkeit bewusst hinters Licht oder sind sie schlicht unfähig? Jedenfalls handeln sie im Interesse ihrer Organisationen, die an der Diagnose Covid sehr gut verdienten. Kommt ein nicht zu geringer Schuss krimineller Energie ins Spiel, tauchen plötzlich freie Betten auf und verschwinden wieder auf Knopfdruck. Darum geht es nun.

Die deutsche Intensivmafia

Intensivabteilungen quellen über, wohin nur mit den vielen Covid-Kranken? Dieses Bild wurde durchgehend während der Corona-Jahre von Ärzten, Politik und Medien gezeichnet. Man stehe kurz vor dem Zwang, auszuwählen, wer von den Schwerkranken noch einen Platz bekäme und wen man seinem Schicksal überlassen müsse. Diese drohende Triage wurde zum Totschlagargument gegen jede Corona-Kritik hochstilisiert. Doch in Kapitel 1 haben wir bereits geklärt, dass in den Corona-Jahren 2020 und 2021 auch in den Intensivabteilungen eine starke Unterbelegung vorlag, mit einem durchschnittlichen Covid-Anteil von lediglich 4%.

Laut der Zahlen, die von der Deutschen Interdisziplinären Vereinigung für Intensiv- und Notfallmedizin (DIVI) fortlaufend veröffentlicht werden stellte sich die Bettensituation von April 2020 bis Dezember 2021 wie folgt dar:

- Die Gesamt-Bettenbelegung lag durchgängig bei ziemlich konstanten 20.000 Intensivpatienten.
- Der Höchststand an Covid-Patienten (sprich positiv getesteten) lag im Januar 2021 für wenige Tage bei max. 5.762 Covid-Patienten. Das entspricht einem kurzfristigen Anteil von 30% aller belegten Intensivbetten.
- Zu diesem Zeitpunkt waren jedoch immer noch ca. 4.000 freie Betten verfügbar.

Jeden Winter kommt es regional zu Engpässen, beispielsweise im Winter 2017/18, als Kranke wegen voller Zimmer auch schon mal auf die Gänge geschoben wurden. Covid drohte zu keinem Zeitpunkt die deutschen Intensivabteilungen an die Belastungsgrenze zu bringen. Der Personalmangel selbst war hausgemacht.

Dennoch wurde die Intensivlobby, die Deutsche Interdisziplinäre Vereinigung für Intensiv- und Notfallmedizin (DIVI), nicht müde, in Zeitungen und Talkshows die Belegungssituation in dramatischen Farben zu malen. Obwohl eine Situation, in der man Schwerkranke nicht mehr hätte behandeln können, nicht einmal ansatzweise vorlag. Doch führende Intensivmediziner bliesen selbst noch 2022 ins Panikhorn.

So sagte der Intensivmediziner Christian Karagiannidis am 11. April 2022 der *Augsburger Allgemeinen*: *„Wenn wir ohne Schutzmaßnahmen in den Herbst und den Winter gehen, droht eine ziemliche Überlastung des Gesundheitswesens"*. Um dann am 26. Juni 2022 in der *Zeit* nachzulegen: *„Christian Karagiannidis vom Corona-Expertenrat sieht das System ‚näher an einem Kipppunkt' als zuvor angenommen. Der Sieben-Tage-Wert der Neuinfektionen steigt weiter an."*

Am 11. Juli 2022 warnte ein weiterer medial dauerpräsenter Intensivmediziner, der bereits zitierte DIVI-Präsident Gernot Marx, im *Morgenmagazin* des ZDF. Derzeit würden doppelt so viele Covid-Patienten wie zur gleichen Zeit im vergangenen Jahr intensivmedizinisch behandelt. Was er nicht sagte, ist, dass der Anteil von Intensivpatienten mit der Diagnose Covid an diesem Tag laut Intensivregister nur bei ca. 6% lag. Das ist bezüglich schwerer Atemwegserkrankungen die völlige Normalität. Wobei wir wieder nicht erfahren, ob diese Patienten tatsächlich wegen Covid dort behandelt wurden oder lediglich einen positiven Test hatten. Zu diesem Zeitpunkt versicherten mir persönlich mehrere Intensivmediziner, dass kaum Patienten wegen schwerer Covid-Atemwegsprobleme auf Intensiv lagen. Im Bayerischen Rundfunk behauptete Marx am Vortag sogar: *„Ich würde es nicht als dramatisch bezeichnen, aber es ist sehr angespannt, und das ist ungewöhnlich für diese Zeit im Sommer, wo es normalerweise immer etwas ruhiger ist."* Doch ein Blick in die Jahresstatistik straft ihn Lügen. Am 10. Juli 2022, also an dem Tag, von dem dieses Zitat stammt, lagen 17.437 Personen auf Deutschlands Intensivstationen. Doch ein Jahr früher, am 10. Juli 2021, lagen mehr Patienten, nämlich 18.814 und am 10. Juli 2020 immerhin 20.498 auf Intensiv. 2022 herrschte also für diesen Tag die niedrigste Intensivbelegung der letzten zwei Jahre.

690 Millionen für den Abbau von Intensivbetten?

Die DIVI-Bettenzahlen offenbaren jedoch etwas Hochmerkwürdiges. Die Behauptung immer weniger freier Intensivbetten war trotz konstanter Belegung auf den ersten Blick nicht falsch. Aber nicht aufgrund der Covid-Patienten, sondern aufgrund eines rätselhaften Abbaus von Intensivbetten mitten in der angeblich schlimmsten Pandemie der Neuzeit. Der Datenanalyst Tom Lausen wies Ende 2020 auf eine eigenartige Entwicklung hin und trug dies auch im Juli 2021 als Sachverständiger im Gesundheitsausschuss des Deutschen Bundestags vor. Die Gesamtbelegung zeigt sich von April 2020 bis Dezember 2021 erstaunlich konstant um die 20.000 Patienten. Das Einzige, was sich änderte: Die Gesamtzahl der Intensivbetten reduzierte sich um ca. 9.000 Betten – von ca. 31.000 im April 2020 auf ca. 22.000 Ende Dezember 2022. Wie kann das sein? Schließlich erhielten die Krankenhäuser vom Bund 690.000 Millionen explizit dafür, Intensivkapazitäten in der Pandemie auszubauen!

Virtuelle Betten

Dieses Geld wurde auch dankend angenommen. Doch worin bestand die Gegenleistung? Auf dem Papier im Abbau (!) von Intensivbetten, und zwar ganz eindeutig. Doch reden wir hier eigentlich über die Wirklichkeit? Eher nicht. Denn wieder führten finanzielle Fehlanreize zu einer äußerst kreativen Meldepraxis. Anfangs gab es großzügige Zahlungen für freigehaltene Betten, z.B. wegen verschobener Operationen. Doch Profitdenken sieht hierin auch die Chance, vorher stillgelegte Betten zu Geld zu machen. Indem man sie gewissermaßen aus dem Keller holt, um sie als frei zu melden. Deswegen nehme ich an, dass die anfangs gemeldeten 31.000 Intensivbetten gar nicht wirklich einsatzbereit waren oder schlicht nicht existierten. Die ausgezahlten Gelder für die auf diese Weise gemeldeten „freien“ Betten existierten jedoch sehr wohl.

Verschwindende reale Betten

Dann wurde der Abrechnungsmodus ab November 2020 verändert. Deutsche Kliniken konnten seitdem Freihaltepauschalen nur noch dann kassieren, wenn es in ihrem Landkreis weniger als 25 Prozent freie Intensivbetten gab. Dazu musste die Corona-Inzidenz bei mindestens 70 liegen. Auf diese Weise konnte ein Krankenhaus mit 600 Betten bis zu 50.000 Euro Freihaltepauschalen am Tag kassieren. Die Gelder wurden für alle freien Betten einer Klinik gezahlt, nicht nur für Intensivbetten.

Was passierte nun? Angenommen, ein Krankenhaus hat 20 Intensivbetten und davon sind 15 belegt, dann erfüllt die Belegungsquote nicht die Vorgabe von weniger als 25%. Dann ginge das Krankenhaus leer aus. Meldete das Krankenhaus für den kommenden Tag jedoch lediglich 19 betreibbare Intensivbetten, dann wurde die 25-Prozent-Marke unterschritten und die Ausgleichszahlungen flossen für alle freien Klinikbetten. Eine Inzidenz von 70 lässt sich dazu beliebig herbeitesten. Genau zu diesem Zeitpunkt, ab November 2020, sanken die Meldungen betreibbarer Intensivbetten zügig nach unten, bis die 25-Prozent-Marke unterschritten wurde – bis heute. Das ist kein Zufall, sondern Betriebswirtschaft. Die Angaben zu den verfügbaren Betten waren ganz sicher am Anfang der Corona-Krise zu hoch und später zu niedrig.

Die 690 Millionen Euro stammten übrigens direkt aus der Liquiditätsreserve des Gesundheitsfonds. Das ist der Gemeinschaftstopf, aus dem die gesetzlichen Krankenkassen finanziert werden. In Folge werden allein die Arbeitnehmer über Zusatzbeiträge herangezogen, diese betrügerische Bereicherung der Krankenhäuser zu finanzieren.

Der Betrug stinkt zum Himmel

Am 16. Mai 2021 veröffentlichte eine interdisziplinäre Arbeitsgruppe um den Gesundheitsökonomen Prof. Matthias Schrappe ein Positionspapier, in dem auf diesen Intensivbetten-Betrug hingewiesen wurde. Danach wurde Prof. Schrappe, wie alle, die sich in der Corona-Krise kritisch äußerten, unsachlich diskreditiert. Die DIVI führt aufwendige Quarantäneregeln, wechselnde Personalschlüssel pro Intensivpatient und Personalmangel als Ursache des Bettenschwundes an. Doch sogar der Bundesrechnungshof bestätigte die Vorwürfe und spricht höflich von „unerwünschten Mitnahmeeffekten". In einem Interview mit dem Magazin *Cicero* wird Matthias Schrappe im November 2021 dann deutlich: *„Ich sage Ihnen: Die ganze Sache stinkt zum Himmel. Da sind 15 Milliarden Euro an die Krankenhäuser verteilt worden, so dass das Jahr 2020 zumindest für die Krankenhäuser zum wirtschaftlich erfolgreichsten Jahr seit Beginn der Aufzeichnungen werden konnte, und keiner fragt mal, wo das Geld eigentlich geblieben ist. Stattdessen wird weiterhin Mangel proklamiert."*

Fest steht, das Jahr 2020 wurde zumindest für die Krankenhäuser zum wirtschaftlich sehr erfolgreichen Jahr. Viele Krankenhäuser konnten der Versuchung kreativer Abrechnungspraktiken nicht widerstehen, die ihnen die Politik so freizügig anbot. Der Bundesrechnungshof stellt dazu im Juni 2021 fest: *„Die Ausgleichszahlungen nach §21 KHG ermöglichten vielen Krankenhäusern im vergangenen Jahr eine massive Überkompensation aus Steuermitteln"*. Nach Angaben des Spitzenverbandes der gesetzlichen Krankenkassen bezog jedes zweite Krankenhaus, genau 977 Kliniken, Gelder auf diese Weise. Welche Krankenhäuser dabei die Grenze der Legalität überschritten haben, wird hoffentlich bald die Gerichte beschäftigen. Erste Klagen gegen zwei deutsche Krankenhäuser wurden bereits eingereicht. Die Anklagevertreter gehen davon aus, dass es sich dabei nur um die Spitze des Eisbergs handelt. Sie befürchten eine *„mögliche Verschwendung eines Milliarden-Betrages"* unter aktiver Beteiligung der Behörden und Verbände: *„Nur in einem Zusammenwirken mit DIVI, RKI und BMG ist die Mittelvergabe, praktisch auf Zuruf der Kliniken, zu verstehen."* Dieses Zusammenwirken von Klinikunternehmen, Fachgesellschaften und Behörden zum Zwecke des Missbrauchs öffentlicher Gelder wirft die Frage auf, ob wir eigentlich schon von organisierter Kriminalität sprechen sollten.

Das Angebot schafft den (künstlichen) Bedarf

All die bisher geschilderten finanziellen Schäden beschreiben noch nicht einmal das eigentliche Problem der Intensiv-Belegung deutscher Krankenhäuser. Denn es stimmt tatsächlich: Wir finanzieren in Deutschland angesichts des tatsächlichen Bedarfs zu viele Intensivbetten, und das, obwohl alle „zu wenige" rufen. Deutschland und Österreich liegen mit der Anzahl an Intensivbetten pro Einwohner weltweit im Spitzenbereich, übertroffen nur von Japan und Südkorea. Wir haben beispielsweise fast doppelt so viele Betten wie die Schweiz und dreimal so viele wie Schweden. Vorteile für die medizinische Versorgung scheint dies nicht zu bringen. Laut des neuesten, bereits erwähnten WHO-Berichts zu den weltweiten Todesfällen schneidet Deutschland besonders schlecht und Schweden besonders gut ab.

Intensivbetten sind die teuersten Betten eines Krankenhauses, jeder Leerstand kostet Geld. Je mehr Krankenhäuser an ihren Umsätzen gemessen werden, desto mehr geraten sie unter Druck, einen hohen Belegungsanteil ihrer Intensivbetten zu sichern. Im Schnitt stellten die Krankenhäuser 2020 pro Corona-Intensivpatient den Krankenkassen 38.500 Euro in Rechnung. Das entspricht mehr als dem Bruttolohn in der Altenpflege für ein ganzes Jahr.

Deswegen erstaunt es nicht, wenn die Gesamtzahl der allgemeinen Intensivpatienten in Deutschland seit Anfang der Corona-Krise bis heute annähernd konstant bei 20.000 liegt, sommers wie winters! Gäbe es in Deutschland 50.000 Intensivbetten, dann wären auch diese aktuell mit über 75% ausgelastet.

Alte Menschen werden häufig zum Spielball der Intensivbelegung

Doch welche Patienten liegen eigentlich auf deutschen Intensivabteilungen? Es gibt Schwerkranke, die können nur mit einer intensivmedizinischen Behandlung überleben. Und es gibt Krankenhauspatienten, für die sich auch bei bestem Willen kein Grund für eine Intensiv-Überwachung finden lässt. Aber es gibt sehr viele Patienten dazwischen. Frisch operierte Knie- oder Hüft-Patienten beispielsweise oder eben Patienten mit positivem PCR-Coronatest. Bei den allermeisten würde eine aufmerksame Überwachung ausreichen, die man ohne Probleme auf Normal- oder einer etwas besser ausgestatteten Überwachungsstation gewährleisten könnte. In idealer Weise eignen sich jedoch multimorbide, alte Menschen dazu, eine Intensivabteilung flexibel und profitabel zu belegen. Bei ihnen lässt sich immer etwas finden, das man besser überwachen sollte. Die jetzige Feststellung hat nichts damit zu tun, dass sich Intensivpersonal aufopfernd um Intensivpatienten kümmert, wenn sie einmal dorthin verlegt werden. Aber der Verdacht drängt sich auf, dass alte Menschen im Rahmen empathiefreier Businesspläne als ökonomische Verfügungsmasse gelten, von der ein guter Teil der Bilanzen moderner Krankenhäuser abhängt.

Sterben in Deutschland – einsam, teuer und unwürdig

Doch hochbetagte, pflegebedürftige Menschen mit schweren Grunderkrankungen profitieren häufig nicht von modernen Krankenhäusern, die auf Lebensrettung ausgerichtet sind und bei diesen Patienten oftmals nur das Sterben verlängern können. Auf diese Weise verbringen heute viele unserer Alten ihre letzten Tage in fremder, hochtechnisierter Umgebung und während der Corona-Krise auch noch isoliert und einsam. Oft nur aus dem einen Grund, weil Pflegeheimen die Ressourcen fehlen, im Erkrankungsfall eine angemessene Versorgung zu gewährleisten. Die Corona-Panik tat ihr Übriges, so dass 70% aller Covid-19-Patienten, die im Jahr 2020 im Krankenhaus verstarben, aus Pflegeheimen überwiesen wurden. Die moderne, geräteintensive Krankenhausbehandlung viel zu vieler hochbetagter multimorbider Menschen am Ende ihres Lebens ist eine humanitäre Fehlentwicklung, die dringend geändert werden muss. In den Corona-Jahren wuchs sie sich zu einer Katastrophe aus.

Die deutschen Intensivfunktionäre – Treiber der Maßnahmen

Dieses Kapitel beschreibt die Schattenseite deutscher Intensivstationen. Auf der Sonnenseite arbeiten Pflegekräfte und Ärzte für das Überleben Schwerkranker, die sonst keine Chance hätten. Sie tun dies hochgradig motiviert und kompetent. Dafür gebührt ihnen Dank und keine Kritik. Ich weiß aber aus Gesprächen, dass viele von ihnen unter den Missständen leiden, wie sie gerade beschrieben wurden. Deswegen eine Klarstellung: Meine Kritik richtet sich ausschließlich gegen die Funktionäre vor allem der Deutschen Krankenhausgesellschaft (DKG) und der Interdisziplinären Vereinigung für Intensiv- und Notfallmedizin (DIVI). Sie schürten Panik in Regierungsgremien und Talkshows. Dort logen sie der Bevölkerung die Hucke voll über die angeblichen Gefahren einer saisonalen Atemwegserkrankung namens Covid-19. Sie forderten ständig noch strengere Maßnahmen, weil sonst angeblich die Intensivabteilungen zusammenbrechen würden. Welcher Politiker traut sich dann noch, öffentlich diese Gefahr zu relativieren, selbst wenn sie nur auf dem Papier existiert? Deshalb tragen die Vertreter der deutschen Intensivmedizin eine ganz besonders hohe Mitverantwortung an den Fehlern der Pandemiepolitik und deren millionenfachen Opfern.

Das Pflegedrama

Besonders perfide ist, dass DIVI und Co. diese Panikmache im Namen eines ausgepowerten Pflegepersonals betreiben, deren schlechte Arbeitsbedingungen seit Jahren bekannt sind und die durch die unsinnigen Tests und Quarantänemaßnahmen weiter verschärft wurden. Die Krankenhäuser verdienten gut daran, bis es deren Leitungen langsam dämmerte, dass sie mit dieser Panikmache ihre eigene Funktionsfähigkeit gefährdeten. Der Bruder des aktuellen Bundeskanzlers, der Narkosearzt und Vorstandsvorsitzende des Uniklinikums Schleswig-Holstein Jens Scholz, klagte öffentlich: *„Wir testen uns zu Tode“*. Gegenüber der *Bild* sagte er: *„Da muss man ehrlich sagen: Diese Abschottungspolitik ist in die Hose gegangen.“* Im ambulanten Pflegebereich wirkte sich der Lockdown übrigens besonders negativ aus, denn viele Pflegekräfte stammen aus dem Ausland, oft nicht offiziell gemeldet. Bei Verkündung von Panik und Lockdowns kehrten sie sofort in ihr Heimatland zurück. Tausende alte Menschen waren so ab März 2020 plötzlich ohne Versorgung. Ein Problem, welches ganz besonders in Bergamo die Einweisungen in die Kliniken weiter anheizte.

Die Pflege steht am unteren Ende der Nahrungskette

Was tat die Politik während der Corona-Krise, um den Pflegenotstand zu lindern? Sie warf mit Geld um sich. Doch kam es auch an? Um die Intensivsituation zu verbessern, wurden zunächst im großen Stil Beatmungsgeräte gekauft, von denen tausende derzeit unausgepackt im Keller des BMG verstauben dürften. Zu den 690 Millionen Euro zum Ausbau – sprich Abbau – von Intensivbetten gab es noch einen Pflegebonus von 100 Millionen obendrauf. Was kam davon eigentlich in der Pflege an? Vereinzelte Bonuszahlungen im niedrigen vierstelligen Bereich, die noch versteuert werden mussten. Aber gab es Anstrengungen, Pflegekräfte angesichts der Corona-Pandemie wieder in die Krankenhäuser zurückzuholen, etwa durch Wiedereinstiegsprämien von 5.000 bis 10.000 Euro? Warum wurden nicht ausreichend Hilfskräfte zu attraktiven Bedingungen für einfache Handreichungen eingestellt, um so ausgebildetes Pflegepersonal in dieser angeblich so außergewöhnlichen Notsituation zu entlasten? Nichts von alledem. Die Wahrheit ist, die Pandemie-Gelder wurden in Kanäle gelenkt, die dringend beleuchtet werden sollten. In der Pflege kamen sie nicht an.

Wuhan, Bergamo, New York und das Drama der strategischen Frühintubation

In der Geschichte der Medizin kommt es immer wieder vor, dass grobe Fehler selbst dann noch praktiziert werden, wenn ihre Schäden unübersehbar sind. Sprechen wir nun über ein Drama, das im Wesentlichen nicht durch Abrechnungsbetrug begünstigt wurde, sondern einen solch klassischen Behandlungsfehler darstellt.

In „Der Staatsvirus“ habe ich bereits über das Beatmungsdrama in der Frühphase der Corona-Krise ausführlich berichtet. Hier noch einmal die wichtigsten Eckpunkte. Am 21. März 2020 veröffentlichte der Verband Pneumologischer Kliniken (VPK) ein eindringliches Statement. Darin sprachen sich Lungenärzte gegen eine zu frühe und in den meisten Fällen unnötige künstliche Beatmung von Covid-Patienten aus. Das

Problem ist lange bekannt. Werden Patienten mit einer Lungenentzündung narkotisiert, intubiert und künstlich beatmet, muss dies mit Überdruck erfolgen. Doch eine entzündete Lunge hält dies nicht lange aus. Dennoch werden Intensiv-Patienten ab einem gewissen Sauerstoffgehalt im Blut routinemäßig narkotisiert und maschinell beatmet. Selbst dann, wenn sie wach und ansprechbar sind, mit oder ohne Lungenentzündung. Man nennt dieses Vorgehen strategische Frühintubation.

Dieser offiziell immer noch empfohlene Behandlungsfehler wirkte sich im Frühjahr 2020 besonders katastrophal aus. In Panik überrannten viel Covid-Kranke die Notaufnahmen. Von Wuhan ausgehend galt in Krankenhäusern die Prämisse, intubierte Covid-Patienten seien nicht mehr ansteckend. Auf diese Weise könnten die Mitarbeiter vor Ansteckung geschützt werden. Eigenschutz durch Patientengefährdung, dieses Prinzip ist mir als Arzt neu, aber Panik treibt gefährliche Blüten. In Wirklichkeit schuf diese Strategie erst die Voraussetzung für das Covid-Sterben in den Krankenhäusern. In Wuhan starben über 95 %, in New York und Bergamo 90 %, in UK 80 % und im Rest Europas 50 % der intubierten Covid-Patienten. Darunter viele junge Patienten, die fast alle ohne diese Tortur überlebt hätten. Dies demonstrieren die niedrigen Covid-Sterberaten in den Kliniken des VPKs (s.a. Moerser Modell). Die strategische Frühintubation während der Corona-Krise wird als eine der folgenreichsten Fehlbehandlungen in die Medizingeschichte eingehen. Die Opferzahl wird allein im Raum New York auf 30.000 geschätzt. Die wichtigste und erfolgreichste Therapie gegen Covid-19 bestand deshalb darin, eine invasive Beatmung so lange wie nur irgend möglich zu vermeiden. Mit einem solchen Vorgehen wäre es aller Wahrscheinlichkeit nach in Bergamo oder New York im auslaufenden Winter 2020 zu einer Situation gekommen, die man im Nachhinein maximal als schwere Grippewelle eingeschätzt hätte.

In Deutschland starben 78% der über 80-Jährigen, wenn sie auf Intensiv intubiert und künstlich beatmet wurden. Nicht selten wochenlang. Wenn sie die Tortur überlebten, dann oft mit Folgeschäden des Gehirns und der Lunge, die dann auch noch als Long-Covid missinterpretiert werden. Man kann davon ausgehen, dass in Deutschland 20–30 % aller Covid-19-Todesfälle auf Intensiv unnötigerweise verursacht wurden.

Fazit

Da Krankenhäuser trotz leerer Betten durch staatliche Covid-Zusatzzahlungen gut verdienten, hatten sie ein Eigeninteresse daran, die Corona-Panik aufrechtzuerhalten. Zu diesem Zweck weigerten sie sich, die Zahl der echten Covid-Patienten zu ermitteln, und meldeten stattdessen viel zu hohe Hospitalisierungsraten. Die Verantwortlichen sind vor allem im Führungspersonal der Deutschen Krankenhausgesellschaft (DKG) zu suchen. Die fehlende Bereitschaft des Bundesgesundheitsministeriums, einzuschreiten – bei gleichzeitiger Einladung zu diesem Missbrauch – wirft Fragen nach behördlicher Verstrickung mit den Interessen der Klinikbetreiber auf.

Besonders unrühmlich agierte die Deutsche Interdisziplinäre Vereinigung für Intensiv- und Notfallmedizin (DIVI). Deren Vertreter betrieben hinsichtlich der Intensiv-Berichterstattung reine Lobby-Arbeit und trieben die Politik zu schärferen Maßnahmen, obwohl die Covid-Belegung zu keiner Zeit eine außergewöhnliche Bedrohung darstellte. Es steht auch die Veruntreuung riesiger Geldsummen im Raum, mit denen z.B. Intensivbetten aufgebaut werden sollten, deren Zahl jedoch massiv verringert wurde.

Die Corona-Krise offenbart die gesamte Kehrseite der fortschreitenden Ökonomisierung des Gesundheitssystems, die im Grunde eher einer staatlichen Planwirtschaft zugunsten der neuen Gesundheitskonzerne entspricht. Falls Privatisierung im Gesundheitswesen tatsächlich zu Effizienzsteigerung führen sollte, wird dieser Vorteil schnell zunichte gemacht, wenn sich Gesundheitskonzerne statt für gesellschaftliche Verantwortung für ihre eigenen Bilanzen entscheiden.

Kapitel 4

Verbrechenskomplex Virusursprung

Die Abgründe der Biowaffenforschung

Es geht um Viren in diesem Kapitel. Genauer: um das Erkältungsvirus SARS-CoV-2, um das sich drei Jahre lang die Welt drehte. Dieses neue Corona-Virus wurde 2019 erstmalig im Umfeld des Corona-Forschungslabors in Wuhan entdeckt. Einem Labor, welches die weltweit führende Einrichtung für die experimentelle, künstliche Veränderung für Corona-Viren ist. Das wirft Fragen auf. In diesem Kapitel werden sie beantwortet. Und auch erklärt, warum wir dieses Mal noch Glück hatten.

SARS-CoV-2, Covid-19 und eine kleine Besonderheit

Saisonale Atemwegserkrankungen (Erkältungen) werden typischerweise von Viren verursacht. Am bekanntesten sind Influenza (Grippe)- und Rhino (Schnupfen)-Viren. Das neue Virus SARS-CoV-2 gehört zur Gruppe der Corona-Viren, die ihren Namen aufgrund ihres Aussehens erhielten. Denn auf elektronenmikroskopischen Aufnahmen sieht man, dass die Proteine, die dem Virus helfen, an einer Wirtszelle anzudocken, auf der Virus-Außenhülle einen Kranz (Corona) bilden. Corona-Viren waren vor 2020 allenfalls Spezialisten geläufig, obwohl sie für etwa 15 % aller Erkältungskrankheiten bei Erwachsenen verantwortlich gemacht werden.

Übertragen werden Erkältungsviren über Aerosole, einem Gemisch aus Luft und winzigen Partikeln. Bis zu 100.000 Viren-Aerosole werden von einem Infizierten pro Atemzug ausgeatmet. Sie breiten sich danach frei im gesamten Raum aus, im Prinzip ähnlich wie Zigarettenrauch. Ansteckungen finden vor allem in engen, niedrigen, geschlossenen Räumen statt. Die Wahrscheinlichkeit, sich anzustecken, sinkt in hohen und gut belüfteten Räumen. Im Freien ist eine Ansteckung extrem unwahrscheinlich. Der Ansteckungsweg über Oberflächen mittels Schmierinfektionen, wie ihn beispielsweise die Herpesviren wählen, spielt für Atemwegsviren eine untergeordnete Rolle.

Wird SARS-CoV-2 eingeatmet, trifft es auf die Schleimhaut der Atemwege. Nur wenn es dem Virus gelingt, in die Schleimhäute einzudringen, löst es die Erkältungskrankheit Covid-19 aus. Dann reagiert unser Immunsystem und wir spüren diesen Kampf in Form von Entzündungen mit den bekannten Symptomen wie Halsweh, Naselaufen, Husten und Fieber. Die allermeisten Viren werden auf diese Weise abgewehrt, ohne größeren Schaden anrichten zu können.

In seltenen Fällen, besonders bei Immunschwäche, kann SARS-CoV-2 die Schleimhautabwehr durchbrechen und ins Lungengewebe vordringen. Erst dann wird es gefährlich. Oft entwickelt sich eine Lungenentzündung und manchmal breitet sich das Virus weiter über Lymph- oder

Blutwege aus. Dann drohen verschiedenste lebensbedrohliche Organschäden. Es sei denn, unser Immunsystem hatte früher bereits Kontakt mit diesem Virus und bildete danach passende Antikörper. Dann gelingt es unserer Körperabwehr, den Schaden zu begrenzen. Oft reicht sogar eine frühere Infektion mit einem ähnlichen Virus dafür aus (Kreuzimmunität).

Ansteckungswellen

Erkältungsviren breiten sich epidemisch aus. Weil sie schnell mutieren, erfolgt die Ausbreitung in Gestalt von Wellen neuer Varianten. Da unser Immunsystem dazulernt, werden die Wellen immer weniger gefährlich, bis sie schließlich in einem endemischen Zustand münden, in dem das Virus kaum noch Schaden anrichten kann. Man spricht dann auch von Herdenimmunität.

Die Variantenwellen von SARS-CoV-2 wurden nach den Buchstaben des griechischen Alphabets benannt:

- Alpha-Variante: Zuerst in England beschrieben, ansteckender als der Urtyp.
- Beta-Variante: Zuerst in Südafrika gefunden, war wenig infektiös.
- Gamma-Variante: Sie steckte vor allem Menschen im Amazonasgebiet an.
- Delta-Variante: Zuerst in Indien beschrieben. Setzte sich ab Sommer 2021 weltweit durch.
- Omikron-Variante: Zuerst in Afrika beschrieben. Sie löste Delta ab, bei hoher Infektiosität und sehr geringer Sterblichkeit.

Ab Omikron kann man vom Übergang in eine Endemie ausgehen. Die Herdenimmunität wurde im Jahr 2021 erreicht, wie Antikörperuntersuchungen anderer Länder belegen. In Deutschland wurde der Antikörperstatus erst im Herbst 2022 veröffentlicht. Zu diesem Zeitpunkt hatten bereits 99% aller Bundesbürger eine Immunantwort gegen SARS-CoV-2 aufgebaut.

Zoonosen

Covid-19 gehört zu den sogenannten Zoonosen. So nennt man Infektionskrankheiten, deren Erreger zwischen Tier und Mensch übertragen werden. Im Gegensatz zu Erkrankungen wie Polio oder Diphterie können Zoonosen, wie Grippe- oder Coronainfektionen, niemals ausgerottet werden. Denn auch wenn sich kein Mensch mehr ernsthaft anstecken kann, können wieder ganz neue Grippe- oder auch Corona-Viren in Tieren heranwachsen und auf Menschen überspringen.

Für Menschen gefährliche Zoonosen werden von sogenannten Reservoirwirten übertragen. In solchen gut angepassten Tieren können sich Viren in großer Zahl kopieren, ohne dass das Wirtstier dabei erkrankt. Für Corona-Viren gelten Fledermäuse als Reservoirwirte. Zwei Corona-Infektionen erregten in den letzten Jahren Aufmerksamkeit: 2002 SARS (severe acute respiratory syndrome) und 2012 MERS (middle-east respiratory syndrome). Diese Infektionen waren gefährlich, aber wenig ansteckend. Doch eine direkte Übertragung von Fledermausviren auf Menschen ist eher ungewöhnlich. Um einen Corona-Ausbruch bei Menschen zu erklären, hat man deshalb die Theorie eines Zwischenwirtes entwickelt. Als Zwischenwirt für MERS-CoV gelten Kamele, in denen man MERS-Viren nachweisen konnte. Bezüglich SARS-CoV-1 wird die Zibetkatze vermutet. Und welches Tier ist der Zwischenwirt von SARS-CoV-2? Eine sehr spannende Frage, die wir gleich beantworten.

Spike-Protein und Gefäßschäden

An der Außenhülle von SARS-CoV-2 sitzen die sogenannten Spikeproteine oder kurz Spikes (Stachel). Gelangen diese Spikes nach einer schweren Covid-Infektion in die Blutbahn, schädigen sie die Innenzellen der Blutgefäße. Diese können dadurch verstopfen. Die Folgen können sein: Lungenembolien, Herzinfarkte, Nieren- oder Leberschäden und vieles mehr. Genau auf diesen Zusammenhang verwiesen die ersten Obduktionen von Covid-Verstorbenen 2020, die Thromboembolien in großen und in kleinen Blutgefäßen entdeckten. Diese gefährliche Eskalation einer Covid-Erkrankung betrifft jedoch allermeist die typische Risikogruppe der alten und schwer vorerkrankten Patienten. Seit diesem Zeitpunkt bekamen jedoch sicherheitshalber alle Covid-Patienten im Krankenhaus standardmäßig eine Gerinnungsprophylaxe verordnet (Bauchspritze). Prinzipiell werden solche Thromboembolien auch nach einer Influenza-Grippe beschrieben.

Die Furin-Spaltstelle – woher kommt sie?

Eine Besonderheit von SARS-CoV-2 ist das Vorhandensein einer sogenannten Furin-Spaltstelle. Als Teil des Virusproteins verbessert es die Fähigkeit der Spikes, an Wirtszellen anzudocken, und erleichtert somit Viren das Eindringen. Das Problem: Furin-Spaltstellen kommen zwar bei anderen Viren vor, aber nicht bei den Vorgängern von SARS-CoV-2. Deshalb ist das plötzliche Auftauchen in SARS-CoV-2 ungewöhnlich. Daraus leiteten bekannte Virenforscher schon Anfang 2020 die These ab, die Furin-Spaltstelle sei möglicherweise in einem Labor künstlich eingebaut worden. In einer virologischen Fachpublikation aus dem Jahr 2022 (B.K. Ambati et al. in *Frontiers in Virology*) wird zusätzlich darauf hingewiesen, dass die Gensequenz in SARS-CoV-2, die den Bauplan für diese Furin-Spaltstelle enthält, exakt identisch ist mit einem Corona-Genpatent der Firma Moderna aus dem Jahr 2016. Die Wahrscheinlichkeit für eine natürliche Mutation geben die Autoren des Fachartikels mit weniger als 1:10 Milliarden an.

Die Laborthese wird ebenfalls nicht gerade durch die Tatsache widerlegt, dass das Wuhan-Viruslabor genau auf solche Manipulationen an Corona-Viren spezialisiert ist. Dennoch wäre der Gegenbeweis zur Laborthese einfach zu führen: durch den Nachweis des zoonotischen Ursprungs von SARS-CoV-2. Doch dazu müsste die Tierart gefunden werden, die als Zwischenwirt diente, von der das Virus auf den Menschen übersprang. Dieser Zwischenwirt müsste sich durch einen Kontakt mit Corona-tragenden Fledermäusen, die vor allem in Höhlen leben, SARS-CoV-2 einverleibt haben. Um danach hunderte Kilometer entfernt auf dem Wuhaner Markt als Delikatesse zu landen und schließlich die Pandemie auszulösen. Doch trotz intensivster Suche wurde dieser Zwischenwirt nicht gefunden. Inzwischen wurden für diese Suche 80.000 Proben bei allen erdenklichen Tierarten, in allen Regionen Chinas entnommen. Keine enthält SARS-CoV-2.

Folgen der Virenmanipulation

In Kapitel 1 wurde bewiesen, dass Covid-19 bezüglich Krankenhaus- und Sterbezahlen in keiner Weise eine außergewöhnliche Belastung für das deutsche Gesundheitssystem darstellte. Doch im Einzelfall konnte Covid durchaus lebensbedrohlich sein. Klinikärzte, denen ich vertraue, beobachteten, dass sich nach einer Infektion mit SARS-CoV-2 besonders schnell und besonders heftig Lungenentzündungen entwickelten. Vergleichbare Verläufe hätten sie bei Grippewellen eher weniger erlebt. Dies galt besonders für den Winter 2020/21. Ab Omikron im Frühjahr 2022 waren jedoch Covid-Lungenentzündungen die absolute Ausnahme. Als Hausarzt fiel mir aber die besondere Infektiosität der Omikron-Variante auf. Die Frage, die zu beantworten ist, lautet: Sind diese Besonderheiten durch den manipulativen Einbau der Furin-Spaltstelle zu erklären? Und hätte das ursprüngliche Corona-Virus ohne diese Manipulation nicht mehr als einen Schnupfen ausgelöst? Ich halte dies für gut möglich.

Die Vertuschung des Labor-Ursprungs

Viren-Experimente mit dem Ziel, deren Funktionen, besonders die krankmachenden, genetisch zu steigern, nennt man Gain-of-function-Forschung. Solche Forschungen sollen helfen, bessere Therapien und Impfungen gegen neue Virus-Infektionen zu entwickeln. Das ist die freundliche Erklärung für die Motivation, im Erbgut von Viren herumzupfuschen. Wir werden im Laufe dieses Kapitels noch sehen, welche Abgründe sich dahinter in Wirklichkeit auftun.

Halten wir fest: Ausgebrochen ist die neue Corona-Infektion in unmittelbarer Nähe zum weltweit führenden Corona-Forschungslabor. Das neue Virus enthält eine Furin-Spaltstelle, für deren Bauplan ein Patent existiert und deren natürlicher Ursprung sehr unwahrscheinlich ist. Außerdem wurde kein Zwischenwirt gefunden. Ziemlich viele Zufälle für meinen Geschmack. Doch jeder, der aufgrund dieser Ungereimtheiten nur den leisesten Zweifel an der natürlichen Zoonosen-Entstehung von SARS-Cov-2 äußerte, wurde von mächtigen Kreisen innerhalb der Wissenschaft sowie den etablierten Medien als kompletter Spinner und Verschwörungstheoretiker herabgesetzt.

Einer gegen alle

Der Hamburger Nanoforscher Prof. Dr. Roland Wiesendanger ließ sich davon nicht abschrecken. Er begann eigene Nachforschungen. Im Februar 2021 stellte er eine 104 Seiten umfassende Übersichtsarbeit vor, in der er die These begründete, die Corona-Pandemie sei höchstwahrscheinlich durch einen Laborunfall in Wuhan ausgelöst worden. Diese Arbeit erfuhr international Anerkennung als wichtiger Beitrag zur Klärung des Virusursprungs. Nur in Deutschland reagierte die Öffentlichkeit inklusive Wissenschaftswelt mit einer Empörungswelle. Das ZDF berichtet völlig sinnentstellend und stellte Prof. Wiesendanger in ein schlechtes Licht. Das ist mehr als töricht, denn man sollte sich die Argumente Prof. Wiesendangers genauer anschauen. Wir tun dies nun. Denn sie haben es in sich.

Sicherheitsmängel

Beginnen wir mit dem Institut für Virologie in Wuhan selbst. Dort befinden sich Labore der verschiedenen Sicherheitsstufen BSL-2 bis BSL-4. Es ist weltweit führend in der Erforschung von Corona-Viren, an denen auch Gain-of-function-Experimente durchgeführt wurden. 2018 wurde dieses Labor mehrfach von Diplomaten der US-Botschaft besucht, die danach erhebliche Sicherheitsmängel nach Washington meldeten. Ferner konnte man aus Publikationen der Leiterin der Forschungsabteilung in Wuhan, Shi Zhengli, erfahren, dass die Gain-of-function-Experimente mit Corona-Viren in Laboren der niedrigen Sicherheitsstufen BSL-2 und BSL-3 durchgeführt wurden, also nicht in der höchsten Sicherheitsstufe BSL-4.

Spurenverwischung

Am 12. September 2019, 2.00 Uhr nachts chinesischer Zeit, wurde im Institut für Virologie in Wuhan die weltweit größte Datenbank für Corona-Viren offline geschaltet. Diese Datenbank enthält auch alle Informationen zu den dortigen Experimenten. Gefragt nach dem Grund, sagte Shi Zhengli, dass das Institut damals über 3.000 Hackerangriffen ausgesetzt gewesen sei. Das klingt extrem fadenscheinig. Wesentlich plausibler erscheint, dass den Verantwortlichen des Forschungslabors zu diesem Zeitpunkt bewusst wurde, dass sich ein Zwischenfall ereignet hatte und man deshalb Spuren verwischen wollte. Die WHO datiert die erste Ansteckung eines Menschen mit dem neuen Corona-Virus zwar erst auf Anfang Dezember 2019. Aber aus anderen Quellen sind mehrere Cluster von früheren Ansteckungen im Sommer 2019 bekannt.

Das Virologen-Kartell

Auch die führenden Köpfe und Funktionäre der internationalen Virenforschung bekamen nach einer anfänglich sachlichen Beschäftigung mit den offenen Fragen des Virus-Ursprungs zunehmend kalte Füße. Als ihnen klar wurde, dass der Ursprung von SARS-CoV-2 wahrscheinlich in den Forschungen des Wuhan-Labors zu finden ist, ging es ihnen nicht darum, bei der Aufklärung mitzuhelfen. Sie machten sich ausschließlich Sorgen um den Ruf ihrer Forschung. Sie fürchteten, als Schuldige am gesamten Corona-Desaster ins Visier zu geraten, sollte die Laborthese als ernsthafte Option öffentlich diskutiert werden. Deshalb verabredeten sie sich am 1. Februar zu einer Telefonkonferenz. Was daraufhin folgte, ist ein Paradebeispiel für Wissenschaftsarroganz. Sie verabredeten eine konzertierte Vertuschungsaktion im naiven Glauben, dass dies unentdeckt bleiben werde. Doch im Rahmen des Freedom of Information Act hat jeder US-Bürger das Recht, Zugang zu Dokumenten staatlicher Behörden zu verlangen. Auf diesem Weg wurden bereits im Mai 2021 und Anfang 2022 Teile der E-Mail-Korrespondenz rund um diese Telefonkonferenz freigeklagt. Aufgrund der Initiative des Journalisten Jimmy Tobias folgten weitere Ende 2022. Durch diese E-Mails bekommen wir eine gute Vorstellung darüber, was sich in den Köpfen führender Virenforscher Anfang Februar 2020 abspielte. Schauen wir in einige der betreffenden E-Mails hinein. Die Protagonisten sind unter anderen:

- Anthony (Tony) Fauci, US-Immunologe, seit 1984 Direktor des National Institute of Allergy and Infectious Diseases

(NIAID) einer Abteilung des National Institutes of Health (NIH), Chef-Coronaberater des Weißen Hauses
- Francis Collins, US-Genetiker, bis Ende 2021 Direktor des National Institutes of Health (NIH)
- Kristian Andersen, dänischer Immunologe, Professor am Scripps Research Institute in La Jolla, Kalifornien
- Marion Koopmans, niederländische Virologin, Leiterin der Abteilung für Virologie an der Erasmus-Universität Rotterdam
- Sir Jeremy Farrar, britischer Epidemiologe, Direktor des Londoner Wellcome Trust, der medizinische Forschung weltweit fördert
- Eddie Holmes, britischer Evolutionsbiologe, Professor an der University of Sydney
- Christian Drosten, deutscher Mikrobiologe an der Berliner Charité
- Patricia Conrad, US-Mikrobiologin an der University of California
- John Mascola, US-Immunologe, ehem. Direktor des Impfforschungs-Zentrums der NIAID
- Patrick Vallance klinischer Pharmakologe, wichtigster Wissenschaftsberater der britischen Regierung
- Robert (Bob) Garry, US-Virologe an der Tulane University in New Orleans
- Andrew Rambaut, britischer Evolutionsbiologe an der Universität Edinburgh

Sowie Ron Fouchier, niederländischer Virologe und stellvertretender Leiter des Erasmus MC Department of Viroscience. 2011 erregte er Aufsehen, als bekannt wurde, dass er gefährliche Eigenschaften verschiedener Viren in seinem Labor zusammenmixte. Beispielsweise die hohe Infektiosität der Schweinegrippe-Viren mit der Gefährlichkeit der Vogelgrippe-Viren. Dass dies etwas mit der Entwicklung von Biowaffen zu tun habe, wies er weit von sich. Es gehe nur darum, auf zukünftige gefährliche Epidemien besser vorbereitet zu sein. Aufgrund internationaler Proteste ließ er seine Forschungen ein Jahr ruhen, bevor er sie wieder aufnahm. In den USA wurden Rufe nach einem Moratorium laut, sprich eine Aussetzung von staatlichen Fördermitteln für Gain-of-function-Forschung. Das Moratorium wurde von 2014 unter der Regierung Obama erlassen und 2017 von der Regierung Trump wieder aufgehoben.

E-Mails from hell

(Erklärungen in eckigen Klammern [...] wurden von mir eingefügt.)

31.01.2020 Einen Tag vor der Telefonkonferenz schrieb Kristian Andersen per E-Mail an Anthony Fauci: Edward Holmes und Robert Garry seien sich einig, dass das Virus nicht natürlich entstanden sei, sondern aus einem Labor entwichen sein dürfte.

1. Februar Um 0:38 Uhr Washingtoner Zeit schreibt Anthony Fauci an Jeremy Farrar. Kopien der E-Mail gehen an Kristian Andersen, Patricia Conrad und John Mascola: *„Ich habe bis eben mit Kristian Andersen telefoniert. Er schilderte mir seine Sorge über die Furinstellenmutation im Spikeprotein des derzeit zirkulierenden 2019-nCoV. Ich sagte ihm, dass er und Eddie Holmes so schnell wie möglich eine Gruppe von Evolutionsbiologen zusammenbringen sollten, um sorgfältig die Daten zu untersuchen und festzustellen, ob seine Sorgen bestätigt werden. Er sollte dies sehr rasch tun und wenn jeder mit seinen Sorgen übereinstimmt, sollten sie dies den dafür zuständigen Behörden melden. Ich denke, dass dies in den USA das FBI wäre und in Großbritannien der MI5.*
Es wäre wichtig, dass die Ursache seiner Sorge schnell von Experten auf dem Gebiet der Coronaviren und der Evolutionsbiologie bestätigt wird.
In der Zwischenzeit werde ich meine offiziellen Kollegen in der US-Regierung von meinem Gespräch in Kenntnis setzen und feststellen, welche weitere Untersuchung sie empfehlen. Lasst uns in Kontakt bleiben.
Beste Grüße, Tony“

Die Furin-Spaltstelle brennt den Wissenschaftlern ganz offensichtlich auf den Nägeln. So sehr, dass am selben Tag auf Initiative von Jeremy

Farrar besagte Telefonkonferenz stattfindet. Er bittet die Teilnehmer um „völlige Vertraulichkeit".

Nach der Telefonkonferenz schreibt Farrar um 21:59 Uhr an alle Teilnehmer: *„Ich weiß, dass Veröffentlichungen vorbereitet werden, es wird Medieninteresse geben, zudem gibt es schon Geplauder auf Twitter/WeChat."*

2. Februar Mike Farzan beziffert die von ihm geschätzte Wahrscheinlichkeit eines Laborunfalls auf 30 oder 40 Prozent. Bob Garry geht weiter. Er kann sich die Entwicklung der Furin-Spaltstelle in der Natur nicht vorstellen: *„Ich kann mir wirklich kein plausibles natürliches Szenario vorstellen, bei dem man aus einem Fledermausvirus oder etwas Ähnlichem zu nCoV gelangt [SARS-Cov-2] ... Ich kann mir einfach nicht vorstellen, wie das in der Natur zu vollbringen wäre."*

Er meint, dass dies im Labor hingegen einfach zu erreichen sei. Über Gain-of-function-Forschung würde man ein bestehendes Fledermausvirus zu diesem Zweck klonen.

„Dann würde man es vielleicht eine Weile lang menschliche Zellen passieren lassen, um die RBS [Ribosomale Bindestelle] festzulegen, dann erneut klonen und die Mutationen einfügen, an denen man interessiert ist – vor allem die polybasische [Furin-]Spaltstelle."

9:38 Uhr. In einer E-Mail, deren Absender geschwärzt ist, schreibt ein „Andrew", wahrscheinlich Andrew Rambaut, dass es bei einer evolutionären Entstehung von SARS-CoV-2 „ungewöhnlich" sei, dass es eine Furin-Spaltstelle gebe.

„Dies ist für mich ein starkes Indiz dafür, dass es beim Ursprung des Virus etwas gibt, das wir bislang nicht gesehen haben."

Weiter schreibt er: *„Wenn die evolutionären Ursprünge der Epidemie diskutiert werden sollen, dann, denke ich, sind die einzigen Leute mit aus-*

reichenden Informationen oder Zugang zu Proben, die Aufschluss geben könnten, die Teams, die in Wuhan arbeiten."

Francis Collins schreibt an Jeremy Farrar: *„Ich habe der Idee einer Evolution im Labor im Zuge eines Durchlaufs mehrerer Gewebekulturen noch nicht viel Beachtung geschenkt, aber sie ist es wert, in die Liste der Möglichkeiten aufgenommen zu werden."*

Bei der Frage, wie man die Öffentlichkeit beruhigt, schreibt er am selben Tag, dass es auch auf den Ton ankomme: Ron Fouchier und Christian Drosten, findet er, präsentierten die Argumente *„mit mehr Schärfe als nötig"*.

4. Februar Um 20:23 fragt Francis Collins, solche gefährlichen Experimente würde man doch wohl nicht unter der – niedrigen – biotechnologischen Schutzstufe „BSL-2" tun? Doch: *„Wilder Westen..."*, antwortet Jeremy Farrar drei Minuten später. Er sieht die Frage, ob das Virus aus der Natur oder dem Labor kommt *„völlig neutral"*. Und weiter: *„Ich fürchte, diese Fragen werden lauter und stärker polarisiert, und die Leute werden anfangen, nach den Schuldigen zu suchen. Wir leben in einer polarisierten Welt, in der es eine schnelle Reaktion gibt, um zu versuchen, von Problemen abzulenken, indem man jemandem irgendwo die Schuld gibt. Das kann die Spannungen nur verstärken und die Zusammenarbeit verringern."*

Anthony Fauci warnt, dass die Zeit dränge: Es drohten *„weitere Verzerrungen in den sozialen Medien"*. Es sei daher wichtig, *„dass wir schnell handeln"*. *„Hoffentlich können wir die WHO zu einem Treffen bewegen."*

Auch Jeremy Farrar wünscht sich eine Initiative *„unter dem Schirm der WHO"* mit dem Framing: *„Die Quelle und die Entwicklung von 2019n-CoV verstehen"*. Farrar nennt in einer E-Mail an Francis Collins und Anthony Fauci die Laborthese eine *„sehr reale Möglichkeit"*. Wörtlich schreibt er: *„Eddie [Eddie Holmes] wäre 60 zu 40 für Labor. Ich bleibe 50 zu 50."*

8. Februar Jeremy Farrar schreibt, er wünsche sich, dass ein *„wohlüberlegtes Stück Wissenschaft, frühzeitig allgemein zugänglich, helfen wird, eine polarisierte Debatte zu entschärfen“*. Denn *„wenn nicht, wird diese Debatte mehr und mehr stattfinden und die Wissenschaft wird darauf reagieren. Keine Position, in der man sein möchte.“*

Um 22:15 Uhr schreibt Kristian Andersen: *„Unsere hauptsächliche (sic!) Arbeit der letzten Wochen (sic!) war darauf fokussiert, zu versuchen, jegliche (sic!) Art der Labortheorie zu widerlegen.“*

In derselben E-Mail vom 8. Februar schreibt er: das, *„was wir hier betrachten“* – gemeint ist ein möglicher Laborursprung – sei *„weit entfernt von ‚einer weiteren Verschwörungstheorie‘, sondern vielmehr das Einnehmen einer gültigen wissenschaftlichen Herangehensweise an eine Frage, die immer häufiger gestellt wird, von der Öffentlichkeit, den Medien, Wissenschaftlern und Politikern (ich z.B. wurde in den letzten Tagen von Science, der New York Times und vielen anderen Publikationen zu genau dieser Frage kontaktiert).“*

9. Februar Christian Drosten antwortet: *„Kann mir jemand bei einer Frage helfen: Haben wir uns nicht versammelt, um eine bestimmte Theorie in Zweifel zu ziehen und, wenn wir könnten, sie fallenzulassen? ... Arbeiten wir daran, unsere eigene Verschwörungstheorie zu widerlegen?“*

Marion Koopmans warnt: *„Ich wäre nicht dafür, etwas Spezifisches zur Laborunfallshypothese zu veröffentlichen, da ich (mit Kristian) übereinstimme, dass dies nach hinten losgehen könnte. Ja, es gibt in der Öffentlichkeit Spekulationen, die angestoßen wurden von Zeitungen, darunter den Müllzeitungen. Auf spezifische Erkenntnisse zu zoomen, die der Öffentlichkeit, soweit ich weiß, noch NICHT bekannt sind, wird, denke ich, selbst Verschwörungstheorien erzeugen.“* Es könne *„verstanden werden als ‚Seht ihr, auch sie denken das‘“*.

[Sie finden den Link zu den Originaldokumenten im Quellenbereich zu meinem Buch auf der Internetseite von Achgut.com]

Fassen wir den Inhalt dieser E-Mail-Korrespondenz zusammen:

- Die beteiligten Wissenschaftler halten einen Labor-Ursprung von SARS-CoV-2 für gut möglich, die meisten favorisieren diese These sogar.
- Sie diskutieren darüber, wie die Furin-Spaltstelle im Labor ins Virus gelangt sein könnte.
- Vor der Telefonkonferenz am 1. Februar 2020 empfahl Anthony Fauci seinen Kollegen, Bedenken zur Herkunft den jeweiligen nationalen Behörden zwecks Aufklärung zu melden. Er gab an, die US-Regierung davon in Kenntnis zu setzen.
- Nach der Telefonkonferenz gewinnt die Sorge Oberhand, was passieren würde, wenn die Laborthese öffentlich als mögliche Ursache der Corona-Pandemie diskutiert würde. Sie machen sich Sorgen, dann als die Schuldigen zu gelten.
- Sie diskutieren darüber, wie sie die Öffentlichkeit dazu bringen können, die Laborthese abzulehnen (die sie selbst nach wie vor als gut begründet ansehen). Marion Koopmans ist sogar der Meinung, dass die Argumente für diese These von den Viren-Forschern nicht einmal angesprochen werden sollten.
- Als Aktionen, die verhindern sollen, dass sie ins Fadenkreuz gelangen, diskutieren sie über folgendes Vorgehen:
  – eine Initiative zur Ursprungsklärung *„unter dem Schirm der WHO“.*
  – *„eine angesehene Erklärung vorzubringen, bevor diese Debatte mit potenziell enorm schädlichen Auswirkungen außer Kontrolle gerät.“*

Die Vertuschung

Die Beteiligten machten sich anschließend ans Werk. In den Wochen nach der Telefonkonferenz erschienen in der Fachpresse zwei Beiträge, in denen ein möglicher Laborunfall ausgeschlossen wurde.

Der erste erschien Mitte Februar 2020 in der renommierten medizinischen Fachzeitschrift *The Lancet.* Diese Stellungnahme wurde unterschrieben von 27 Virologen, darunter Teilnehmer besagter Telefonkonferenz, namentlich Anthony Fauci und Christian Drosten. In diesem Artikel wird die Laborthese kategorisch als Verschwörungstheorie gebrandmarkt.

Der Kampfbegriff einer Verschwörungstheorie, mit dem seitdem eine sachliche Diskussion über den Ursprung verhindert wird, wurde erstaunlicherweise nicht von den Medien, sondern von diesen Wissenschaftlern in die Welt gesetzt. Der zweite Beitrag, verfasst vom amerikanischen Virologen Kristian G. Andersen, erschien Mitte März 2020 in der Fachzeitschrift *Nature Medicine* mit dem Titel „The proximal origin of SARS-CoV-2“. Er hatte ebenfalls großen Einfluss auf die öffentliche Meinungsbildung.

Diese beiden Beiträge haben de facto die öffentliche Debatte über den Ursprung der Pandemie im Keim erstickt. Doch ausgerechnet Andersen war es, der am 31. Januar 2020 Anthony Fauci mitteilte, er und zwei seiner späteren Mitautoren (Edward Holmes und Robert Garry) seien sich einig, dass das Virus nicht natürlich entstanden sei, sondern aus einem Labor entwichen sein dürfte. Zwischen der Telefonkonferenz und diesen zwei Beiträgen ist nichts geschehen, was in der Zwischenzeit die Laborthese geschwächt hätte. Im Gegenteil, der Zwischenwirt blieb weiter unbekannt.

Auch die WHO stand wie gewünscht parat. Sie berief ein 13-köpfiges Expertenteam nach Wuhan und erklärte danach, es sei „extrem unwahrscheinlich“, dass SARS-CoV-2 aus einem Labor stamme. Doch einige Mitglieder dieser Kommission waren ganz anderer Meinung. Der Leiter dieser Untersuchungskommission, Peter Ben Embarek, sagte im vergangenen Sommer 2021 dem dänischen Fernsehen TV 2, sie hätten nicht frei arbeiten können. Für ihn persönlich gehöre ein Unfall im Zusammenhang mit dem Labor zu den „wahrscheinlichsten Hypothesen“.

Auch wenn die Verschwörer, und diesmal stimmt der Begriff, es schafften, die Laborthese als ernsthafte Möglichkeit zunächst aus der öffentlichen Diskussion herauszuhalten, auf Dauer kann dies nicht gelingen. Inzwischen bestätigten weitere Forschungsarbeiten den Laborursprung. Eine Arbeit aus der Universität Würzburg belegt durch Analysen der Gensequenz einen synthetischen Ursprung des SARS-CoV-2-Virus. Die deutschen Forscher haben eindeutige „Fingerabdrücke“ für eine Manipulation gefunden. Eine weitere Arbeit eines amerikanischen Molekularbiologen kommt zu den gleichen Schlussfolgerungen wie die Würzburger Arbeit. So begann die Diskussion über den Laborursprung im Jahr 2022 an Fahrt aufzunehmen. Reihenweise beteuern nun alle, von Anthony

Fauci bis Christian Drosten, sie hätten die Laborthese nie ausgeschlossen. Stimmt, aber sie haben eine Diskussion darüber mit aller Macht erfolgreich unterdrückt. So erfolgreich, dass in den Jahren 2020/2021 ein Quasi-Verbot herrschte, den Ursprung von SARS-CoV-2 genauer zu erforschen. Leider, denn wenn man genauer gewusst hätte, mit was man es zu tun hatte, hätten Medizin und Politik viel zielgerichteter handeln können. Wenn die Forscher entschlossen Aufklärung gefordert hätten, dann hätte die Weltpolitik auch massiven Druck auf China ausgeübt, die Informationen darüber, was im Wuhan-Labor wirklich geschah, freizugeben. Denn China mauert seit September 2019 und schirmt die Wuhan-Forscher hermetisch ab.

SARS-CoV-2 – ein Produkt der Biowaffenforschung

Doch um was geht es bei der Gain-of-function-Forschung wirklich? Tatsächlich nur darum, das Krankheitspotenzial von Viren zu erforschen, um besser vorbereitet zu sein? Wenn dem so wäre, warum ist dann das US-Verteidigungsministerium (auch Pentagon genannt) einer der Hauptsponsoren dieser Forschung?

Werfen wir dazu einen Blick auf die EcoHealth Alliance (EHA). Sie ist eine in der Zoonosen-Forschung engagierte Nonprofit-Organisation mit Sitz in New York. Ihr erklärtes Ziel lautet, die Menschheit vor neuen Epidemien zu schützen. Geleitet wird sie vom britisch-amerikanischen Zoologen Peter Daszak. Die EcoHealth Alliance setzt enorme Summen staatlicher Fördergelder zu Forschungszwecken um. Z.B. erhielt diese Organisation vom US-Verteidigungsministerium in den letzten Jahren über 40 Millionen Dollar – für die Erforschung von Biowaffen.

Die Zusammenarbeit mit den amerikanischen Gesundheitsbehörden wie dem Center of Disease Control and Prevention (CDC) ist ebenfalls eng. Und vor allem mit der zentralen amerikanischen Gesundheitsbehörde National Institutes of Health (NIH) und deren Unterbehörde National Institute of Allergy and Infectious Diseases (NIAID). Deren Chefs Francis Collins und Anthony Fauci sind Teil des vorhin beschriebenen Virologen-Kartells. Diese amerikanischen Institutionen pflegen zum Zweck der Forschung mit Viren außerdem eine enge Partnerschaft mit dem Wuhan Institute of Virology und der Chinese Academy of Sciences. Immer mit dabei auch die großen Pharmafirmen wie Pfizer oder AstraZeneca.

Im Zentrum dieser Allianzen steht die Erforschung experimentell veränderter Corona-Viren und deren Bestandteile. Eine zentrale Quelle, um die Hintergründe zu verstehen, ist der amerikanische Arzt und Patentexperte David Martin. Er konzentriert sich dabei auf das Thema Patente – wem sie gehören, wer sie finanziert hat und wozu sie gut sein sollen. Ca. 4.000 Corona-Patente wurden schon angemeldet. Das der Firma Moderna, den genetischen Bauplan der Furin-Spaltstelle betreffend, ist eines davon. Sie können seine ausführliche Dokumentation inklusive der Auflistung der dabei begangenen Gesetzesverstöße im Quellenbereich zu meinem Buch auf der Internetseite von Achgut.com herunterladen. Wer dies liest, bekommt eine Vorstellung von den zeitlichen Zusammenhängen zwischen den intensivierten Corona-Viren-Experimenten in Forschungslaboren und den aufkommenden Corona-Pandemien der letzten 20 Jahre. Daraus möchte ich wesentliche Punkte stark gekürzt wiedergeben:

Follow the patents

Anfang 2000 finanzierte das NIAID unter Anthony Fauci ein Forschungsprogramm an der University of North Carolina Chapel Hill. In diesem Programm wurde durch Einführung der Gain-of-function-Technologie die Möglichkeit entwickelt, natürliche Krankheitserreger durch Manipulation des Spikeproteins für den Menschen schädlicher zu machen. Der Leiter Dr. Baric, ein Spezialist für Myokarditis auslösende Corona-Viren-Bestandteile, meldete für das NIH das erste Patent bezüglich eines manipulierten Corona-Virus an. Ein Jahr danach, 2002, kam es weltweit zum epidemischen Ausbruch des Schweren Akuten Respiratorischen Syndroms (SARS), mit 8.000 Infizierten und 800 Todesopfern. 2003 reichte die CDC einen Patentantrag auf das Genom von SARS-CoV (1) ein, ein neues Virus, das die CDC für die neue Epidemie verantwortlich machte. Doch dieses Patent enthielt eindeutig den gleichen Erreger, der zwei Jahre zuvor vom Baric-Team mit Hilfe der Gain-of-function-Technik entwickelt und dessen Genom zur Patentierung eingereicht wurde. Deswegen ist die Frage berechtigt: Wurde schon SARS durch ein Laborvirus ausgelöst? Nicht ohne Grund gibt es Zweifel an der Zibetkatze als Zwischenwirt für SARS-CoV (1).

Follow the money

Im Jahr 2005 veranstaltete das US-Verteidigungsministerium eine Konferenz, in der die Absichten deutlicher wurden. In einem Vortrag mit dem Titel „Synthetische Corona-Viren – Biohacking: Technologien für die biologische Kriegsführung" präsentierte Dr. Baric, wie effektiv manipulierte Corona-Viren als biologische Kampfstoffe genutzt werden können. Er nennt also das Kind beim Namen: Der Zweck der Gain-of-function-Forschung ist die Herstellung von viralen Biowaffen. Deshalb förderte das Pentagon mit weiteren Millionenbeträgen die Gain-of-function-Forschung und damit die experimentelle Herstellung besonders krankmachender Corona-Viren. Zu diesem Zweck flossen auch Gelder an die EcoHealth Alliance, die dann zusammen mit dem NIAID Forschungen in Wuhan finanzierte. Z.B. eine Arbeit von 2013, die Maßstäbe setzte für die Isolierung und Manipulation von Virusfragmenten wie dem Corona-Virus-S1-Spikeprotein 1, welches das Virus in die Lage versetzt, die menschlichen Atemwege effektiver zu infizieren.

Follow the hype

Die Ergebnisse dieser Forschung wurden dann von Dr. Fauci als Begründung benutzt, um routinemäßig die öffentliche Finanzierung von Impfprogrammen zu fordern, um gegen die kommenden Gefahren eines Inlands-Terrorismus mit Biowaffen gewappnet zu sein. Eher erfolglos. Auf einem Forum zum Thema Katastrophenschutz erklärte 2015 Peter Daszak, Chef der EcoHealth Alliance, wie ein Programm zur Bekämpfung des inländischen Terrorismus wirkungsvoller vorangetrieben werden könnte: *„So lange eine Infektionskrankheit nicht sehr real und präsent ist und eine Notfallschwelle erreicht hat, wird sie oft weitgehend ignoriert. Um die Finanzierungsbasis* *über die Krise hinaus aufrechtzuerhalten, müssen wir das öffentliche Verständnis für die Notwendigkeit von medizinischen Gegenmaßnahmen wie einem Pan-Influenza- oder Pan-Coronavirus-Impfstoff steigern. Die treibende Kraft sind die Medien und die Wirtschaft wird dem Hype folgen. Wir müssen diesen Hype zu unserem Vorteil nutzen, um zu den wirklichen Schlüsselthemen vorzudringen. Die Investoren werden darauf reagieren, wenn sie am Ende des Prozesses einen Profit sehen"*, so Daszak.

Soweit die Recherchen von Dr. Martin. Wir kommen im nächsten Kapitel noch einmal darauf zurück. (Den Link zum Zitat Daszaks und zu weiteren Inhalte dieses Katastrophenschutz-Forums können Sie im Quellenbereich zum Buch auf Achgut.com finden. Neben vielen anderen Ideen, wie man die Pharmawirtschaft für die Entwicklung von Corona-Impfstoffen begeistern kann, erfahren Sie dort auch, dass die NIAID infolge der SARS-Epidemie, ausgelöst von SARS-CoV-1, im Jahre 2002 rund 100 Millionen an SARS-spezifischen Zuschüssen vergab).

Die Blaupause

Peter Daszak möchte also bei der nächsten Viren-Pandemie einen Hype mit Hilfe der Medien erzeugen, der dann zu Profit für Investoren führen soll. Das merken wir uns für das nächste Kapitel. Wenn Sie jetzt schon Ihren Augen nicht trauen, es kommt noch besser: 2018 stellte Peter Daszak zusammen mit der Leiterin des Wuhaner Virenlabors Shi Zhengli einen Forschungsantrag, der sich wie die Blaupause für SARS-CoV-2 anhört. Man wollte durch genetische Experimente Furin-Spaltstellen in SARS-artige Coronaviren einbauen. Der Forschungsantrag wurde vom US-Verteidigungsministerium abgelehnt unter Verweis auf die Gefährlichkeit der beabsichtigten Forschungsarbeiten. Vielleicht fürchtete man neue Biowaffen in den Händen Chinas. Aber die EcoHealth Alliance bekam dennoch unmittelbar danach neue Forschungsgelder. Und zwar für die Fortsetzung der Kooperation mit dem Wuhaner Virenlabor für einen Zeitraum von fünf Jahren, genehmigt von der NIAIH. Kein Wunder, denn deren Leiter Anthony Fauci verteidigt seit Jahren die gefährliche Gain-of-function-Forschung und förderte sie mit Abermillionen an staatlichen Mitteln.

In diesem Zusammenhang ist bemerkenswert, dass die im Lancet unterschriebene Stellungnahme der Virologen, in der die Laborthese als Verschwörungstheorie diskreditiert wurde, von Peter Daszak initiiert wurde. Inzwischen hat der *Lancet* den massiven Interessenkonflikt Daszaks schriftlich eingeräumt. Und als wäre dies nicht genug, war ausgerechnet Daszak Mitglied des oben beschriebenen WHO-Teams internationaler Wissenschaftler, welches einen möglichen Laborursprung der Epidemie in Wuhan untersuchen sollte.

Corona – das Tschernobyl der Virologie

Die Fragen, die sich die amerikanische Öffentlichkeit zunehmend stellt, sind folgende:

- Ist die Ursache der Corona-Krise mit ihren Millionen Toten (auch des Lockdowns) im Wuhaner Virenlabor zu suchen?
- Führte die dortige Gain-of-function-Forschung zur Entwicklung von SARS-CoV-2, welches durch einen leicht vorstellbaren Laborunfall 2019 seine Reise um die Welt antrat?
- Waren an der künstlichen Entstehung von SARS-CoV-2 amerikanische Forscher und Steuergelder beteiligt?
- Haben die Verantwortlichen absichtlich die Aufklärung hintertrieben?
- Flossen amerikanische Steuergelder über die EcoHealth Alliance zur Finanzierung der Gain-of-function-Forschung in Wuhan auch während des US-Moratoriums 2014–2017, in dem eine solche Förderung verboten war?

Geht es den Wissenschaftlern bei ihrer Vertuschungsaktion nur darum, ihre Forschungen zu schützen? Geht es ihnen nur um ihren Ruf? Oder steht zumindest für einige der Beteiligten viel mehr auf dem Spiel?

Im Fokus steht vor allem Anthony Fauci. Er war als Corona-Chefberater in den USA so einflussreich und präsent wie bei uns Christian Drosten und Karl Lauterbach zusammen. Anfangs bestritt er, dass amerikanische Fördermittel in dieser Zeit nach Wuhan flossen. Nach peinlicher Befragung im US-Senat musste er einräumen, dass dies doch geschehen ist. Die Gretchenfrage lautet: Wurde damit auch Gain-of-function-Forschung gefördert und damit das Moratorium im Zeitraum 2014–2017 in eklatant illegaler Weise verletzt? Fauci bestreitet dies vehement, während das NIH dies zwischenzeitlich zugegeben hat. Die Hartnäckigkeit, mit der Fauci den Bruch des Moratoriums negiert, ist kein Wunder. Machen wir uns klar, was für die Verantwortlichen auf dem Spiel steht:

Angesichts der Opfer der Corona-Krise, angesichts der immensen psychischen Belastung, angesichts der gesellschaftlichen Spaltung und angesichts der massiven wirtschaftlichen Schäden und seiner Folgen steht der Vorwurf der millionenfachen fahrlässigen Tötung und des Vorsatzes im Raum. Sollte sich der sichere Beweis finden, dass zwischen 2014–2017 amerikanische Steuergelder verdeckt über die EcoHealth Alliance zur Finanzierung der Gain-of-function-Forschung an das Wuhaner Virenlabor flossen, dann könnte die Anklage sogar lauten: Massenmord aus niederen Beweggründen. Und darauf steht in manchen Staaten der USA leider immer noch die Todesstrafe.

Ich bin mir sicher, Anthony Fauci, Peter Daszak und den anderen Beteiligten dämmert schon länger, auf welchen teuflischen Pakt sie sich eingelassen haben. 2020 gelang es ihnen noch, vom Laborursprung abzulenken. Doch dies wird sich als Pyrrhussieg herausstellen, mit allen Konsequenzen, die diese Vertuschung für die Akteure bedeutet.

Die Wahrheit wird ans Licht kommen

Die Indizienlage für den Labor-Ursprung halte ich für so erdrückend, dass man sie in einem unabhängigen Strafprozess als Beweis werten würde. Ehemalige Mitarbeiter der beteiligten Institutionen trauen sich aus der Deckung und berichten über die Hintergründe der Gain-of-function-Forschung in Wuhan. Wie der frühere Direktor der CDC und Virologe Dr. Robert Redfield sowie der frühere leitende Wissenschaftler und Vizepräsident der EcoHealth Alliance, Dr. Andrew Huff, der dazu ein Buch veröffentlichte: „The Truth About Wuhan". In „Viral: Die Suche nach dem Ursprung von Covid-19" kommt die amerikanische Wissenschaftlerin Alina Chan zusammen mit dem Autor Matt Ridley zu dem gleichen Ergebnis.

Die internationale Presse ist schon längst aufgewacht und fordert immer lauter Aufklärung. Ein Beispiel von vielen: Der britische *Telegraph* kommentierte Ende November: „Top-Virologen verrieten die Wissenschaft mit ihrem Verschleierungsversuch in Sachen Laborthese" und analysierte vollkommen zutreffend: *„Während sie uns anwiesen, der Wissenschaft zu folgen, galt dies nicht für sie selbst. Es ist ein Skandal."*

Dagegen blamiert sich die deutsche Presse weiter, von *Spiegel* bis ZDF. Sie geht Ende 2022 dem Vertuschungsversuch des Virologen-Kartells immer noch auf den Leim und spricht hinsichtlich der Laborthese weiter von Verschwörung und Hetzkampagnen, während die Hütte der Corona-Forschung schon lichterloh brennt.

US-Politik geht zunehmend auf Distanz

Zunehmend fordern auch amerikanische Politiker Aufklärung. Fox News berichtete Mitte Dezember 2022 von einem Bericht aus dem Geheimdienstausschuss, verfasst von republikanischen Kongressabgeordneten. Demnach gäbe es „Hinweise", dass Covid-19 mit dem chinesischen Biowaffen-Programm in Verbindung steht und während eines Vorfalls im Wuhan-Institut auf die allgemeine Bevölkerung „übergeschwappt" sei. Die republikanische Partei besitzt ab Januar 2023 die Mehrheit im Kongress und kann weitgehende Untersuchungen veranlassen. Insbesondere Rand Paul, Arzt und Senator von Kentucky, bringt Anthony Fauci schwer in Bedrängnis. In seiner Dankesrede nach seiner erfolgreichen Wiederwahl im November 2022 betonte er ausdrücklich, dass er nicht lockerlassen wird, bis die ganze Wahrheit ans Licht kommt. Viele Senatoren haben sich bereits angeschlossen, weil auch sie überzeugt sind, dass die illegale Finanzierung durch das NIAIH maßgeblich für die Entstehung von SARS-CoV-2 verantwortlich zu machen ist.

Welche Viren-Monster schlummern in den Gen-Laboren?

Was wäre passiert, hätten Corona-Forscher ein weit gefährlicheres Virus als SARS-CoV-2 erschaffen? Äußerst bedrohlich ist die Tatsache, dass 2018 Peter Daszak in jenem Forschungsantrag zur Herstellung eines SARS-CoV-2 ähnlichen Virus neben SARS auch MERS-Viren für den experimentellen Einbau der Furin-Spaltstelle vorgesehen hatte. Der Antrag wurde abgelehnt. SARS-CoV-2 mit Furin-Spaltstelle existiert dennoch – und MERS? Wenn ein MERS-Virus eine Pandemie auslöst, reden wir von einer 10–15-fach höheren Sterblichkeit im Vergleich zu SARS-CoV-2. Wäre die Infektiosität zuvor durch eine künstliche Furin-Spaltstelle gesteigert worden, dann würden wir tatsächlich überfüllte Not-Lazarette erleben.

Um es ganz klar zu sagen: Es ist möglich, dass solche künstlich zu Monstern umfunktionierte MERS-Viren schon im Wuhan-Labor existieren. Und was wäre, wenn über die Gain-of-Function-Forschung die Ansteckbarkeit von noch viel tödlicheren, aber bisher seltenen und sehr begrenzt auftretenden Viren wie Ebola-, Nipah- oder Marburg-Viren künstlich gesteigert würde – oder schon ist? Nicht aus Rache, sondern darum müssen wir die Hintergründe der Corona-Krise restlos aufklären.

Deshalb ist das Engagement von Prof. Wiesendanger gar nicht hoch genug einzuschätzen. Er spricht angesichts der Corona-Krise vom *Tschernobyl der Virologie* und fordert zusammen mit anderen Wissenschaftlern in der Hamburger Erklärung 2022 endlich wie in der Atomforschung wirksame Mechanismen, um diese globale Bedrohung durch gefährliche Virenforschung in Zukunft besser zu kontrollieren. Es ist zu hoffen, dass man auch endlich in Deutschland versteht, dass wir dieses Mal noch mit einem blauen Auge davongekommen sind. Das nächste Mal droht vielleicht tatsächlich eine virale Katastrophe, nur weil größenwahnsinnige Forscher und ihre Geldgeber versuchen, Gott zu spielen.

Fazit

Die Indizienlage ist de facto beweisend: SARS-CoV-2 ist ein manipuliertes Corona-Virus, entstanden als Produkt der Biowaffenforschung in Wuhan. Die Zusammenarbeit von amerikanischen und chinesischen Gesundheitsbehörden sowie dem Pentagon

stand dafür Pate. Eine Art Kartell von Virologen unterdrückte zwei Jahre lang eine offene Diskussion über den Virusursprung, um von ihrer eigenen Verantwortung abzulenken. Mittendrin der deutsche Virologe Christian Drosten. Die Öffentlichkeit wurde über den wahren Charakter einer aus dem Ruder gelaufenen Wissenschaft getäuscht, die vorgibt, viel Geld für die Lösung gefährlicher Probleme zu benötigen, die sie selbst erschafft.

Kapitel 5

Verbrechenskomplex Covid-Impfkampagne, Teil 1

Der Hype

Die Vorgänge um die neuartigen mRNA-Genimpfstoffe sind eine Monstrosität. Organisierte Kriminalität in der Medizin offenbart sich in einer Dimension, die selbst für mich als Autor vieler medizinkritischer Bücher neu ist. In diesem Kapitel werde ich die komplexe Vorgeschichte erklären, durch die ein unausgereiftes, weitgehend sinnloses, aber hochgefährliches Medizinprodukt zum größten Verkaufserfolg der Medizingeschichte werden konnte – mit verheerenden Folgen. Darin spielt das im Vorkapitel beschriebene Biowaffen-Netzwerk eine weitere zentrale Rolle.

Immunsystem

Beginnen wir mit Wissen aus den Lehrbüchern der Immunologie. Vier Seiten reichen aus, um auch als Laie die völlig überzogene Erwartung an einen Corona-Impfstoff gegen eine virale Atemwegserkrankung zu verstehen. Vier weitere, warum die Covid-Impfpraxis nicht zu einer Stärkung, sondern zu einer Schwächung des Immunsystems führen musste.

Wenn Krankheitskeime in den Körper gelangen, wird unser Immunsystem aktiv. Es besteht aus einer angeborenen und einer erworbenen Körperabwehr.

Angeborene Abwehr

Mit dieser Form der Immunabwehr kommen wir auf die Welt. Körperoberflächen und Schleimhäute sind damit ausgestattet. Die angeborene Abwehr versucht alles Schädliche davon abzuhalten, in den Körper einzudringen. Zu diesem System gehören z.B. äußere Barrieren aus Flimmerhärchen und Schleim. Gelangen Viren in die Schleimhaut, kommen Abwehrzellen (Fress- oder Killerzellen) zum Einsatz, die im Rahmen einer Entzündungsreaktion den Eindringling unschädlich machen. Die angeborene Abwehr reagiert innerhalb von Minuten.

Erworbene Abwehr

Mit dieser Form der Immunabwehr (auch adaptiv oder spezifisch genannt) lernt der Körper, bestimmte Bestandteile (Antigene) von Krankheitskeimen zu erkennen und dagegen genau passende Lymphzellen (T- und B- Zellen) und Proteine (Antikörper) zu bilden. Im Rahmen der Erstinfektion werden Gedächtniszellen gebildet, die bei erneutem Kontakt mit dem Krankheitserreger diese spezifische Abwehrreaktion auslösen. Deshalb verläuft eine zweite Infektion dann oft unbemerkt oder schwächer. Der Körper benötigt jedoch bis zu zwei Wochen, bis dieses System einsatzbereit ist. Oft besteht dann jedoch ein langer Schutz, manchmal sogar lebenslang. Die erworbene Abwehr kommt erst dann zum Einsatz, wenn Krankheitserreger die angeborene Abwehr der Schleimhäute überwunden haben oder direkt in die Blutbahn gelangen.

Die erworbene Abwehr wird auch angeregt, wenn das Virus schon auf Schleimhautebene abgewehrt wird. Virusreste gelangen ins lymphatische Gewebe, in dem dann ebenfalls spezifische Antikörper gebildet werden. Dies ist der Grund, warum sich Antikörper für SARS-CoV-2 im Blut auch nach einer leichten Covid-Infektion nachweisen lassen.

Verringerte Impfeffektivität bei viralen Atemwegserkrankungen

Die erworbene Abwehr wird auch aktiviert durch Impfungen, die bei vielen Virusinfektionen zu einer vollständigen und langandauernden Immunität führen, z.B. bei Pocken oder Kinderlähmung. Nicht jedoch bei viralen Atemwegserkrankungen wie Grippe oder Corona. Da ihre Erreger von Natur aus schnell mutieren, schützen Impfungen nur teilweise und schon bei der nächsten Variante noch weniger. Erst recht schützen sie unvollständig vor völlig neuen Formen von Grippe- oder Corona-Viren. Man schätzt deshalb die Impfeffektivität einer Grippeimpfung je nach Variante auf 20-70%, und das auch nur für ein Jahr.

Kein Schutz vor Infektion und Übertragung

Darüber hinaus kann eine Impfung gegen Grippe oder Corona grundsätzlich keinen Schutz vor Ansteckung und Übertragung bieten. Das liegt an der Beschaffenheit der Schleimhaut-Immunität. Atemwegsviren versuchen über die Atemwege in den Körper einzudringen. Wenn sie in die Schleimhäute eindringen, treffen sie dort auf die angeborene Abwehr. In Folge werden wir krank und können auch andere anstecken. Eine Impfung erreicht jedoch nicht die Schleimhäute. Sie kann prinzipiell nur die erworbene Abwehr außerhalb der Schleimhäute mit spezifischen Antikörpern unterstützen. Und weil sie deshalb die Schleimhautimmunität nicht unterstützen kann, schützt sie prinzipiell nicht vor einer Ansteckung durch Atemwegsviren – und auch nicht vor ihrer Übertragung durch Aerosole auf andere (kein Fremdschutz).

Schwere Verläufe abschwächen

Erst wenn die Viren die angeborene Abwehr der Schleimhaut überwinden, kommt das spezifische System in den Lymph- und Blutwegen zum Einsatz. Nun entscheidet sich, ob die Krankheit einen schweren Verlauf nimmt. Wenn keine spezifischen Antikörper aufgrund einer früheren Erkrankung existieren, kann eine vorherige Grippe- oder Coronaimpfung bis zu einem gewissen Prozentsatz vor einem schweren Verlauf schützen.

Autoimmunität

Eine gute Immunabwehr bekämpft erfolgreich Krankheitserreger, schont jedoch körpereigene Strukturen. Sogenannte regulatorische T-Zellen helfen, die eigene Immunabwehr unter Kontrolle zu halten, damit sie nicht über das Ziel hinausschießt und eigenes Körpergewebe zerstört (Autoimmunität). Auf diese Weise verhindern sie, dass unser Immunsystem selbst zur Gefahr für unsere Gesundheit wird. Viele Allergien und Autoimmunkrankheiten basieren auf einem überschießenden Immunsystem, wie Neurodermitis, Asthma, Darmentzündungen, Rheuma oder auch autoimmune Herz- oder Schilddrüsenentzündungen.

Therapeutisch gewollte Unterdrückung des Immunsystems (Desensibilisierung)

Allergiker, die sich erfolgreich desensibilisieren ließen, kennen den Effekt: Man setzt den Körper wiederholt und mit einer ansteigenden Dosis dem allergieauslösenden Antigen aus, z.B. in einer Flüssigkeit aufgelöste Haar- oder Nusspartikel, die man unter die Haut spritzt. Die regulatorischen T-Zellen werden dadurch ständig stimuliert und unterdrücken danach für etwa fünf Jahre allergische Überreaktionen.

Therapeutisch nicht-gewollte Unterdrückung des Immunsystems (Überimpfung)

Warum achtete man bisher darauf, nicht in eine bestehende Infektion hinein zu impfen und bei Auffrischungen (Booster) sehr lange Abstände einzuhalten? Der Grund ist derselbe wie bei einer Desensibilisierung. Eine wiederholte Antigen-Dosierung nach einer Impfung, oft in Kombination mit einer gleichzeitigen Infektion, aktiviert im Übermaß die regulatorischen T-Zellen, die dann die Immunabwehr unterdrücken. Im

Klartext: Wenn man ständig in kurzen Abständen gegen Covid-19 impft, und wenn man diese Impfung sogar während einer aktiven Covid-Infektion verabreicht, dann stärkt man nicht – nein, man schwächt damit die Abwehrfähigkeit des Körpers gegen SARS-CoV-2. Dies nennt sich „umgekehrte Immunität".

Wenn Sie sich jetzt wundern, warum Ihnen Gesundheitsminister Karl Lauterbach zu einem ständigen Boostern – am besten alle drei Monate – geraten hat, und warum man Sie vor einer Impfung nicht gefragt hat, ob Sie erkältet sind, dann muss ich Ihnen sagen, dass ich mich auch wundere. Ich wundere mich sogar in extremer Weise, denn wir sprechen hier über Lehrbuchwissen, wie es aus der Grippeforschung lange bekannt ist.

Halten wir das Bisherige kurz fest:

- Eine Impfung gegen ein Corona-Virus bietet prinzipiell keinen Ansteckungsschutz, keinen Schutz vor Übertragung (Fremdschutz) und lediglich einen variablen Schutz vor schweren Verläufen auf niedrigem Niveau und von kurzer Dauer.
- Eine Impfung gegen Corona-Viren, die während einer Covid-Erkrankung erfolgt oder in zu kurzen Zeiträumen wiederholt wird, schwächt prinzipiell das eigene Immunsystem und macht anfälliger gegen Krankheiten.

Gegenteiliges konnten wir erstaunlicherweise im Februar 2021 im Rahmen eines Interviews lesen, das der BioNTech-Gründer Prof. Dr. Uğur Şahin der *Bild* gab. Die dazugehörige Überschrift lautete: „Impfheld Uğur Şahin in BILD: Geimpfte sind nicht mehr ansteckend." Eine Falschinformation gegen alles Lehrbuchwissen, die Şahin nie richtigstellte.

Die beste Strategie war von Anfang an klar

Niemals hatte diese Impfung das Potenzial zum „Gamechanger" oder Hoffnungsträger, um diese Pandemie zu stoppen. Der beste Schutz vor einer ausgebrochenen, viralen Atemwegserkrankung ist und bleibt die Immunisierung nach einer überstandenen Erkrankung. Keine Impfung kann dies maßgeblich verbessern und erst recht nicht ersetzen. Sie ist prinzipiell nur sinnvoll für Personen, die ein relevantes Risiko haben, schwer zu erkranken, weil sie für diese Personengruppe immerhin ein eingeschränktes Schutzpotenzial gegen ernstere Verläufe bietet. Und diese Risikogruppe war bei Covid von Anfang an klar umrissen: die schwer vorerkrankten Immungeschwächten und die Hochbetagten.

Deswegen war von Anfang an die richtige Strategie vorgegeben: das Laufenlassen der Infektion außerhalb der Risikogruppen, ganz besonders bei Kindern, mit dem Ziel eines schnellen Erreichens der Herdenimmunität. Gleichzeitig, für diesen Zeitraum ein gezieltes Schutzangebot für Risikogruppen zu entwickeln. Für die meisten hätten bewährte Empfehlungen völlig ausgereicht, wie z.B. das Meiden enger Räume, in denen sich viele Menschen aufhalten. Doch genau dort, wo die meisten Toten zu erwarten sind, hätte eine kompetente Umsetzung geeigneter Schutzkonzepte erfolgen müssen: in den Pflege- und Altersheimen. Und zwar auf konsequent humane und freiwillige Weise. Zeitlich begrenzt bis zum Erreichen der Herdenimmunität.

Genau dieses Vorgehen habe ich Ende März 2020 in der österreichischen Talkshow *Talk im Hangar-7* vorgeschlagen. Das schreibe ich nicht aus Rechthaberei, sondern um klarzumachen, dass man kein hochdekorierter Wissenschaftler sein musste, um darauf zu kommen. Wir sprechen über schlichtes praktisches Medizinwissen, wie es jeder Hausarzt haben kann. Doch es geschah so ziemlich das Gegenteil, mit den Folgen, wie sie in Kapitel 2 beschrieben wurden.

Die mRNA-Gen-„Impfstoffe"

Eine klassische Impfung injiziert in den Körper abgeschwächte oder abgetötete Krankheitserreger, sog. Antigene, die eine spezifische Immunantwort gegen diese Erreger auslösen. Dazu werden jedoch Wirkverstärker benötigt, die nicht selten in der Vergangenheit zu Impfschäden führten. Die mRNA-Technik geht anders vor. Sie möchte die Körperzellen dazu bringen, selbst Teile des Erregers als Antigene zu produzieren.

Im Falle von Corona ausgerechnet den gefährlichsten Teil, das Spikeprotein, welches im Falle einer sehr schweren Covid-Erkrankung zu lebensgefährlichen Gefäßschäden führen kann. Eine mRNA-Covid-Genimpfung injiziert somit nicht das Spike (Antigen), sondern nur dessen Bauplan. Der Verzicht auf Wirkverstärker und die Möglichkeit, in wenigen Wochen viele Millionen Impfdosen herzustellen, gilt dabei als wichtigster Vorteil gegenüber klassischen Impfstoffen.

Das erste Einschleusen von mRNA in Körperzellen gelang 1989. Diese Technik wird in vielversprechenden Experimenten eingesetzt, z.B. für die Selbstzerstörung von Krebszellen oder auch dafür, Nerven wieder wachsen zu lassen, nachdem man sie durchtrennt hat. Sie birgt aber auch große, unkalkulierbare Risiken. Besonders dann, wenn sie als Impfstoff eingesetzt werden soll. Seitdem es 1993 gelang, bei Mäusen durch eine mRNA-Injektion eine Immunantwort auszulösen, forscht man daran. Die ersten klinischen Studien zu mRNA-Impfstoffen an Menschen erfolgten 2002. Im Jahr 2017 beschloss die WHO, RNA-Genimpfstoffe als neue Wirkstoffklasse aufzunehmen. Doch vor 2020 scheiterten alle Versuche, mRNA-Genimpfungen für Menschen zuzulassen, an ihrer limitierten Wirksamkeit und dem hohen Risikopotenzial.

Lipid-Nanopartikel

Nun etwas genauer. Um den Bauplan (mRNA) in den Körper hineinzubringen, wird er in kleine Hohlkügelchen aus synthetischen Lipiden verpackt. Diese nennt man Lipid-Nanopartikel. Diese Kügelchen befinden sich suspendiert in einer wässrigen Lösung, und diese Suspension wird in den Oberarmmuskel gespritzt. Anfangs wurde behauptet, dass die Lipid-Nanopartikel an der Injektionsstelle verbleiben. Doch inzwischen wurden diese Kügelchen im gesamten Körper nachgewiesen, sowohl im Lymphsystem als auch im Blutkreislauf. Besonders in den stark durchbluteten Organen wie Herz, Leber, Milz, Nieren und sogar im Gehirn können diese Kügelchen haften bleiben und so in deren Organzellen die modifizierten RNA-Moleküle freisetzen. So kann es passieren, dass prinzipiell Zellen im gesamten Körper beginnen, das gefährliche Spikeprotein zu produzieren. Lipid-Nanopartikel mit den enthaltenen Spike-Bauplänen (mRNA) wurden inzwischen sogar in der Muttermilch nachgewiesen. Deshalb war die ursprüngliche Behauptung, dass die Spikeproduktion nur am Ort des Einstichs erfolgt und anschließend die Spikes vom Körper schnell vernichtet werden, pures Wunschdenken.

Die unkontrollierbare, selbsterhaltende Überimpfung

Und jetzt wird es richtig problematisch. Eine klassische Impfung enthält eine bestimmte Dosierung eines abgeschwächten Virusteils, welches als Antigen dann zeitlich begrenzt das Immunsystem stimuliert. Doch die mRNA-Genimpfung macht den gesamten Körper zu einer unkontrollierbaren Spikefabrik mit Nonstop-Produktion ohne festes Ablaufdatum. Gott sei Dank nicht bei allen, aber ganz sicher bei viel zu vielen. Für die Betroffenen bedeutet dies, dass durch die Dauerproduktion von Antigenen (Spikes) die regulatorischen T-Zellen in eine Daueraktivierung gezwungen werden. In Sinne einer sich selbst unterhaltenden ständigen Überimpfung, bei der der Körper sich täglich selber impft, und das für Monate. Die Folge ist eine dauerhafte Unterdrückung der Krankheitsabwehr mit unabsehbaren Folgen (umgekehrte Immunisierung). Eine am 22. Dezember 2022 veröffentlichte Studie der Universität Erlangen-Nürnberg bestätigte genau dieses Problem. Die Forschergruppe fand heraus, dass einige Monate nach der zweiten mRNA-Injektion ein Wechsel von potenziell schützenden Antikörpern zu immunsupprimierenden Antikörpern stattfindet. Booster und Durchbruchinfektion verstärken diesen Effekt noch erheblich. Die möglichen Folgen sind erhöhte Anfälligkeit, längere Krankheitsdauer und längere Ansteckbarkeit.

Die wenigen Berichte über dieses Ergebnis sprachen von einer Überraschung. Doch nichts dabei überrascht. Erfahrene Immunologen haben genau davor gewarnt, wie Prof. Dr. Sucharit Bhakdi oder Prof. Dr. Stefan Hockertz, die diese Warnung sehr früh aussprachen. Als Dank dafür wurden sie verfemt und verleumdet, bis heute.

Kurz: Die neuen Covid-mRNA-Genimpfstoffe benötigen zwar keine Wirkverstärker, aber sie können dafür andere, ungewollte Nebeneffekte auslösen:

- Die von den Körperzellen produzierten Spikeproteine können auch ohne Virus im gesamten Körper Blutgefäße schädigen. Mögliche Folgen: Thrombosen, Lungenembolien, Schlaganfälle, Herzinfarkte und vieles mehr.
- Eine mRNA-Genimpfung potenziert das bekannte Problem einer Überimpfung mit Unterdrückung der Krankheitsabwehr ins völlig Unkontrollierbare.
- Die Lipid-Nanopartikel sind laut Hersteller nicht für den Gebrauch beim Menschen zugelassen. Nach Injektion bei Mäusen ließen sich beispielsweise deutliche Entzündungsreaktionen im umliegenden Gewebe nachweisen. Pathologen haben bei kurz nach der Impfung Verstorbenen entzündliche Veränderungen in den verschiedensten Geweben und Organen wie Herz (Myokarditis), Lunge, Gehirn, Leber und in den Gefäßen von Menschen nachgewiesen.
- Die Immunantwort kann sich nicht nur gegen die Spikeproteine, sondern gegen die spikeproduzierenden Zellen richten. Die eigenen Körperzellen werden so als Feind eingeschätzt und bekämpft. Dadurch können vielfältige Autoimmunkrankheiten ausgelöst werden, beispielsweise der Haut, der Muskeln, der Schilddrüse, des Herzens (Autoimmun-Myokarditis), der Nerven usw.

Anmerkung: Vektorbasierte Genimpfstoffe nutzen für die Programmierung der Körperzellen zur Spikebildung statt mRNA speziell präparierte Adenoviren, was zu ähnlichen Problematiken führt. Der Protein-Impfstoff Novavax nutzt als Antigen ebenfalls Spikeproteine, eingehüllt in Lipid-Nanopartikel, die jedoch direkt in den Körper injiziert werden. Die (unkontrollierte) körpereigene Spikeproduktion entfällt zwar, aber auch hier bestehen Fragen nach der Toxizität der injizierten Spikes sowie der Lipid-Nanopartikel und deren Verteilung im Körper.

Sind Comirnaty oder Spikevax überhaupt Impfstoffe?

Sollte man bei den auf mRNA-Technologie basierenden Medikamenten Comirnaty von BioNTech/Pfizer und Spikevax von Moderna oder dem vektorbasierten Vaxzevria von AstraZeneca überhaupt von Impfstoffen sprechen? Oder doch besser von Gentherapien? Lassen wir den Erfinder der mRNA-Technologie, den Amerikaner Robert Malone, selbst sprechen. Auf die Frage, ob es sich bei den mRNA-Impfstoffen wirklich um Impfstoffe oder nicht vielmehr um Gentherapien handelt, antwortet er stets: *„Wie ich schon wiederholt gesagt habe, ist es aus einem Gentherapie-Forschungsprogramm hervorgegangen. Dies und die adenoviralen Vektoren sind eindeutig eine gentherapeutische Technologie, die zur Auslösung einer Immunreaktion eingesetzt wird."* Damit ist die Frage eigentlich beantwortet.

Stellen Sie sich einmal vor, die gesamte Covid-Impfkampagne wäre unter der Bezeichnung Covid-Gentherapie vermarktet worden. Das hätte zu zwei Problemen geführt. Erstens gelten für Gentherapien besonders hohe Sicherheitsanforderungen, die die Zulassung erschweren. Zweitens hätten sich unter der Überschrift Gentherapie sicher nicht 13 Milliarden Impfdosen verabreichen lassen. Die Akzeptanz wäre der Bevölkerung wesentlich schwerer vermittelbar gewesen. Deshalb ist die Bezeichnung Impfung eher als Marketing-Strategie zu verstehen. In diesem Buch bezeichne ich diese gentechnischen Therapeutika dennoch als Genimpfung. Einfach um klarzustellen, dass man seit der Covid-Impfkampagne in Zukunft als Arzt und als Patient der Bezeichnung Impfung mit mehr Vorsicht begegnen sollte. Denn schon stehen weitere problematische mRNA-Produkte in der Warteschlange, die als Impfung vermarktet werden.

Eine Anmerkung: Bei der Bewertung der mRNA-Technologie geht es nicht darum, ob man für oder gegen eine Impfung ist. Hier tobt seit Jahrzehnten eine Art Glaubenskrieg. Als erfahrener Hausarzt halte ich klassisch hergestellte Impfstoffe, die abgeschwächte Virenanteile enthalten und eben keine Genbotschaften, grundsätzlich für eine sinnvolle Sache. Jedoch nicht alle. Doch das ist hier nicht die Frage. Hier geht es ausschließlich um die Gefährlichkeit einer hochrisikobehafteten Gentherapie, die niemals als Impfung hätte zugelassen werden dürfen. Deshalb sollten Patienten, die sich für eine Impfung entscheiden, darauf bestehen, zu erfahren, ob wirklich ausschließlich (!) klassische Impfstoffe in der zu injizierenden Lösung enthalten sind.

Das Corona-Komplott

Doch wenn all diese prinzipiellen Limitierungen und Probleme einer Impfung gegen virale Atemwegsinfektionen bekannt sind, wieso hat man von Anfang an überhaupt derart vehement und ausschließlich auf eine Impfung als „Gamechanger" gesetzt? Warum wurde sie von allen westlichen Regierungen, wie in Angela Merkels denkwürdiger Corona-Ansprache, als der Hoffnungsträger zur Überwindung einer viralen Atemwegspandemie angekündigt? Der baden-württembergische Ministerpräsident Winfried Kretschmann prophezeite allen Ernstes: *„Das Impfen ist der Moses, der uns aus dieser Pandemie herausführt"*. Alle medizinischen Fachverbände, von Stiko bis zum Paul-Ehrlich-Institut, hätten sofort die völlig unrealistischen Erwartungen dämpfen müssen. Doch sie haben alle mitgemacht. Aber warum?

Dazu möchte ich Ihnen nun eine Erklärung anbieten. Sie klingt auf den ersten Blick abenteuerlich. Vor zwei Jahren wäre ich dafür sofort als Aluhutträger und Spinner verspottet worden. Doch inzwischen haben sich unvorstellbare Dinge im Zusammenhang mit der Genimpfung bewahrheitet, so dass sich dieser Beißreflex abgenutzt hat. Viele „Verschwörungstheorien" stellten sich schlicht als richtig heraus. Man denke nur an den Übertritt der Lipid-Nanopartikel in die Muttermilch. Oder an den Laborursprung von SARS-CoV-2, der nur noch in Deutschland als reines Fantasieprodukt bestritten wird. Was Sie nun lesen, kann ich nicht zu 100 Prozent beweisen. Was sich genau zugetragen hat, welche Personen und Organisationen beteiligt waren, welche Geldmengen flossen, all das werden spätere US-Gerichtsprozesse – und es wird sie angesichts des Riesenschadens geben – auf Grundlage freigeklagter Dokumente klären. Aber viele Indizien sprechen jetzt schon dafür, dass sich die Dinge so oder so ähnlich zugetragen haben, wie ich Sie ihnen nun vorstelle. Die zeitlichen Abläufe der Corona-Krise mit ihren unerklärlichen irrationalen Entscheidungen bekommen plötzlich einen Sinn, wenn auch einen hochkriminellen. Knüpfen wir dazu an das Vorkapitel zum Virusursprung und die Recherchen von Dr. David Martin an.

4.000 Patente und 20 Jahre Misserfolge

Die Gain-of-function-Forschung zielt seit 20 Jahren auf die Entwicklung von viralen Biowaffen. Die Logik der Biowaffenforschung sieht auch eine Entwicklung von Gegenmitteln vor, um die eigene Bevölkerung davor schützen zu können. Am besten in Form von Impfungen, die besser und schneller wirken als herkömmliche Impfstoffe. So erklärt sich die Grundmotivation, zusammen mit den gentechnisch hergestellten Biowaffen auch gentechnische Gegentherapien zu erforschen.

Dies alles kostet sehr viel Geld. Doch dieses Geld fließt nur, wenn Investoren mit Versprechungen riesiger Gewinne angelockt werden, um in diese Forschungen zu investieren. Die Basis des erwarteten Geldregens bilden dabei stets Patente, die zur Produktion zukünftiger Medikamente genutzt werden müssen – und dann die Inhaber der Patente reich machen. Rund um die Gain-of-function-Forschung existieren bereits ca. 4.000 Corona-Patente, unter anderem für notwendige Teilaspekte zur Herstellung von mRNA-Genimpfstoffen.

Nun ist es überhaupt nicht skandalös, wenn Erfindungen aus der Militärforschung im Zivilbereich vermarktet werden. Beispiele sind die Radar-Technologie oder das GPS-Ortungssystem, mit dem heute jedes Navi ausgestattet ist. Dahinter steckt allerdings ein echter Mehrwert für die Gesellschaft. Doch wie sieht das zivile Geschäftsmodell der viralen Biowaffenforschung aus? Am Anfang fokussierte man auf die Entwicklung eines gentechnischen Impfstoffs gegen HIV (Aids). Anthony Fauci reichte dazu selbst einen Patentantrag am United States Patent and Trademark Office (USPTO) ein. Lesen Sie einmal, mit welcher Begründung das USPTO es ablehnte, diesen Gen-Impfstoff überhaupt Impfstoff zu nennen:

„Die durch einen Impfstoff hervorgerufene Immunreaktion muss mehr sein als nur eine Immunreaktion, sondern muss schützend sein. Wie in der vorangegangenen Klage des Amtes festgestellt, versteht der Stand der Technik unter dem Begriff ‚Impfstoff' eine Verbindung, die eine Infektion verhindert. Der Anmelder hat nicht nachgewiesen, dass der sofort beanspruchte Impfstoff auch nur den in der Beschreibung festgelegten niedrigeren Standard erfüllt, geschweige denn die Standarddefinition des Standes der Technik, um wirk-

sam zu sein. Daher sind die Ansprüche 5, 7 und 9 nicht als Anti-HIV-1-Impfstoff wirksam und haben daher keinen patentierbaren Nutzen."

Ein offensichtlicher Misserfolg. Man könnte es auch eine Klatsche nennen. In über 20 Jahren gentechnischer Forschung gelang es nicht, auch nur einen humanen mRNA-Genimpfstoff gegen bestehende Infektionskrankheiten marktreif zu entwickeln. Alle waren sie unbefriedigend wirksam und/oder zu nebenwirkungsreich.

Die Ladenhüter der Biowaffenforschung

Nach den offensichtlichen Misserfolgen entwickelte sich ein ganz besonderes Geschäftsmodell für mRNA-Genimpfstoffe. Im Vorkapitel konnten Sie bereits lesen, dass das CDC 2003 den Bauplan von SARS-Cov-1, den Erreger der ersten SARS-Pandemie 2002, patentieren ließ. Nur drei Tage später meldete das NIH-finanzierte Unternehmen Sequoia Pharmaceuticals ein Patent für einen passenden Impfstoff an. Das ist zeitlich unmöglich. Der Erreger muss lange vorher bekannt gewesen sein. War er auch, denn er wurde im Rahmen von Gain-of-function-Forschungen in den USA schon ein Jahr vor Ausbruch von SARS als manipuliertes Corona-Virus angemeldet. Auch dieser zeitliche Zusammenhang erhärtet die Notwendigkeit, die tatsächliche Natur der ersten SARS-Epidemie 2003 noch einmal genauer zu ermitteln.

Seit 2005 bestätigte Fauci, dass sein NIAID an zwei Impfstoffkandidaten forscht, die sich auf das SARS-CoV-Spikeprotein konzentrieren. Also genau den Teil des Corona-Virus, der in Wuhan durch Genmanipulation ansteckender gemacht wurde. Gleichzeitig begannen Fauci und Co. eine potenzielle Gefahr durch Inlands-Terrorismus zu beschwören, für den Fall, dass solche Virenmonster auf die Bevölkerung losgelassen würden. Von der Politik wird seitdem gefordert, sie müsse ihre Bürger davor schützen. Und zwar, indem große Geldmengen für die Entwicklung von Gegenmaßnahmen, vor allem Impfstoffe, bereitgestellt werden.

Bei dieser Argumentation wird allerdings unterschlagen, dass ein Inlands-Terrorismus ohne die Gain-of-function-Forschungen gar nicht in den Besitz solcher Virenmonster kommen könnte, geschweige denn das Know-how dazu vorhanden wäre. Auf gut Deutsch: Man erschafft selbst eine neue Bedrohung, damit man dann von der Gesellschaft große Geldmittel einfordern kann, um sie davor schützen zu können. Im Falle der Mafia nennt man eine solche Strategie Schutzgelderpressung. Das Problem des Biowaffen-Netzwerks war jedoch, dass diese Schutzgeld-Strategie vor 2020 kommerziell keinen durchschlagenden Erfolg brachte. Die Weltöffentlichkeit interessierte sich nur mäßig für solche Katastrophenszenarien und die Genimpfstoff-Patente entwickelten sich zu Ladenhütern.

Das Drehbuch

Deshalb sah man wohl die Notwendigkeit, dem Ganzen etwas nachzuhelfen. Hören wir noch einmal in die äußerst bemerkenswerte Ankündigung des EcoHealth-Alliance-Chefs Peter Daszak hinein, mit der er 2015 seine Vorstellung beschrieb, wie ein Programm zur Bekämpfung des inländischen Terrorismus vorangetrieben werden könnte:

„Um die Finanzierungsbasis über die Krise hinaus aufrechtzuerhalten, müssen wir das öffentliche Verständnis für die Notwendigkeit von medizinischen Gegenmaßnahmen wie einem Pan-Influenza- oder Pan-Coronavirus-Impfstoff steigern. Die treibende Kraft sind die Medien und die Wirtschaft wird dem Hype folgen. Wir müssen diesen Hype zu unserem Vorteil nutzen, um zu den wirklichen Schlüsselthemen vorzudringen. Die Investoren werden darauf reagieren, wenn sie am Ende des Prozesses einen Profit sehen", so Daszak.

Im September 2019 veröffentlichten Fauci, der Chef der chinesischen Gesundheitsbehörde Dr. Gao sowie Dr. Elias von der Bill & Melinda Gates Stiftung eine gemeinsame WHO-Publikation mit Namen „A World At Risk". Ein paar Auszüge daraus:

„Länder, Sponsoren und multilaterale Institutionen müssen auf das Schlimmste vorbereitet sein. Eine sich schnell ausbreitende Pandemie aufgrund eines tödlichen Erregers der Atemwege (unabhängig davon, ob dieser auf natürliche Weise entstanden ist oder versehentlich oder absichtlich freigesetzt wurde) stellt zusätzliche Anforderungen, um sich darauf vorzubereiten. Sponsoren und multilaterale Institutionen müssen für angemessene Investitionen in die Entwicklung innovativer Impfstoffe und Therapeutika, in Kapazitäten zur Herstellung von Überschussmengen, in antivirale Breitspektrum-Medikamente und in geeignete nicht-pharmazeutische Interventionen sorgen."

Das spricht ziemlich für sich selbst. Wenn Sie nun ein Déjà-vu erleben, geht es Ihnen wie mir. Es klingt wie das Drehbuch dessen, was sich ab 2020 ereignet hat. Bemerkenswert ist diese Passage: *„unabhängig davon, ob dieser auf natürliche Weise entstanden ist oder versehentlich oder absichtlich freigesetzt wurde"*. Die Frage steht durchaus im Raum, ob SARS-CoV-2 vielleicht doch absichtlich freigesetzt wurde, um den „Hype" auszulösen. Gegen Absicht und für einen Unfall spricht für mich der Ort des ersten Auftretens. Bei einem absichtlichen Freisetzen von SARS-CoV-2 hätte man sicher einen Ort weit entfernt von Wuhan gewählt, um keinen Verdacht auf das dort ansässige Corona-Labor zu lenken. Doch endgültige Gewissheit wird es erst geben, wenn die Unterlagen zur Corona-Forschung im Wuhan-Virenlabor offen zugänglich sind. Wo immer man sie finden wird. Am besten in der Corona-Datenbank, die am 12. September 2019 um zwei Uhr nachts in Wuhan offline geschaltet wurde.

Den Hype nutzen – ein Laborunfall als Riesenchance

Als den Viren-Forschern der Laborursprung bewusst wurde, ging es ihnen in der Telefonkonferenz am 1. Februar 2020 zunächst vor allem darum, von der eigenen Mitverantwortung abzulenken. Doch der Fokus änderte sich schnell. Schon neun Tage später, am 10. Februar 2020, kann man im Online-Gesundheitsportal STAT nachlesen, was Fauci zu den zukünftigen Zahlen sagt, die als Forschungsgelder aufgrund der Entdeckung von SARS-COV-2 in die Corona-Forschung fließen werden: *„Das Auftauchen des neuen Virus wird diese Zahl verändern, wahrscheinlich erheblich."* Und weiter: *„Ich weiß nicht, wie viel es sein wird. Aber ich denke, es wird ein nachhaltigeres Interesse an Coronaviren hervorrufen, denn es ist klar, dass Corona-Viren wirklich interessante Dinge tun können."* Interessante Dinge können Corona-Viren ganz besonders dann tun, wenn man sie vorher durch Gain-of-function-Forschung in gefährlicher Weise genetisch verändert hat. Das ist wohl das, was Fauci eigentlich meinte.

Um diesen Zeitpunkt müssen die Protagonisten begriffen haben, welche Chance sich durch das Auftauchen von SARS-CoV-2 bot. Sie hatten die Patente, sie hatten die Verbindungen, sie hatten die Ressourcen, um einen Hype auszulösen – und damit einen gigantischen Profit zu erzielen.

Die tiefe Infiltration staatlicher Institutionen

Das hört sich tatsächlich nach einem gewaltigen Komplott an. Um eine solche globale Riesentäuschung auf den Weg zu bringen, braucht es extrem viel Geld, Macht und Einfluss. Ich möchte Sie nun zu einer kleinen Achterbahnfahrt durch das Umfeld des globalen Biowaffen-Netzwerks einladen. Es umfasst neben den genannten Institutionen wie dem NIH oder dem Pentagon auch große Pharmafirmen wie Pfizer oder AstraZeneca, sowie die von ihnen mitfinanzierten Newcomer Moderna und BioNTech. Diese beiden auf mRNA-Technik spezialisierten Unternehmen finanzieren sich vor allem durch sogenanntes Venture-Capital. Das bedeutet Risiko-Einlagen, die sich vor allem Großinvestoren leisten können. Bei Misserfolg wird das Investment abgeschrieben, aber bei Erfolg winken riesige Gewinne. Dahinter stecken meist Verwalter riesiger Geldmengen, wie die Vermögensverwaltungen BlackRock oder Vanguard, deren Budgets von ca. 10.000 Milliarden Dollar nur von denen der USA und Chinas übertroffen werden.

Ebenfalls dabei ein Geflecht von privaten und halbstaatlichen Organisationen und vor allem Stiftungen. Allen voran die WHO oder die Impfallianz Gavi, die 2000 auf dem Weltwirtschaftsgipfel in Davos gegründet wurde und von Staaten und Stiftungen mit Milliardenbeträgen ausgestattet wird. Im Zentrum der privaten Geldgeber stehen die Bill & Melinda Gates Stiftung und der Wellcome Trust, die reichste und die zweitreichste private Stiftung. Die enge Verbindung zur Biowaffen-Forschung zeigt sich auch personell. So saß Dr. Fauci im Führungsgremium des Global Vaccine Action Plans der Gates-Stiftung. Jeremy Farrar, Direktor des Wellcome Trusts und Initiator der obigen Telefonkonferenz, ist seit 2023 Chef der WHO-Wissenschaftsabteilung. In enger Kooperation mit der Gates-Stiftung war Farrar Treiber des Lockdowns und der Covid-Genimpfungen. Der aktuelle NATO-Generalsekretär Jens Stoltenberg war übrigens von 2002–2005 Chef der Impfallianz Gavi.

Alle zusammen bilden eine öffentlich-private Partnerschaft, die über gigantische Geldmittel verfügt, von denen WHO (2,5 Milliarden-Spende von der Gates Stiftung), Universitäten und unzählige Forschungsprojekte existentiell abhängig sind. Die Verstrickungen mit Politik, Wissenschaft und Medien sind dabei so vielfältig und so ausufernd, dass ich in diesem Kapital exemplarisch nur einige kleine Ausschnitte mit Deutschlandbezug nennen kann.

So wurde Jeremy Farrar auf Einladung Angela Merkels Mitglied ihres sechsköpfigen Beratergremiums in Sachen globaler Gesundheit. Ebenfalls dabei waren Prof. Dr. Jörg Hacker, damaliger Präsident der Leopoldina, Prof. Dr. Christian Drosten und Chris Elias von der Gates-Stiftung. Die Leopoldina ist die älteste Gelehrtengesellschaft mit Sitz in Halle. Allein 187 Nobelpreisträger zählen zu den Mitgliedern. Sie gilt als wissenschaftliche Autorität mit enormem gesellschaftlichem Einfluss. Während der gesamten Corona-Krise trieb die Leopoldina-Führung die Regierung dazu, noch schärfere Schutzmaßnahmen umzusetzen, im vollkommenen Gegensatz zur wissenschaftlichen Erkenntnislage. Der Wellcome Trust ist Hauptsponsor von CEPI (Vaccine development through Coalition for Epidemic Preparedness Innovation). In dessen Aufsichtsrat sitzt beispielsweise Veronika von Messling, Ministerialdirektorin und Leiterin der Abteilung „Lebenswissenschaften" im Bundesministerium für Bildung und Forschung (BMBF). Das BMBF förderte u.a. BioNTech und gründete das „Netzwerk Universitätsmedizin", in dem Christian Drosten und die Charité den Ton vorgaben und sich vorrangig bei den Corona-Forschungsgeldern bedienten. Davon profitieren neben Christian Drosten u.a. die Charité-Professoren Leif Erik Sander oder Heyo Krömer, alle stramme Verfechter von Lockdown und Covid-Genimpfung. Frau von Messling sitzt wiederum im Aufsichtsrat des Helmholtz-Instituts, deren Computermodellierer zu den eifrigsten Panikmachern gehörten. Der Wellcome Trust eröffnete 2013 ein Berliner Büro, welches ab 2018 von Caroline Schmutte geleitet wird. Sie veröffentlichte impffreundliche Artikel in der *FAZ* oder dem *Tagesspiegel*. Auf Twitter glänzte sie mit differenzierten Beiträgen wie im April 2020:

„Für alle, die immer noch glauben wir können ein paar Regeln lockern und schwups ist alles wieder gut: Die einzige Exitstrategie ist und bleibt die Erforschung und globale Verfügbarkeit eines Impfstoffs!"

Die EU-Kommissionspräsidentin Ursula von der Leyen lässt sich in der Corona-Frage von Peter Piot, Direktor der London School of Hygiene and Tropical Medicine, beraten, der seit 2009 Senior Fellow bei der Bill & Melinda Gates Foundation (BMGF) ist. Seine Universität hat in den letzten zehn Jahren 185 Millionen Euro von der BMGF erhalten. Die Welt berichtet im November 2022 unter der Schlagzeile „Die erstaunlichen Geschäfte des Heiko von der Leyen" über Fördergelder, die im Juni 2022 aus dem Corona-Wiederaufbaufonds der EU an die Firma Orgenesis Italia flossen. Heiko von der Leyen ist nicht nur Ehemann der EU-Kommissionspräsidentin, sondern auch seit 2020 medizinischer Direktor im US-Mutterkonzern Orgenesis, der an der mRNA-Forschung beteiligt ist. Dieser berufliche Wechsel von einer Klinik in Hannover in das Chefzimmer eines US-amerikanischen Biotech-Unternehmens erfolgte einen Monat nach der für Pfizer äußerst vorteilhaften Vertragsverhandlung zwischen Ursula von der Leyen und Albert Bourla, Geschäftsführer von Pfizer, die per SMS stattfanden und immer noch geheimgehalten werden.

Und so weiter und so fort...

Medienfinanzierung

Einem Bericht des amerikanischen Medienportals *Mintpress* zufolge spendete die Bill & Melinda Gates-Stiftung 319 Millionen Dollar an internationale Medien- und Verlagshäuser. Mit dabei Sender wie der arabische Al-Jazeera, das amerikanische CNN, die britische BBC und Zeitungen wie die spanische *El Pais* oder die französische *Le Monde*. Die Journalisten fanden 30.000 Einzelspenden ohne Anspruch auf Vollständigkeit. Laut eines Berichts des Branchenportals *Newsroom* hat Gates im Herbst 2021 dem Hamburger Nachrichtenmagazin *Der Spiegel* 2,9 Millionen Dollar überwiesen. Außerdem erhielten die Medienplattformen von *Correctiv, Investigative Europe* und die Wissenschaftsredaktion des Science Media Center Germany Gelder aus der Gates-Stiftung. Sowie 2021 das Robert-Koch-Institut eine Summe von 500.000 Dollar, als öffentliche Behörde!

Einem Bericht des Börsenmagazins *Der Aktionär* zufolge beteiligte sich die Bill & Melinda Gates-Stiftung finanziell an AstraZeneca, Johnson & Johnson, Sanofi sowie Novavax und unterhielt darüber hinaus Kooperationen zu BioNTech und Moderna. Das bedeutet, die Gates-Stiftung möchte von deren Erfolg profitieren. Ich denke, es ist nicht weltfremd, einen Zusammenhang zwischen einer impffreundlichen Covid-Berichterstattung und den Interessen der Gates-Stiftung herzustellen. Irritierend ist beispielsweise, wie der Microsoft-Gründer Bill Gates trotz seiner massiven Interessenkonflikte in der ARD als fürsorgender Gesundheitsexperte hofiert wird. Im April 2020 gab man ihm in einem minutenlangen Auftritt in den *Tagesthemen* die Gelegenheit, ungestört puren Corona-Horror zu verbreiten. Zur besten Sendezeit erzählte Gates einem Millionenpublikum das Märchen von der Killerseuche und dem einzigen Hoffnungsträger, den neuen mRNA-Genimpfstoffen.

Auch die Stiftung des Arztes und omnipräsenten Entertainers Dr. Eckart von Hirschhausen erhielt eine Zuwendung der Gates-Stiftung. Nach eigenen Angaben 1,23 Millionen Euro für die Kampagne „Gesundheit ist ansteckend". Als eifriger Genimpfwerber vergisst er jedoch auf die Tatsache hinzuweisen, dass er als wissenschaftlicher Beirat für eine Investment-Gesellschaft arbeitet, die Apo Asset Management GmbH, die mit Covid-Impfaktien handelt. Er befindet sich dabei in bester Gesellschaft. Apo Asset wirbt stolz mit seinem *„hochkarätigen wissenschaftlichen Beirat unter anderem mit dem Weltärztepräsidenten Prof. Dr. Frank Ulrich Montgomery"*. Der Operettenpräsident mit Operettentitel, den ihm der Hamburger Senat ehrenhalber unter Olaf Scholz verlieh, warf sich als „Fachexperte" für Genimpfungen geradezu eifernd ins Zeug.

Interessenkonflikte statt Seriosität

Ist Ihnen bereits schwindelig? Mir auch. Interessenkonflikte, wohin man schaut. Kaum ein Fernsehsender, kaum eine Zeitung wies darauf hin. Dabei gilt es als eherne Regel sowohl für seriöse Wissenschaft als auch für seriösen Journalismus, eigene Interessenkonflikte öffentlich zu machen, damit Leser, Zuschauer und Hörer selbst entscheiden können, ob die Protagonisten frei oder im Interesse ihrer Geldgeber agieren. Werden sie verschwiegen, erhöht dies nur den Verdacht, dass Letzteres zutrifft. Es könnte nun Seite für Seite so weitergehen. Vieles wird erst durch zukünftige Schadensersatz-Prozesse und Strafermittlungen aufgedeckt werden. Doch das Aufgezählte illustriert bereits ausreichend, wie tiefgreifend Politik, Wissenschaft und die führenden Medien direkt oder indirekt in die Netzwerke der globalen Biowaffen-Lobby eingebunden sind.

Der Hype beginnt

Das Ziel des Hypes bestand darin, den mRNA-Ladenhütern zu einer Zulassung zu verhelfen, um zukünftigen Investoren zu demonstrieren, dass sich hohe Gewinnerwartungen erfüllen lassen. Wie lässt sich das konkret anstellen, bei einem Arzneimittel, welches normalerweise bei jeder Sicherheitsprüfung durchfallen würde? Als erstes braucht es die Ausrufung einer ganz gefährlichen Pandemie. Dann muss die Politik davon überzeugt werden, die Gesellschaft in einen Lockdown zu schicken, um einen Leidensdruck zu erzeugen. Begleitend muss eine Medienkampagne so lange Angst und Schrecken verbreiten, bis die Gesellschaft dieses Arzneimittel als einzige Rettung akzeptiert und die Zulassung einfordert.

Das Hauptproblem der Protagonisten Fauci, Daszak, Farrar und Co. bestand darin, dass sich SARS-CoV-2 nicht als Killervirus entpuppte. Die Genmanipulation im Labor machte ein grippeähnliches Corona-Virus lediglich infektiöser. Nicht gerade harmlos, wie viele Menschen erfahren mussten, aber in der Summe ganz und gar nicht gefährlicher als eine mittlere Grippe. Doch die chinesische Regierung löste für sie das Problem.

Selbstverständlich wusste Peking, was im Wuhaner Labor vor sich ging, und selbstverständlich auch, was durch das Abschalten der Corona-Datenbank verheimlicht wurde. Es gehört nicht viel Fantasie dazu, sich vorzustellen, wie die chinesische Regierung angesichts der dortigen Biowaffen-Forschung das Schlimmste befürchtete und selbst in Panik geriet. Die Motivation für die beispiellose und brutale Abriegelung der 11-Millionen-Stadt könnte durchaus der echten Sorge vor der Verbreitung von SARS-CoV-2 geschuldet gewesen sein. Die sozialen Medien wurden geflutet mit Bildern von Menschen, die auf offener Straße kollabierten (!), zugeschraubten Haustüren, überfüllten Krankenhäusern, verzweifelten Menschen hinter Beatmungsmasken. Dies geschah unter dem Beifall der WHO, obwohl aus guten Gründen in keinem einzigen existierenden Pandemieplan ein Lockdown von ganzen Städten – geschweige denn Staaten – als effektive Schutzmaßnahme bei viralen Atemwegsviren vorgesehen war. Am 11. März stufte die WHO die Corona-Infektion schließlich als Pandemie ein.

Auf diese Weise wurde ein hoher Druck auf andere Staaten aufgebaut, es China gleichzutun. Allerdings anfangs ohne großen Erfolg. In Deutschland galt bis Ende Februar die neue Corona-Infektion als harmlos. Zitate etwa von Spahn, Drosten und Merkel belegen dies. Doch irgendetwas musste Anfang März 2020 einen abrupten Sinneswandel der westlichen Regierungen ausgelöst haben. Denn ab diesem Zeitpunkt galt Corona plötzlich auch in Deutschland als die größte Bedrohung der Menschheit.

Der Missbrauch der Wissenschaft

Das war das Werk der oben beschriebenen Wissenschaftskreise, die bewusst oder unbewusst durch finanzielle Abhängigkeiten tief in die Interessen der Biowaffen-Lobby eingebunden sind. Ihnen kam die Aufgabe zu, die angebliche Bedrohung wissenschaftlich in düstersten Farben zu malen und die berechtigte Kritik an diesem Unfug aus den Reihen der unabhängigen Wissenschaft zu unterdrücken.

Dabei rückte eine Wissenschaftsrichtung in den medialen Fokus: Modellrechnungen auf dem Boden von Computersimulationen. Deren Voraussagen gelten völlig zu Recht als hochspekulativ. Vor allem sind Modellrechnungen extrem leicht zu manipulieren, je nachdem, was ein Wissenschaftler in sein Computerprogramm eingibt. Auf diese Weise lassen sich gewünschte Ergebnisse erzielen, obwohl sie in Wirklichkeit reiner Humbug sein können. Der Fachausdruck dafür lautet: shit in – shit out.

Es begann mit dem Briten Neil Ferguson vom Imperial College in London. Mitte März stellte er seine Modellrechnung vor, die allein 500.000 Infektionsopfer in Großbritannien voraussagte, wenn nicht mit strengen Gegenmaßnahmen reagiert würde. Nach seinen Berechnungen würde eine fast vollständige Unterdrückung des öffentlichen Lebens, ein Lockdown, 480.000 Leben allein im Vereinigten Königreich retten. Der

Ländervergleich in Kapitel 1 entlarvt diese wissenschaftliche These als reine Panikmache. Doch sie verbreitete sich explosionsartig. Die Wirkung war fatal. Es brach die blanke Panik aus. Seitdem beherrschten Modellrechner die öffentliche Meinungsbildung. Die inzwischen medienbekannten Modellierer wie Viola Priesemann vom Max-Planck-Institut für Dynamik und Selbstorganisation in Göttingen oder Michael Meyer-Hermann, Leiter der Abteilung System-Immunologie am Helmholtz-Zentrum für Infektionsforschung in Braunschweig, lieferten eine Horrornachricht nach der anderen und zogen damit durch die Talkshows. Alle ihre Voraussagen erwiesen sich leicht erkennbar als irrationale Fehlalarme. Dennoch übernahmen mächtige wissenschaftliche Interessengruppen diesen Humbug als „wissenschaftliche" Legitimation für das Fordern strengster Schutzmaßahmen. Das gilt für die Leopoldina, Universitätsleitungen, allen voran die Charité, und fast alle Fachgesellschaften, die keinen Zweifel daran ließen, abweichende wissenschaftliche Meinungen zu sanktionieren.

Politik in Panik

Besonders verheerend wirkte sich das bereits in Kapitel 2 beschriebene Panikpapier „Wie wir COVID-19 unter Kontrolle bekommen" aus dem Bundesministerium des Innern (BMI) auf die öffentliche Meinungsbildung aus. Immer mehr Details zu dessen Entstehungsgeschichte kommen ans Licht. So recherchierte die Bloggerin Aya Velázquez anhand freigeklagter Behörden-E-Mails, dass sich am 16. März 2020 Prof. Christian Drosten und der Chef des Robert-Koch-Instituts, Lothar Wieler, mit dem damaligen Innenminister Horst Seehofer trafen. Drosten und Wieler muss es gelungen sein, Seehofer in helle Panik zu versetzen. Er beauftragte danach seinen Staatssekretär Markus Kerber, umgehend eine „Corona-Taskforce" einzuberufen. Mit dabei Wirtschaftswissenschaftler, Linguisten, Politologen oder Soziologen. Jedoch kein einziger qualifizierter Epidemiologe und Infektiologe. Nur zwei Tage später wusste die Nation, dass uns der millionenfache grauenvolle Erstickungstod droht, wenn wir uns nicht an strenge Schutzmaßnahmen halten. In Folge rückten die Computermodellierer Viola Priesemann und Michael Meyer-Herrmann in die Riege der einflussreichsten Corona-Berater der Regierung Merkel auf und erhöhten den Lockdown-Druck als eine Art Hof-Wahrsager durch immer neue Schreckensprophezeiungen.

Medien – die „treibende Kraft" des Hypes

Nachdem es gelang, die Politik in Panik zu versetzen, musste die Bevölkerung erreicht werden. Peter Daszak erkannte völlig richtig die zentrale Schlüsselrolle der Medien. Während der Schweinegrippe 2009 verpuffte die Wirkung der Panikmache schon nach kurzer Zeit. In der Corona-Krise setzte man den medialen Angst-Hype deshalb viel tiefgreifender und dauerhafter um. Mit Erfolg – die meisten Menschen waren nicht mehr in der Lage, sich selbst und andere anhand der Wirklichkeit, wie niedrige Krankenhausbelegungen oder völlig normale Sterbezahlen, zu beruhigen.

Doch wie gelang es, die „vierte Säule der Demokratie" so umfassend auf Kurs zu bringen? Wir wissen heute, dass die Politik direkt versuchte, Einfluss zu nehmen. So schwor vor den Treffen der Ministerpräsidenten, in denen – an den Parlamenten vorbei – die Schutzmaßnahmen beschlossen wurden, Angela Merkel persönlich die Chefredakteure großer Medien auf ihre Linie ein. Sie sollten durch Panikmeldungen Druck auf die Ministerpräsidenten ausüben. Am 25. Januar 2023 berichtete *Bild* darüber, wie sich die Regierung mit Betreibern Sozialer Netzwerke wie Facebook und Google absprach, die täglich von Dutzenden Millionen Deutschen benutzt werden. Und zwar darüber, wie gegen die Verbreitung von Informationen vorgegangen werden kann, die sie als falsch und gefährlich erachtete.

Finanziell lohnte es sich für Medien, auf Kurs zu bleiben. Die Regierung pumpte Millionen über Millionen in Form von Corona-Anzeigen in die Kassen der linientreuen Sender und Zeitungen. Ein kritischer Journalismus hätte sogleich die mannigfachen Irreführungen im Wortlaut dieser Anzeigen ins Visier genommen. Nicht so in der Corona-Krise. Auf Anfrage des AfD-Bundestagsabgeordneten Thomas Dietz teilte das Gesundheitsministerium im Februar 2022 mit, dass *„für die Informations- und Aufklärungsarbeit zur Bekämpfung des Coronavirus und Werbung für die Corona-Schutzimpfung"* im Haushaltsjahr 2021 Mittel in Höhe von 295 Millionen Euro ausgegeben wurden. Im Januar 2022 kommen noch einmal 60 Millionen für die neue Impfkampagne „Impfen hilft" und 25 Millionen Euro für die Kampagne „Deutschland krempelt die #Ärmelhoch" dazu.

Doch nicht nur die klassischen Medien wurden mit einem Geldregen bedacht. Bekannte Influencer wurden ebenfalls dafür bezahlt, die Regierungslinie zu vertreten, weil sie *„besonders unter jüngeren Internetnutzern eine hohe Glaubwürdigkeit"* genießen. Auch nicht gerade selbstlos klingt eine weitere Passage aus der Antwort der Regierung: Es hätten *„bereits mit Beginn der Impfkampagne sich zahlreiche prominente Persönlichkeiten bereit erklärt, die Bundesregierung bei ihren Werbemaßnahmen für die Corona-Schutzimpfung zu unterstützen."* Für diese seien *„marktübliche Aufwandsentschädigungen"* gezahlt worden.

Offene Zensur

Für die mediale Abteilung Attacke gegen alles, was sich nicht in diese Panik-Kampagne einreihen wollte, waren insbesondere die sogenannten „Faktenchecker" zuständig, mit denen sich inzwischen jedes Lokalblatt schmückt. Mit Namen wie *Faktenfinder, Faktenfuchs, Volksverpetzer* oder *Correctiv* mimen sie die junge frische Medienguerilla, die für die Wahrheit kämpft. Doch in Wirklichkeit betätigten sich ihre Autoren – bei fraglicher Qualifikation – vor allem darin, renommierte und gutbegründete Corona-Kritik lächerlich zu machen und im Auftrag von Facebook, YouTube oder Twitter Sperrungen oder Fakenews-Warnhinweise zu bewirken. Viele, die sich fachkundig kritisch äußerten, erlebten dieses unwürdige Treiben am eigenen Leibe. Da hilft es wenig, wenn Klagen vor Gericht dann regelmäßig gewonnen werden und die Sperrungen und Warnhinweise nach Monaten wieder entfernt werden müssen. Der Schaden an der freien Meinungsäußerung ist dann bereits eingetreten. Auch „Faktenchecker" bedienen sich ohne journalistische Bedenken aus staatlichen und privaten Töpfen, wie die bereits erwähnte Förderung von *Correctiv* mit Mitteln aus der Gates-Stiftung zeigt.

Wie tief die staatliche Beeinflussung reichte, deckten die sogenannten Twitter-Files im Dezember 2022 auf. Der neue Besitzer von Twitter,

Elon Musk, ließ seinen Ankündigungen Taten folgen. Durch die öffentlich gemachte Kommunikation zwischen Twitter und Regierungsbehörden wurde nachgewiesen, dass sich die amerikanische Bundespolizei FBI direkt und umfassend als Zensor von Twitter, Facebook und Co. betätigte, um beispielsweise hochberechtigte und renommierte Kritik an den Genimpfungen aus diesen Plattformen zu entfernen. Sogar ein Pfizer-Vorstand war an der Twitter-Zensur beteiligt. In Deutschland versuchte BioNTech direkt die Twitter-Berichterstattung zu beeinflussen. Eine weitere „Verschwörungstheorie", die sich bewahrheitete.

Vor den Trümmern der Glaubwürdigkeit

Todeszahlen rund um die Uhr, begleitet von schrecklichen Bildern und ständigen Katastrophen-News verfehlten ihre Wirkung nicht. „Sich selbst und andere schützen", schallte aus allen Kanälen und wurde zum gesellschaftlichen Mantra der Corona-Krise. Die Medien erfüllten ihre Funktion als treibende Kraft des Hypes mit Bravour. Bis heute erzählen sie das Märchen von der Killerseuche und der einzigen Rettung durch die Impfung. Kritischer Journalismus blitzte in den Corona-Jahren allenfalls vereinzelt in der *Welt,* im MDR, der *Berliner Zeitung* oder der *Bild* auf. Doch alles mit angezogener Handbremse und meist hinter Bezahlschranken. Heute stehen die Chefredaktionen von *ARD, ZDF, FAZ, Spiegel, Zeit* und so viele andere, die sich einmal als Bollwerk der Demokratie verstanden haben, vor den Trümmern ihrer Glaubwürdigkeit. Sie haben ihre Leser und ihre Zuschauer betrogen und damit in die Fänge der Biowaffen-Lobby getrieben.

Sich selbst und anderen schaden

Wie skrupellos und menschenverachtend diese Strategie war und ist, belegen die Folgen allein des Lockdowns. Den Architekten und den Vollstreckern des Hypes ist dies bis heute egal. Ergänzend zu der in Kapitel 2 beschriebenen Dimension der psychischen Folgen nun ein paar zusätzliche Beispiele, die verdeutlichen, dass das Schüren der kollektiven Angst Grundlage für schwerste Misshandlungen war.

Stellen Sie sich einmal ein Kinderheim vor, in dem Erzieher den Kindern ununterbrochen einreden, Angst vor Corona haben zu müssen.

Und vor allem, dass sie verantwortlich dafür sind, wenn sie andere Personen anstecken, weil diese dann qualvoll ersticken müssen. Ganz so wie es das Panikpapier aus dem Bundesinnenministerium wortwörtlich vorschlug. Stellen Sie sich weiter vor, in diesem Kinderheim wird ein Kind positiv getestet. Danach muss es in Quarantäne, ob mit oder ohne Schnupfen. Und zwar für mindestens eine Woche eingesperrt im eigenen Zimmer und, wenn der Test weiter positiv ist, vielleicht sogar für zwei Wochen. Nur für den Toilettengang darf das Kind das Zimmer verlassen, aber nur dann, wenn ein Kontakt zu anderen vermieden werden kann. Das Essen wird vor die Tür gestellt. Wenn sich ein Gespräch nicht vermeiden lässt, wird die Tür geöffnet und von außen in das Zimmer hineingesprochen. Selbstverständlich hinter Masken, auf beiden Seiten. Niemand ist da, der die mitunter zu Tode verängstigten Kinder tröstet und ihnen Mut zuspricht.

Übertrieben? Falls Sie die Gelegenheit haben, mit einer Heimerzieherin oder einem Erzieher, die nicht komplett den Verstand verloren hatten, darüber zu sprechen, was sich in den Corona-Jahren in Heimen abspielte, wird ihnen mulmig werden, garantiert. Eine Erzieherin erzählte mir, wie sie sich heimlich in die Zimmer schlich, um die isolierten Kinder in den Arm zunehmen. Ein Junge, der eine Woche ohne Symptome dieser Einzelhaft ausgesetzt war, fragte sie irritiert, wann denn endlich Corona losgehen würde. Selbstverständlich gab es Heime, die vernünftiger mit den verantwortungslosen behördlichen Vorgaben umgingen, doch schlimm genug. Für tausende Kinder hat sich die Situation genau so dargestellt. Früher sagte man dazu Isolationsfolter. Und in den Altersheimen? Hier sprechen wir wohl besser von hunderttausend vergleichbaren Fällen.

Das Ergebnis dieser Angstkampagne war und ist verheerend. Millionen traumatisierter Menschen, die sich nicht selbst und andere schützen, sondern durch irrationale Panik schaden: Krankenhausmitarbeiter, die Patienten allein in ihren Zimmern verkümmern ließen, Lehrer, die Kinder in ihrer Entwicklung schädigten, Ärzte, die ihre Patienten nicht mehr behandelten, Eltern, die ihre Kinder einschlossen. Selbst 2023 ist Deutschland voller Menschen, die sich nicht mehr ohne Maske in den Wald trauen, jede Geselligkeit meiden, im Auto oder auf dem Fahrrad

Masken tragen oder sich ganz in ihren Zimmern verbarrikadieren, um in Einsamkeit einzugehen. Vielleicht ist Deutschland besonders anfällig für Panikmache. Die „German Angst" ist im Ausland ein fester Begriff. Er steht für die fast schon morbide Sehnsucht der Deutschen, sich fürchten zu dürfen. Es ist so erschreckend wie beschämend, wie selbst im Dezember 2022 Umfragen ergaben, dass ein hoher Prozentsatz der Befragten hierzulande an den freiheitseinschränkenden Covid-Schutzmaßnahmen festhalten wollte, während fast alle anderen Länder schon lange in den Vor-Coronazustand zurückgekehrt waren.

Operation Warp Speed

Die größte Lügenkampagne der bisherigen Menschheitsgeschichte entfaltete ihre gewünschte Wirkung. Und einer der ersten, die darauf hereinfielen, war fatalerweise der damalige US-Präsident Donald Trump. Am 1. Februar 2020 kündigte Anthony Fauci in der in Kapitel 4 zitierten E-Mail an, die US-Regierung umgehend über die Möglichkeit eines Laborunfalls zu informieren. Und damit auch über die Möglichkeit, dass das entwichene Corona-Virus gentechnisch manipuliert sein könnte. Doch Fauci verschwieg, dass diese gefährlichen Manipulationen in Wuhan nur durch die Beteiligung amerikanischer Behörden möglich wurden. Ausgerechnet der damalige Präsident Donald Trump, der immer betonte, gegen Washington und damit gegen Filz und Korruption vorgehen zu wollen, fiel darauf herein. Anstatt den Blick auf die Machenschaften der eigenen Behörden zu lenken, vertraute er Fauci. Seitdem sprach Trump vom „China-Virus", und dass die chinesische Regierung für die Corona-Pandemie verantwortlich zu machen sei. Vielleicht machte sich Fauci auch geschickt Trumps Selbstverständnis als Macher zunutze, als er ihm vorgaukelte, nur eine neuartige Genimpfung könne die Welt vor dem Untergang bewahren. Eine Weltneuheit aus der Spitzenforschung, zugelassen in Weltrekordgeschwindigkeit und massenweise in kürzester Zeit auf den Markt gebracht. Etwas, das nur die USA zu leisten in der Lage seien. Diese Sprache verstand Trump und er nahm diese Herausforderung an.

Präsident Donald Trump sah sein Markenzeichen darin, Ankündigungen im Gegensatz zu anderen Politikern auch tatsächlich umzusetzen. Man kann nicht behaupten, dass diese Annahme auf heißer Luft basiert. Leider. Denn er machte nun den Fehler seines Lebens. Und der hieß „Operation Warp Speed“. Am 2. März 2020 lud Trump die Chefs der großen Pharmafirmen und der Gesundheitsbehörden ins Weiße Haus. Dort legte er 18 Milliarden Dollar auf den Tisch und bat eindringlich darum, so schnell wie möglich einen Impfstoff gegen Corona auf den Markt zu bringen. Trump machte keine halben Sachen, die 500 Millionen Förder-Euro der EU zur schnellen Impfstoffentwicklung erscheinen dagegen fast mickrig. Er werde persönlich alle Hürden aus dem Weg räumen. *„Wenn Sie irgendjemand bremsen möchte, dann rufen Sie mich bitte an.“* Daraufhin wurde die schnellste Impfstoffentwicklung aller Zeiten mit dem Namen „Operation Warp Speed“ gestartet – unter Leitung des Pentagons! Normalerweise benötigt eine marktreife Impfstoffentwicklung ca. sechs Jahre. „Operation Warp Speed“ erledigte das in neun Monaten. Am 11. Dezember 2020 war es dann so weit: Die U.S. Food and Drug Administration (FDA) erteilte den mRNA-basierten Covid-19-Impfstoff BNT162b2 bei Personen ab dem 16. Lebensjahr eine Notfallzulassung.

So verhalf Donald Trump den mRNA-Ladenhütern zu ihrem verheerenden Siegeszug durch die Welt. Das Biowaffen-Netzwerk um Dr. Fauci konnte sein Glück wahrscheinlich nicht fassen. Rein organisatorisch ist die „Operation Warp Speed“ eine amerikanische Meisterleistung. Doch leider ist sie auch der Beginn dessen, was aller Wahrscheinlichkeit nach als das bisher größte und verantwortungsloseste Experiment in die Menschheitsgeschichte eingehen wird.

Fazit:

Alles, von der Panikmache über den Lockdown bis zur Unterdrückung selbst klarster Fakten, diente dazu, den notwendigen Leidensdruck zu erzeugen, um die Zulassung eines Ladenhüters der Biowaffen-Forschung als Rettung herbeizusehnen, der

unter normalen Umständen keine Chance gehabt hätte, die dazu notwendigen Sicherheitskriterien zu erfüllen. Voraussetzung für den konzertierten „Hype" war eine dysfunktionale Wissenschaft sowie eine willige Politik und Medien, die alle in engen finanziellen Verbindungen zum Umfeld des dafür verantwortlichen Biowaffen-Netzwerks stehen. Doch niemals besaßen die neuen Genimpfungen das Potenzial zum „Gamechanger". Die Ankündigung von Ansteckungs- und Fremdschutz widersprach jedem Lehrbuchwissen. Ihr Potenzial für gefährliche Nebenwirkungen war jedoch von Anfang an bekannt.

Kapitel 6

Verbrechenskomplex Covid-Impfkampagne, Teil 2

Das Menschheitsexperiment

Bevor ein neues Medikament zugelassen wird, müssen strenge Kriterien erfüllt werden. Diese Vorschriften wurden u.a. aufgrund schlimmer Erfahrungen mit zu schnell zugelassenen Medikamenten etabliert, Stichwort Contergan. Nach erfolgreicher Durchführung von Studien im Labor und in Tierversuchen gilt es drei Phasen zu bestehen. Zunächst wird in den ersten beiden Phasen an wenigen, streng überwachten Probanden Verträglichkeit, Wirksamkeit und Dosierung erfolgreich getestet. Erst dann geht es in die dritte, entscheidende Zulassungsphase. Hier wird das neue Medikament bis zu mehreren Jahren an einer großen Patientenzahl unter praxisnahen Bedingungen getestet und anhand einer Vergleichsgruppe bewertet. Die Zulassung kann das neue Medikament nur erhalten, wenn die aus diesen Vergleichsstudien hervorgehenden Daten im Hinblick auf Wirksamkeit, Unbedenklichkeit und Nutzen-Risiko-Verhältnis überzeugende Ergebnisse liefern.

Der Zulassungs-GAU

Sowohl die Geschwindigkeit, mit der die Genimpfstoffe zugelassen wurden, als auch eine weitere Liste von Auffälligkeiten stimmen bedenklich. Am 2. November 2021 erschien im renommierten *British Medical Journal* ein Artikel mit folgender Überschrift: „Covid-19: Forscherin lässt Datenerfassungsprobleme bei Pfizer-Impfstoffstudie auffliegen". Brook Jackson war eine Regionalleiterin, die im Auftrag eines Forschungsunternehmens (Ventavia Research Group) Zentren der Pfizer-Studie überwachte. Sie meldete zuerst intern mehrfach an Ventavia Unregelmäßigkeiten, z.B. bei der Erfassung von unerwünschten Ereignissen in der Impfgruppe. Nachdem keine Reaktion erfolgte, schilderte sie ihre Beobachtungen per E-Mail der Zulassungsbehörde FDA. Sechs Stunden später wurde sie gefeuert. Keine der von Jackson beanstandeten Studienzentren wurde anschließend von der FDA inspiziert.

Reaktion der Gesundheitspolitik und der Medien auf diese Ungeheuerlichkeit: Fehlanzeige. Es herrschte ein unglaublicher Druck auf die Zulassungsbehörden, die neuen mRNA-Genimpfstoffe im Eiltempo durchzuwinken. Die zwei einflussreichsten sind die amerikanische FDA und die europäische EMA. Deren Unabhängigkeit wird nicht gerade untermauert durch die Tatsache, dass sie hauptsächlich durch Pharmagelder finanziert werden. Werfen wir einen kurzen Blick auf die damaligen Leiter.

Die US-amerikanische Arzneimittelbehörde Food and Drug Administration, kurz FDA, ist zuständig für die Zulassung, Kontrolle und Überwachung von Arzneimitteln, Impfungen und Medizinprodukten in den Vereinigten Staaten. Von 2019–2021 wurde sie von dem Arzt Stephen Hahn geleitet. Die FDA gab noch im Jahr 2020 grünes Licht für die Zulassung der beiden Genimpfstoffe von BioNTech/Pfizer und Moderna. *Washington Post* und *New York Times* berichteten, dass das Weiße Haus die FDA zuvor mit Drohungen zur umgehenden Notfallzulassung gedrängt habe. Hahn selbst sprach in einer Stellungnahme davon, die FDA sei „ermutigt" worden, den Antrag von BioNTech und Pfizer zügig zu bearbeiten. Hahn wechselte 2021 in die Führungsetage der Investmentfirma Flagship Pioneering, die Moderna vor einem Jahrzehnt auf den

Markt brachte und mit dem Corona-Impfstoff Milliarden verdiente. Ich würde sagen, eine Kommentierung dieses sicher lohnenden beruflichen Aufstiegs ist nicht notwendig.

Für die Beurteilung und Überwachung von Arzneimitteln in der Europäischen Union ist die Europäische Arzneimittel-Agentur (EMA) zuständig. Sie wird seit 16. November 2020 geleitet von der irischen Pharmazeutin Emer Cooke. Laut der Internetseite *Menschenrechte.online* war Emer Cooke in früheren Karriereschritten viele Jahre für die Pharmaindustrie tätig. Beispielsweise zwischen 1991 und 1998 für die European Federation of Pharmaceutical Industries and Associations (EFPIA), einem europäischen Lobbyverband, in dem zahlreiche Pharmaunternehmen Mitglied sind – unter anderem AstraZeneca, Johnson & Johnson und Pfizer. Emer Cooke verteidigte die Vektor-Genimpfstoffe von AstraZeneca auch dann noch vehement, als schon längt zahlreiche Nebenwirkungsmeldungen vorlagen.

Selbstverständlich beteuern FDA und EMA nachdrücklich, dass sie nur Arzneimittel zulassen, die gründlich und ausreichend getestet wurden. Doch allein die jetzt schon geschilderten Interessenkonflikte erlauben die Frage, ob die Gesundheit der Bürger bei FDA und EMA wirklich in guten Händen liegt – nicht nur im Falle der Zulassung der Covid-Genimpfungen. Schauen wir uns nun die allem zugrundeliegende und ständig als Beweis für die Wirksamkeit zitierte BioNTech/Pfizer-Zulassungsstudie einmal genauer an.

Zulassungsstudien-Farce

Die für die Zulassung entscheidende Phase-III-Studie von BioNTech/Pfizer wurde am 10. Dezember 2020 in Teilen veröffentlicht (Pollack FP, NEJM, 2020). Daraus war zu entnehmen, dass 21.720 Probanden zwei Dosen des BioNTech/Pfizer-Genimpfstoffes erhielten und 21.728 Probanden zwei Placeboinjektionen. Die Beobachtungszeit betrug im Schnitt zwei Monate.

Ergebnis: 8 Covid-Fälle wurden in der Impfgruppe gezählt und 162 in der Placebogruppe. 8:162 entspricht einem Verhältnis von 95%. Außerdem gab es neun Krankenhauseinweisungen mit positivem Covid-Test in der Placebogruppe und nur eine in der Impfgruppe. Milde Nebenwirkungen wie Schmerzen an der Einstichstelle, Müdigkeit und Kopfschmerzen seien selten aufgetreten. Schwere Nebenwirkungen noch seltener und gleich verteilt in Impf- und Placebogruppe.

Die Zusammenfassung der Studie schließt mit der Feststellung: Zwei Impfdosen vermitteln einen 95-prozentigen Schutz gegen Covid-19. Die Sicherheit sei nach zwei Monaten vergleichbar mit der der anderen viralen Impfstoffe.

Diese Studie war die Grundlage für die Zulassung. Die Zahl 95% wurde medial gefeiert als Beweis für die Wirksamkeit der neuen mRNA-Genimpfstoffe. Doch in Wirklichkeit wirft schon der erste Blick grundlegende Fragen auf:

- Eine Impfung gegen virale Atemwegserkrankungen kann prinzipiell nicht vor Ansteckung schützen. Wie kann es dann sein, dass in dieser Studie die Impfung zu 95% gegen Ansteckung schützt?
- 95% klingen beeindruckend, aber wir sprechen von theoretisch 154 (162:8) vermiedenen Covid-Fällen bei 21.720 gengeimpften Probanden. Wenn ich diese Zahlen ins Verhältnis setze, kommt eine Wirksamkeit von insgesamt 0,7% heraus.
- Krankenhauspflichtige positive Fälle wurden theoretisch 8 (9-1) in der Gruppe der 21.720 Gengeimpften vermieden. Das entspricht 0,04% Wirksamkeit gegen schwere Verläufe. Todesfälle wurden nicht gemessen.
- Die eigentliche Risikogruppe, die Alten und Schwererkrankten, war kaum in der Testgruppe vertreten.
- Vergleichsstudien laufen oft Jahre, um Langzeitfolgen zu testen. Bei Impfstoffen muss z.B. die unerwünschte Bildung von infektionsverstärkenden Antikörpern (ADE-Syndrom) ausgeschlossen werden. Die Zulassungsstudie startete im April 2020 und sollte im Mai 2023 enden. Doch im Dezember 2020 wurde die Studie durch Entblindung beendet, indem der Placebogruppe auch eine Impfung angeboten wurde.
- Die Angabe von finanziellen Beziehungen zu den Herstellern ist für Studienautoren verpflichtend. Ausgerechnet die Mitautoren und BioNTech-Gründer, Prof. Dr. Uğur Şahin und dessen Ehefrau Prof. Dr.

Özlem Türeci, gaben an, keine diesbezüglichen Interessenkonflikte zu haben, obwohl sie durch die Zulassung dieser Impfstoffe zu Milliardären wurden und zuvor etliche Millionen für ihr Produkt an staatlichen Fördermitteln erhalten hatten.

Schüler, die sich selbst die Noten geben

Doch das ist noch lange nicht alles. Für diejenigen, die die Gepflogenheiten von pharmakologischen Zulassungsstudien nicht kennen, klingt es unglaublich. Die Primärdaten zu den einzelnen Teilnehmern – also Alter, individuelle Messdaten oder auch der Grund, warum einzelne Teilnehmer aus der Studie ausgeschlossen wurden – halten die Hersteller unter Verschluss. Nur bei einer offiziellen Prüfung müssen sie offengelegt werden, doch FDA und EMA haben kein Interesse. Anfragen externer Forscher auf Einsicht blitzen regelmäßig ab. Das von der Studienleitung publizierte Studienergebnis ist somit nicht wirklich nachprüfbar.

Stellen Sie sich einmal vor, Sie beantworten für eine schriftliche Schularbeit die Fragen des Lehrers, behalten aber die Antworten selbst ein und geben dem Lehrer nur die Note weiter, die er Ihnen geben soll. Genau das entspricht der Zulassungssituation von neuen Arzneimitteln. Die Evidenzbasierte Medizin fordert deswegen schon lange strikte Datentransparenz bei Studien und pocht auf eine fachlich korrekte Auswertung. Forscher aus diesem Umfeld haben am 14. Mai 2020 in einem offenen Brief an die EMA appelliert, alle klinischen Studienberichte zu allen Covid-19-Arzneimitteln und -Impfstoffen unmittelbar mit dem Tag der Marktzulassung zu veröffentlichen. Doch nichts passierte.

Nachberechnung mit komplett anderem Ergebnis

Oft ergibt jedoch schon eine genauere und vor allem unabhängige Nachprüfung vorhandener Studiendaten ein komplett anderes Bild. Im September 2022 veröffentlichte der US-Pharmazieprofessor und ehemalige Herausgeber des *British Medical Journal*, Peter Doshi, eine Neu-Analyse der Zulassungsstudien von BioNTech/Pfizer und Moderna. Und zwar exakt so, wie es fachlich korrekt ist. Mit seinem Expertenteam errechnete er deutlich mehr schwere Impfnebenwirkungen als in den offiziellen Publikationen. Doshi erklärte in einem Interview mit der *Welt*, dass in der BioNTech/Pfizer-Impfstoffgruppe schwere Nebenwirkungen um 36 Prozent häufiger auftraten als in der Placebogruppe, bei Moderna waren es sechs. Somit müsse ca. jeder 800. Gengeimpfte mit einer schwerwiegenden Impfnebenwirkung rechnen, von Nierenschäden bis zu Herzschädigungen, Thrombosen und anderen Störungen der Blutgerinnung. Anders als die BioNTech/Pfizer-Zulassungsstudie behauptet, liegt dieser Wert deutlich höher als die ein bis zwei Fälle von schwerwiegenden Nebenwirkungen pro Million Geimpfter, die für klassische Impfstoffe akzeptiert werden. Auch Doshi betont, dass die Gültigkeit der Studiendaten erst dann aussagekräftig beurteilt werden kann, wenn die detaillierten, individuellen Primärdaten der einzelnen Probanden veröffentlicht werden.

Dropout-Rate: Große Zahlen von Studienabbrechern

Im Laufe fast jeder Studie kommt es vor, dass Teilnehmer aus verschiedensten Gründen ausgeschlossen werden. Diese Zahl nennt man Dropout-Rate. Der Ausschluss von Studienteilnehmern – aus Gründen der Unzuverlässigkeit, des Kontaktverlustes oder aus anderen nicht nachprüfbaren Gründen – ist ein durchaus gängiges Instrument, um Ergebnisse in eine gewünschte Richtung zu verfälschen. Ganz besonders dann, wenn eine geringe Zahl ausreicht, um die Zahlenverhältnisse umzudrehen. In der BioNTech/Pfizer-Zulassungsstudie wurden von den 43.543 Teilnehmern, die auf die Studiengruppen verteilt wurden, 352 aus der Impfgruppe und 411 aus der Placebogruppe nicht in das Endergebnis mit aufgenommen. Vergleichen Sie dies mit den Zahlen der Covid-Fälle von 162:8, oder den schwereren Fällen von 9:1. Die Dropout-Rate könnte hier gut vorstellbar manipulativ eingesetzt worden sein, besonders wenn die Forscher wissen, welche Teilnehmer in welcher Gruppe sind. Zum Beispiel könnte man auf diese Weise unerwünschte Nebenwirkungen oder Covid-Erkrankungen verschleiern. Und genau darauf wies Brook Jackson die FDA hin. Wüssten wir, warum 352 Teilnehmer der Impfgruppe ausgeschlossen wurden, würde sich das tatsächliche Ergebnis der BioNTech/Pfizer-Zulassungsstudie vermutlich schnell als katastrophal herausstellen. Und damit der späteren Wirklichkeit deutlich näherkommen.

FDA wird zur Pharma-Unterabteilung

Inzwischen wurde sogar eine geheime Vereinbarung von Pfizer und den US-Behörden bekannt, der zufolge die üblichen Sorgfaltsstandards bei der Zulassung von Impfstoffen nicht eingehalten werden müssen. Der Vorgänger Hahns als FDA-Chef, Scott Gottlieb, wechselte 2019 in den Vorstand von Pfizer. Den aktuellen Twitter-Enthüllungen ist zu entnehmen, dass er persönlich bei Twitter dafür gesorgt hat, mRNA-Kritiker zu zensieren. Behörden sollen ihre Bürger vor gefährlichen Medikamenten schützen, stattdessen entpuppen sie sich mehr und mehr als verlängerter Arm der Pharmaindustrie.

Doch diesmal trieben sie es zu weit. Pfizer wollte ursprünglich das gesamte Datenpaket der Zulassungsstudie 75 Jahre unter Verschluss halten. Eine Gruppe internationaler Wissenschaftler hat dagegen an amerikanischen Gerichten geklagt – erfolgreich. Pfizer muss nun peu à peu Datensätze veröffentlichen. Dadurch werden die Betrügereien immer offensichtlicher, die ersten US-Staatsanwälte ermitteln bereits. Da amerikanische Staatsanwälte im Gegensatz zu ihren deutschen Kollegen tatsächlich unabhängig sind und Schadenersatzprozesse mit einer ganz anderen Konsequenz geführt werden, wird es für Pfizer hoffentlich bald sehr eng.

Die Zulassung hätte niemals erteilt werden dürfen

Jede verantwortlich handelnde Zulassungsbehörde hätte bei dieser Studie erhebliche Nachfragen stellen und gezielte Inspektionen der Studienzentren durchführen müssen. Bis zur Klärung dieser Fragen hätte die Anwendung der Genimpfstoffe auf keinen Fall genehmigt werden dürfen. Auch in Europa wird sich die Frage nach schweren Verbrechen im Rahmen dieser verantwortungslosen Zulassungs-Farce stellen.

Der einzige akzeptable Ansatz wäre gewesen, die Genimpfstoffe der Risikogruppe anzubieten, unter strengsten Kontrollen und einer Aufklärung, in der den Impfwilligen klar vermittelt wird, dass sie Teil eines noch laufenden Experiments sind. Das bedingt strikte Freiwilligkeit. Doch es kam bekanntlich anders, und das größte medizinische Menschheitsexperiment nahm seinen Lauf:

Laut Impfdashboard des Robert-Koch-Instituts vom 5. Januar 2023 wurden in Deutschland 190,5 Millionen Impfdosen injiziert. 64,9 Millionen Menschen (77,9% der Bevölkerung) haben bisher mindestens eine Impfdosis erhalten. Davon sind 63,5 Millionen Menschen (76,3%) bereits grundimmunisiert. 52,1 Millionen Menschen (62,6%) haben zusätzlich eine Auffrischungsimpfung erhalten. 12,3 Millionen Menschen (14,8%) erhielten bereits eine zweite Auffrischungsimpfung. 18,4 Millionen Menschen sind nicht geimpft (22,1% der Bevölkerung).

Von diesen 190,5 Millionen Dosen entfielen auf BioNTech über 70%, auf Moderna ca. 17%, auf AstraZeneca ca. 7% und auf Johnson & Johnson ca. 2%.

Weltweit wurden über 13 Milliarden Impfdosen injiziert.

Die Abschaffung der Arzneimittelsicherheit

Nachdem bereits die amerikanische FDA vorgelegt hatte, erfolgte eine Zulassung durch die EMA für BioNTech am 21. Dezember 2020 und für Moderna am 6. Januar 2021. Der Impfstoff des Unternehmens AstraZeneca wurde am 29. Januar 2021 in der EU zugelassen, am 11. März 2021 der Impfstoff von Johnson & Johnson.

Im November 2021 folgte eine Zulassung für 5- bis 12-Jährige. Im Oktober 2022 erhielten BioNTech/Pfizer und Moderna eine Zulassung für Säuglinge und Kleinkinder ab einem Alter von sechs Monaten.

Es handelte sich dabei zunächst nicht um Vollzulassungen. In den USA wurde eine sogenannte Notfall-Zulassung vergeben. In der EU wurden die Genimpfstoffe auf der Basis der EU-Verordnung 507/2006 als „bedingt zugelassen" auf den Markt gebracht. Ein paar Passagen aus dieser Verordnung: *„Die bedingte Zulassung [...] ermöglicht es im Einzelfall, insbesondere bei lebensbedrohenden Krankheiten, ein Arzneimittel noch vor Abschluss der vollständigen klinischen Prüfung auf den Markt zu bringen."* Dies gilt für *„Arzneimittel, die in Krisensituationen gegen eine Bedro-*

hung der öffentlichen Gesundheit eingesetzt werden sollen, welche [...] ordnungsgemäß festgestellt wurde".

Im Klartext: Bedingte Zulassung bedeutet, dass die üblichen und notwendigen Studien für Wirksamkeit und Sicherheit nicht vollständig vorlagen und Genimpfungen nur aufgrund vorläufiger Ergebnisse und aufgrund einer Notlage zugelassen wurden. Somit befindet sich das Arzneimittel noch in der experimentellen Phase.

Falls Sie festgestellt haben sollten, dass Sie beim Impfen nicht auf den bedingten und damit experimentellen Charakter der Zulassung hingewiesen wurden oder auch keine Beipackzettel in der Packung steckten, wird Sie diese Passage verwundern: *„Die Patienten und im Gesundheitswesen tätigen Fachkräfte sollten deutlich darauf hingewiesen werden, dass die Zulassung nur bedingt erteilt wurde. Daher ist es erforderlich, dass diese Information klar aus der Zusammenfassung der Merkmale des betreffenden Arzneimittels sowie aus seiner Packungsbeilage hervorgeht."* Nicht einmal das Staatsoberhaupt wusste, dass der Impfstoff nicht normal zugelassen war. Im Januar 2022 offenbarte Frank-Walter Steinmeier diese Wissenslücke in einer Diskussionsrunde mit Bürgern zu Pro und Contra einer Impfpflicht. Offenbar fanden es weder sein Impfarzt noch sein Beraterstab notwendig, ihn darüber in Kenntnis zu setzen. Oder wussten sie es selbst nicht? Kein Wunder. Regelmäßig wurde diese wichtige Information sogar von Fachverbänden und Gesundheitspolitik unterschlagen.

Der wichtigste Satz in der Verordnung 507 lautet: *„Bei Arzneimitteln mit bedingter Zulassung ist eine verstärkte Pharmakovigilanz [Anm.: Überwachung] sehr wichtig."* Die EU-Mitgliedstaaten sind verpflichtet, regelmäßig durch Datenerfassung und Studien die Sicherheitslage zu aktualisieren. In Deutschland fällt dies in den Zuständigkeitsbereich des Paul-Ehrlich-Instituts (PEI). Es untersteht ebenso wie das Robert-Koch-Institut (RKI) dem Bundesministerium für Gesundheit.

Meldungen und Zulassungsstopp

Wenn unbekannte Nebenwirkungen gemeldet werden, schreibt das Deutsche Arzneimittelgesetz vor, die Sicherheitslage sorgfältig zu prüfen. Vor Corona genügten wenige schwere Nebenwirkungen oder Todesfälle, um die entsprechenden Medikamente sofort vom Markt zu nehmen. Beispiel aus der Vergangenheit sind der Cholesterinsenker Lipobay oder der Appetitzügler Reductil (Sibutamin). Bei der Verharmlosung beider Medikamente hatte übrigens Karl Lauterbach seine Finger im Spiel. Doch was sich im Rahmen der Überwachung der bedingt zugelassenen mRNA-Impfstoffe abspielte, kann man nur als die Abschaffung jeder Sicherheit bezeichnen.

Fangen wir an mit den Zahlen der verschiedenen Meldesysteme. Sie beruhen auf der persönlichen Meldung von Verdachtsfällen durch Ärzte und Patienten, die sich zu diesem Zweck nicht selten durch einen bürokratischen Dschungel kämpfen müssen.

Paul-Ehrlich-Institut (PEI)

Das PEI wurde beauftragt, eine Online-Meldestelle für Covid-Impfnebenwirkungen einzurichten, die Ärzte und Betroffene bei Verdachtsfällen nutzen sollen. Die Zahlen der gemeldeten Verdachtsfälle wurden zuerst monatlich, dann ca. alle drei Monate veröffentlicht. Insgesamt dünnten die konkreten Informationen stetig aus. Früh zeigte sich, dass allein die gemeldeten Fälle ein ca. 40-mal höheres Risiko „Todesfolge“ sowie ein 173-mal höheres Risiko „bleibende Schäden“ im Vergleich zu herkömmlichen Grippeimpfstoffen anzeigen (pro Impfung). Folgende Zahlen konnte ich den Sicherheitsberichten entnehmen:

Bericht vom 7. Februar 2022: Sterbe-Verdachtsfälle: 2.255. Verdachtsfälle bleibender Schäden 7.309. Zahl der insgesamt gemeldeten Impfnebenwirkungen: 244.576.

Bericht 7. September 2022: Die Melderate von Verdachtsfällen betrug für alle Impfstoffe zusammen 1,8 Meldungen pro 1.000 Impfdosen, für Verdachtsfälle schwerwiegender Nebenwirkungen und Impfkomplikationen 0,3 Meldungen pro 1.000 Impfdosen.

Bericht im Bulletin zur Arzneimittelsicherheit Ausgabe 4 (Dezember 2022): Insgesamt wurden dem Paul-Ehrlich-Institut nach Grundimmunisierung plus Booster-Impfungen 333.492 Verdachtsfälle von Nebenwirkungen und 50.833 Verdachtsfälle schwerwiegender Nebenwirkungen berichtet.

Bis Mitte des Jahres 2022 erhielt das PEI 3.023 Verdachtsmeldungen von Todesfällen nach Impfung. Bei 120 davon, also bei durchschnittlich einer pro 25 Verdachtsmeldungen, stufte das PEI den Zusammenhang mit der Impfung als wahrscheinlich oder möglich ein.

Auf der Seite *Transparenztest.de* kann man folgende Berechnung zu diesen Zahlen nachlesen: Von 2003–2019 wurden in Deutschland 625 Millionen Dosen von 400 verschiedenen Impfstoffen verimpft. Im gleichen Zeitraum wurden 54.488 Verdachtsfälle von Nebenwirkungen gemeldet. Vergleicht man dies mit den Zahlen der Covid-Genimpfungen (190 Millionen Impfdosen, 333.492 Verdachtsmeldungen), kommt eine 20-fach höhere Melderate heraus. Für das PEI kein Anlass, von einer kritischen Sicherheitslage auszugehen.

Nebenwirkungsdatenbank der EU (EUDRA Vigilance)

EudraVigilance ist die Datenbank für Arzneimittelnebenwirkungen der Europäischen Arzneimittelbehörde (EMA). Sie sammelt die Zahlen der EU-Mitgliedsländer. Hier die Verdachts-Meldungen Stand 31. Dezember 2022:

Alle gemeldeten Nebenwirkungen: 2.150.776 / ernste Nebenwirkungen: 867.842, Todesfälle: 27.116

Auch diese Zahlen weisen auf ein etwa 50-fach erhöhtes Risiko im Vergleich zu üblichen Grippeimpfstoffen hin. Auffällig sind die Schwankungen der Meldezahlen im Ländervergleich. Nimmt man Island als Vorlage, müssten in Deutschland inzwischen über eine Million Verdachtsfälle gemeldet sein. Auch die EMA sieht bisher keinen Anlass für offene Fragen bezüglich der Sicherheitslage.

Nebenwirkungsdatenbank der USA (VAERS)

Zuständig für die Nebenwirkungs-Meldesysteme in den USA ist das Center for Disease Control and Prevention (CDC). Es entspricht in etwa dem deutschen Robert-Koch-Institut. Hier der Datenstand vom 31. Dezember 2022:

Alle gemeldeten Verdachtsfälle: 1.476.156 / ernste Nebenwirkungen: 511.647, Todesfälle: 33.223

Das CDC hat die Aufgabe, Meldungen nicht nur zu sammeln, sondern sie auch proportional mit der Summe aller anderen Impfungen zu vergleichen. Dieses Verfahren nennt sich: proportional reporting ratio (PRR). Die CDC selbst bezeichnet es als „das nationale Frühwarnsystem“ für Impfstoffprobleme. Fallen mehr als doppelt so viele Meldungen auf, wird ein Sicherheitssignal gegeben. Inzwischen musste die CDC zugeben, dass sie mit dieser Analyse erst 2022 begonnen hat – mehr als ein Jahr nach der Zulassung der Impfstoffe von BioNTech/Pfizer und Moderna. Erwähnenswert ist, dass die CDC in die Vorgänge rund um die Gain-of-function-Forschung und der Vergabe von Corona-Patenten involviert ist.

Auf dem Boden des Freedom act of information zwang die Menschenrechtsorganisation Children's Health Defense zusammen mit Journalisten der Zeitung Epoch Times die CDC Ende Dezember 2022 zur Herausgabe der Ergebnisse. Sie beziehen sich auf unerwünschte Ereignisse (alle Arten von Krankheitssymptomen), die zwischen dem 14. Dezember 2020 und dem 29. Juli 2022 in Bezug zu Genimpfstoffen gemeldet wurden. Seit Ende 2022 ist aufgrund dieser Veröffentlichung offiziell bekannt:

- Bei über 18-Jährigen lösten 770 verschiedene Arten von unerwünschten Ereignissen ein Sicherheitssignal aus, von denen über 500 ein größeres Sicherheitssignal als Myokarditis/Perikarditis aufwiesen.
- Die Zahl der schwerwiegenden unerwünschten Ereignisse, die in weniger als zwei Jahren für mRNA-Covid-19-Impfstoffe gemeldet wurden, liegt 5,5-mal höher als alle schwerwiegenden Meldungen für Impfstoffe, die seit 2009 in den USA an Erwachsene verabreicht wurden (und deren Gesamtmenge die ca. 600 Millionen verimpften Covid-Impfdosen deutlich übersteigt).
- Bei den 12- bis 17-Jährigen gibt es 96 Sicherheitssignale, darunter: Myokarditis, Perikarditis, Genitalgeschwüre, Bluthochdruck und Herzfrequenz, Menstruationsunregelmäßigkeiten, Herzklappeninsuffizienz, Lungenembolie, Herzrhythmusstörungen, Thrombosen, Perikard- und Pleuraerguss, Blinddarmentzündung und perforierter Blinddarm, Immunthrombozytopenie, Brustschmerzen, erhöhte Troponin-Werte oder auch Aufenthalt auf der Intensivstation.
- Bei den 5-11-Jährigen gibt es 66 Sicherheitssignale, darunter: Myokar-

ditis, Perikarditis, ventrikuläre Dysfunktion und Herzklappeninsuffizienz, Perikard- und Pleuraerguss, Brustschmerzen, Blinddarmentzündung und Blinddarmdurchbruch, Menstruationsunregelmäßigkeiten oder Vitiligo.

Sicher, all dies sind Verdachtsfälle und kein Beweis für die Genimpfung als Ursache. Doch die Beweislast, dass eben keine Ursächlichkeit besteht, liegt beim Hersteller. Die Zulassungsbehörden haben die Aufgabe, diesen Nachweis einzufordern. Doch sie machen es einfach nicht und spielen damit mit der Gesundheit der Bürger Russisch Roulette.

Und sie setzen noch einen drauf. Trotz tiefrot blinkender Alarmleuchten wandelte die FDA ab August 2022 die amerikanische Notfallzulassung für die Genimpfstoffe in eine Vollzulassung um. EU-Vollzulassung folgte für Spikevax am 3. Oktober 2022 und für den Impfstoff Comirnaty am 10. Oktober 2022. Völlig außer Rand und Band geriet schließlich die Zulassung der angepassten Omikron-Genimpfstoffe, zu denen überhaupt keine relevanten Phase-III-Daten existierten, dafür aber Daten zu Laborversuchen an jeweils acht Mäusen.

Der Gipfel an Verantwortungslosigkeit

All diese Vorgänge reichen mehr als aus, um den Behörden gefährliche Missachtung der Zulassungsstandards vorzuwerfen. Doch der Gipfel der Ungeheuerlichkeit kommt jetzt. Es ist die „Verordnung zur Sicherstellung der Versorgung der Bevölkerung mit Produkten des medizinischen Bedarfs bei der durch das Coronavirus SARS-CoV-2 verursachten Epidemie" vom 25. Mai 2020, unterzeichnet vom damaligen Gesundheitsminister Jens Spahn.

Diese Verordnung hebelt das Deutsche Arzneimittelgesetz offiziell aus, indem es hinsichtlich der Genimpfungen ermöglicht:

- Produktinformation zu Inhaltstoffen samt Packungsbeilage wegzulassen.
- Abgelaufene Genimpfstoffe weiter zu verwenden.
- Nicht zugelassene Substanzen zu verspritzen.

- Grundsätze der Arzneiüberwachung auszusetzen.
- Auf Rückstellproben zu verzichten, mit denen sich später ermitteln ließe, was wirklich drin war.
- Pharmaunternehmen und Angehörige von Gesundheitsberufen im Schadensfall von der Produkthaftung zu befreien. Die Haftungsfreigabe entfällt nur bei grober Fahrlässigkeit oder Vorsatz.

Nach den Vorstellungen von Jens Spahn sollen also Ärzte einen experimentellen Impfstoff blind verimpfen, der nicht zugelassene, gefährliche Inhaltstoffe enthalten kann, die später nicht mehr feststellbar sind, der abgelaufen sein kann und der nicht relevant auf seine Sicherheit hin überprüft wird? Sind wir von allen guten Geistern verlassen? Offensichtlich, denn genau dies ist geschehen. Kein Arzt wusste wirklich, was er seinen Patienten verspritzt. Hinsichtlich der Haftungsfreistellung der Akteure würde ich mir allerdings keine allzu großen Hoffnungen machen. All das bisher Geschilderte macht es schwer, etwas anderes als grobe Fahrlässigkeit oder Vorsatz anzunehmen.

Indizien für eine riesige Dunkelziffer

In Wirklichkeit blicken wir bei den Zahlen der gemeldeten Nebenwirkungen sehr wahrscheinlich nur auf die Spitze des Eisbergs. Das führt uns zurück ins erste Kapitel und der Frage: Was ist schuld an der aktuellen weltweiten Übersterblichkeit? Zwei Hauptverdächtige bieten sich an. Die internationale Presse macht vor allem den Lockdown dafür verantwortlich, und dafür gibt es gute Argumente. Doch bezüglich des anderen Hauptverdächtigen herrscht bisher noch betretenes Schweigen. Es ist der große Elefant im Raum, über den niemand sprechen will: die Covid-Genimpfstoffe. Doch das muss sich dringend ändern, denn die Indizienlage, dass die Genimpfstoffe an dieser Übersterblichkeit einen noch größeren Anteil haben als der Lockdown, ist überwältigend.

Underreporting

Reine Meldesysteme führen zu einem sogenannten „underreporting". Im Falle der Genimpfung sind Ärzte zwar gesetzlich zur Meldung verpflichtet, aber es ist zeitaufwendig und wird auch nicht vergütet. Viele Patienten berichten mir darüber hinaus, dass ihre Ärzte einen Bezug ihrer Beschwerden zu den Genimpfungen teilweise brüsk ablehnten. Vielleicht auch deshalb, weil sie dann zugeben müssten, nicht korrekt über die Impfrisiken aufgeklärt zu haben. Kollegen berichten mir aus Krankenhäusern, dass dort ein regelrechtes Tabu herrsche, dieses Thema anzusprechen. Immer noch werden mutmaßliche Impfopfer zu tausenden abgewiesen und allein gelassen. Und da sie nicht gemeldet sind, bleiben sie unentdeckt. Studien, die Nebenwirkungen von Medikamenten systematisch erfassen und mit Meldesystemen vergleichen, gehen von einem Unterschied bis zum Faktor 40 aus. Doch hochwertige vergleichende Studien, die die Zahl der Auffälligkeiten nach Genimpfungen realistisch erfassen, gibt es derzeit leider nicht.

ImpfSurv-Studie

Prof. Dr. Harald Matthes, mit Lehrstuhl an der Charité, wollte diese Lücke ein klein wenig schließen. Nicht in perfekter Weise, aber es war ein Anfang. 39.000 zufällig ausgewählte Teilnehmer wurden vom Tag der Impfung an ein Jahr lang hinsichtlich schwerer Impfnebenwirkungen von seinem Team befragt (ImpfSurv-Studie). „Schwere Nebenwirkungen" bedeuten Symptome, die über Wochen oder Monate anhalten und eine medizinische Behandlung erfordern. Matthes fand die Zwischenergebnisse so alarmierend, dass er sie in einem Beitrag für den MDR vorstellte. Das bisherige Ergebnis zeigte eine Rate an schweren Impfnebenwirkungen von 0,8 Prozent. Das ist das Vierzigfache der Angaben des PEI (0,02%). Matthes empfahl dringend, Anlaufstellen für Genimpfopfer einzurichten. Die einzige bis dahin eingerichtete Ambulanz für Impfnebenwirkungen an der Universität Marburg hatte da bereits tausende Patienten auf der Warteliste stehen. Die Ergebnisse der ImpfSurv-Studie bestätigte durch diese Zwischenergebnisse die Annahme einer deutlichen Untererfassung von Impfschäden durch das PEI.

Machen wir uns die Dimensionen klar. Wenn wir diese Ergebnisse auf Gesamtdeutschland übertragen, dann müsste einer von 125 Genimpflingen mit einer schweren Nebenwirkung rechnen. Dies gilt genauso für die Zweitimpfung. Bei über 75 Millionen Vollgeimpften in Deutschland entspräche dies einer Opferzahl von über einer Million. Und bei jedem Booster kommen neue Fälle dazu. Diese Opfer stammen meist nicht aus den Risikogruppen und sind deshalb in keiner Weise vergleichbar von Covid-19 bedroht. Prof. Matthes ist der Meinung, dass 80% dieser schweren Nebenwirkungen nach sechs Monaten wieder rückläufig sind. 20% der Covid-Geimpften könnten dauerhafte, schwere Schäden davontragen. Untersuchungen aus anderen Ländern wie Schweden, Israel oder Kanada kommen zu ähnlichen Schätzungen. Die Konsequenz dieser so wichtigen wegweisenden Arbeit war, dass Prof. Matthes öffentlich diskreditiert wurde und die Charité ihn aufforderte, sich nicht mehr öffentlich zu äußern.

InEK-Zahlen

Die Abrechnungsdiagnosen der Krankenhäuser werden codiert als sogenannte DRGs und zentral aufbereitet vom Institut für das Entgeltsystem im Krankenhaus (InEK). Sie sind öffentlich zugänglich. Im Zeitraum vom 1. April bis 31. Dezember 2021 wurden 14.367 krankenhauspflichtige Impfnebenwirkungen abgerechnet. Eine so hohe Zahl gab es in den Vorjahren nicht annähernd. Davon 1.652 intensivpflichtig und 170 verstorben. Die häufigsten dokumentierten Nebenwirkungen sind Myokarditis, Perikarditis, Nichteitrige Thrombosen, Guillain-Barre-Syndrom, Tachykardie, Hautparästhesien, Lungenembolien. Da jedoch viele Nebenwirkungen in den Krankenhäusern nicht in Bezug zur Genimpfung gesetzt werden, werden auch diese Zahlen deutlich zu niedrig sein.

Geburtenrückgang

Der Datenanalyst Raimund Hagemann hat unter *initiative-corona.de* eine detaillierte Analyse der europäischen Geburtenraten seit 2018 publiziert. In allen Ländern ist ein Rückgang in der ersten Hälfte des Jahres 2022 zu messen. Von 1,3 Prozent in Frankreich über 8,9% in Deutschland bis

19 Prozent in Rumänien. Ein deutlicher Bezug zur Impfhäufigkeit lässt sich in 13 von 18 Ländern feststellen. Ein Bezug zu Covid-19-Infektionen dagegen in keinem Land. Auch das ist kein Beweis für einen ursächlichen Zusammenhang mit der Genimpfung. Aber als Hypothese bietet sich ein toxischer Effekt auf die Frühschwangerschaft an. Im ersten Drittel sind Embryos besonders gefährdet und deshalb ist die Fehlgeburtenrate in dieser Zeit am höchsten. Fehlgeburten verlaufen im ersten Drittel oft sogar unbemerkt. Studien, die per Telefon gengeimpfte Frauen nach Fehlgeburten fragen, übersehen deshalb diesen Zusammenhang. Auf eine wesentlich aussagekräftigere Untersuchung machte mich mein australischer Freund, ein bekannter Gynäkologe, aufmerksam. Er schickte mir den Link zu einem Vortrag seines Kollegen Luke McLindon, der ein Zentrum für Risikoschwangerschaften leitet. Von ihm wurden im Rahmen einer prospektiven Studie seit 2020 Frauen rekrutiert, bei denen ein hohes Fehlgeburtsrisiko bestand. Nach einer Impfempfehlung des australischen Gynäkologenverbandes im August letzten Jahres ließ sich etwa die Hälfte seiner Patientinnen impfen, und die Fehlgeburtenrate ging steil nach oben – allerdings nur bei den Gengeimpften.

Tote Sportler

Fallen Ihnen auch die vielen Meldungen von plötzlichen Todesfällen bei Personen des öffentlichen Lebens auf, von Rockstars bis zu Schauspielern? Zu verstorbenen Profisportlern gibt es Zahlen, die im Dezember 2022 in einem Beitrag für das Fachmagazin *Scandinavian Journal of Immunology* vorgestellt wurden. So sind für 2021 und 2022 weltweit mindestens 1.616 Herzstillstände oder andere schwerwiegende medizinische Probleme bei Profisportlern dokumentiert, von denen 1.114 tödlich waren.

Das Internationale Olympische Komitee in Lausanne, Schweiz, untersuchte Dokumente aus internationalen Datenbanken von 1966 bis 2004. Diese Dokumente weisen auf 1.101 plötzliche Todesfälle bei Sportlern unter 35 Jahren hin, das sind durchschnittlich 29 Athleten pro Jahr.

In einer weiteren Studie über den plötzlichen Tod bei US-Sportlern wurden von 1980 bis 2006 in achtunddreißig Sportarten 1.866 Todesfälle von Sportlern mit Herzerkrankungen festgestellt. In den Jahren 2005 bis 2006 gab es im Durchschnitt 66 Todesfälle pro Jahr. Für das Jahr 2022 wurden in den USA 190 Fälle registriert. Das ist ein deutlicher Anstieg.

Diese Zahlen betreffen Profisportler, bei denen heute durch einen medizinischen Check-up schwere Vorerkrankungen ausgeschlossen werden, bevor sie ihren Beruf ausüben dürfen. Sie sind somit gesünder als die Durchschnittsbevölkerung. Kann man den Anstieg der Todesfälle auf die Gesamtbevölkerung übertragen? Bestattungsunternehmer berichten über eine ungewöhnliche Zunahme von plötzlichen Todesfällen in jüngeren Jahren. Ein Mitarbeiter einer großen Tageszeitung erzählte mir gegenüber von einer Steigerung der Todesanzeigen mittlerer Jahrgänge um die 20–30% seit Beginn der Covid-Impfkampagne.

Die Dimension des Problems deutet auch eine Untersuchung der Universität Basel an. Dort wurde im Sommer 2022 das Blut von ca. 800 Klinikmitarbeitern nach der Covid-Boosterimpfung untersucht. Ergebnis: Bei 3% fiel eine Troponin-Erhöhung auf, die allein auf den Booster zurückzuführen ist. Das bedeutet, jeder 30. hatte nach der Genimpfung geschädigte Herzzellen. Dies als milde Herzschäden zu bezeichnen ist genauso spekulativ, wie eine drohende Verminderung der Lebenserwartung bei jedem Betroffenen anzunehmen. Wir wissen es nicht, weil es keine Langzeitdaten gibt. Aber jede Myokarditis, auch wenn sie milde verläuft, hinterlässt Narben im Herzgewebe.

Der Königsweg der Klärung – Obduktionen

Weitere Hinweise auf eine unterschätzte Zahl von Impftoten äußerte früh der Leiter der Heidelberger Universitätspathologie, Prof. Peter Schirmacher. Im November 2022 veröffentlichte er mit seinem Team im Fachblatt *Clinical Research in Cardiology* das Ergebnis einer Arbeit, in der er 25 Personen, die unerwartet und innerhalb von 20 Tagen nach einer mRNA-Covid-Genimpfung verstarben, einer Obduktion unterzog. Bei vier Verstorbenen stellte er eine Myokarditis fest, ohne dass eine andere signifikante Erkrankung oder gesundheitliche Konstellation, die den unerwarteten Tod verursacht haben könnte, festgestellt wurde. Insgesamt deutete der Autopsiebefund auf einen Tod aufgrund eines akuten Herzversagens hin. Das stimmt bedenklich, denn bei fast allen Toten, die im

Altersheim oder zu Hause nach einer Genimpfung sterben, unterbleibt eine Untersuchung der Ursache.

Schirmacher schließt daraus: *„Somit kann eine Myokarditis eine potenziell tödliche Komplikation nach einer mRNA-basierten Anti-SARS-CoV-2-Impfung sein. Unsere Ergebnisse können dazu beitragen, unklare Fälle nach der Impfung angemessen zu diagnostizieren und eine rechtzeitige Diagnose in vivo zu stellen, um so den Rahmen für eine angemessene Überwachung und frühzeitige Behandlung schwerer klinischer Fälle zu schaffen."* Schon lange vorher setzte sich Schirmacher für repräsentative Stichproben-Obduktionen ein. Nur so kann man die Gesamtzahl solide ermitteln. Es ist der wissenschaftliche Königsweg.

Zukünftige Ursachen-Diagnostik

Wie hochqualifiziert die Wissenschaft zur Aufklärung beitragen kann, demonstriert eine Arbeit des Pathologen und Oberarztes am Dresdner Klinikum Dr. med. Michael Mörz. Er veröffentlichte im Oktober 2022 eine wegweisende Arbeit im Fachmagazin *Vaccines*. Darin beschreibt er den Fall eines 76-jährigen Mannes mit Parkinson-Krankheit, der drei Wochen nach seiner dritten Covid-19-Impfung verstarb. Die Familie des Verstorbenen beantragte eine Obduktion. Dabei entdeckte Mörz auch unvermutete Befunde: eine ausgeprägte gewebezerstörende Entzündung im Gehirn sowie Zeichen einer leichten Myokarditis. Obwohl es bei diesem Patienten keine Vorgeschichte von Covid-19 gab, untersuchte Mörz das Gewebe auf SARS-CoV-2-Bestandteile. Überraschenderweise konnten im Gehirn und im Herzen Spikeproteine gefunden werden, aber keine anderen Virenteile. Diese Spikes wurden deshalb zwingend von der Genimpfung verursacht und stammen nicht von einer unerkannten Covid-Infektion. Ein Beweis, dass die Genimpfung die sogenannte Blut-Hirn-Schranke überwinden und selbst im Gehirn zu tödlichen Entzündungen führen kann.

Diese Arbeit ist international bahnbrechend. Warum? In Zukunft könnten Blut und Organe aller Verdachtsfälle nach Genimpfung sowohl der Verstorbenen, aber natürlich noch wichtiger aller Lebenden, auf SARS-CoV-2-Bestandteile untersucht werden. Finden sich ausschließlich Spikeproteine, z.B. in der Haut, ist dies beweisend für die Genimpfung als Ursache der Krankheitssymptome.

In die gleiche Richtung weist eine Arbeit hin, die im Fachmagazin *Circulation* (Yonker LM 2023) im Januar 2023 veröffentlicht wurde. Die Forscher untersuchten das Blut von Gengeimpften, die eine Myokarditis entwickelten, mit denen, die nach der Genimpfung gesund blieben. Die an einer Myokarditis Erkrankten wiesen im Blut freie Spikeproteine auf, die nicht an Antikörper gebunden waren. Ein klarer Hinweis, dass die körpereigene Spikeproduktion nach der Genimpfung das Blut erreichte. Dies wiederum ist die Voraussetzung für spikeinduzierte Gefäßschäden und autoimmune Entzündungen. Eventuell sogar ein Ansatz, um die impfinduzierte Auslösung oder Verschlechterung anderer autoimmuner Erkrankungen nachzuweisen. Also von Rheuma, Darmentzündungen, Hauterkrankungen, Herpes-Erkrankungen, Schilddrüsenerkrankungen und vielen mehr. Auch zukünftige Schadensersatzansprüche könnten dadurch wesentlich erleichtert werden.

Dr. Mörz erläuterte seinen Fallbericht in einer Reportage des MDR. Analog zum Fall des Charité-Professors Matthes bekam er statt Anerkennung Probleme mit seinem Arbeitgeber. Es wurde ihm untersagt, sich dazu weiter im Namen des Dresdner Klinikums öffentlich zu äußern.

Ich bin mir jedoch sicher, dass trotz aller Widrigkeiten der wissenschaftliche Auftrag, durch Obduktionen und Gewebe- und Blutuntersuchungen endlich Licht in die Dunkelziffer der tatsächlichen Opferzahlen zu bringen, erfüllt wird. Dann werden wir auch besser wissen, wie Schäden der Genimpfungen früher erkannt und behandelbar werden. Für viele Menschen, die den Impfempfehlungen der Regierung vertrauten, wird diese Erkenntnis jedoch zu spät kommen.

Das Post-Vac-Syndrom

Viele Kollegen, die sich dem Thema Impfnebenwirkungen öffnen, erleben die gleiche Situation in der Sprechstunde. Betroffene Patienten kommen von weither angereist, weil sie von anderen Kollegen nicht ernst genommen werden. Dabei erlebe ich ein weites Spektrum von Symptomen wie neurologische, muskuläre, kardiale Probleme, Autoimmunerkrankungen, Sehstörungen, Schwindel, Hautveränderungen, Augenprobleme und viele mehr, um nur einige zu nennen. Ca. 50 Fälle haben sich bei mir inzwischen in der Kartei gesammelt. Als Name hat sich der Begriff Post-Vac-Syndrom durchgesetzt. Der Berliner Arzt Dr. Erich Freisleben hat dazu ein Buch geschrieben: „Sie wollten alles richtig machen: Dokumentation eines verschwiegenen Leidens. Bericht eines Hausarztes über die Nebenwirkungen der Corona-Impfungen". Inzwischen gibt es zwei fundierte Internetseiten, auf denen Betroffene gute Informationen zum Thema Umgang mit Impfschäden finden, *www.cormea.org* von der Corona-Praxis-Allianz und die Seite der Corona-Impfschadenhilfe *www.corih.de.*

Häufige Schilderung

Für mich hat sich eine typische Schilderung herauskristallisiert: Kurz nach der Impfung unangenehme Empfindungsstörungen an Armen und/oder Beinen, Brustdruck und Phasen von Herzrasen. Oft begleitet von Übelkeit und teilweise heftigen Kopf- und Gliederschmerzen. Dann Muskelzuckungen am ganzen Körper, Tremor und ein massiver Kraftverlust, der manchmal die Patienten lähmt und in den Rollstuhl zwingt. Unter den besonders schweren Fällen befanden sich eine Laborassistentin, eine Rettungssanitäterin und ein Fahrlehrer, alle unter 30 Jahre alt, die bis heute arbeitsunfähig sind. Die meisten Beschwerden sind nach Monaten rückläufig, viele aber auch nicht. Oft beginnen sie nach der ersten, dann immer schlimmer werdend mit weiteren Genimpfungen. Sehr irritierend finde ich Schilderungen, nach denen Betroffene ihre Beschwerden den Impfärzten mitteilten und diese dann trotzdem zur zweiten oder dritten Genimpfung rieten – auch bei Kindern. Es ist nachvollziehbar, wenn die Betroffenen Wut und Enttäuschung empfinden, verbunden mit dem Gefühl, betrogen worden zu sein. So viele Tränen wie in den Corona-Jahren 2021/2022 sind in meiner Praxis noch nie geflossen.

Es gibt derzeit keine sichere Diagnostik, um eine Genimpfung als Ursache der Symptome festzustellen. Unzählige Laboruntersuchungen, seriöse und unseriöse, werden aktuell angeboten. Teilweise sehr teuer.

Doch die Aussagen der erhobenen Werte ist unklar. Hoffnungen setze ich in die oben beschriebenen Forschungsergebnisse. Vielleicht wird es zukünftig als Nachweis zielführend werden, freie Spikes in Blut und Gewebeproben nachzuweisen.

Eine Therapie, die sicher hilft, ist derzeit nicht in Sicht. Manchmal hilft Cortison ein wenig, manchmal Antihistaminika. Alternativmedizinische Kollegen bieten Ausleitungstherapien an, die man durchaus ausprobieren sollte, solange die Rechnungen sich in Grenzen halten. Alternativen hat die Lehrmedizin schließlich nicht zu bieten. Betroffenen jedoch teure Blutwäschen zu empfehlen, deren Langzeitfolgen unklar sind und die eher nur zu kurzfristigen Besserungen führen, halte ich angesichts tausender Euro Kosten, die die Patienten selbst zu zahlen haben, für keinen guten Weg. Doch viele Patienten gehen ihn aus reiner Verzweiflung trotzdem. Die Weigerung der Forschung, dieses Problem, das sie selbst verursacht hat, ernst zu nehmen und an Lösungen zu arbeiten, ist ein weiteres beschämendes Zeichen eines umfassenden Medizinversagens in der Corona-Krise.

Offene Messer

Die behauptete Wirksamkeit wurde von der Wirklichkeit erwartbar widerlegt. Weder Ansteckungsschutz noch Fremdschutz haben sich bestätigt. Das RKI musste bald einräumen, dass *„dieser Infektionsschutz nicht verlässlich ist.“* Ob die Genimpfung einen gewissen Schutz vor schwerem Verlauf bot, ist unklar. Auf der einen Seite ging 2021 die Sterblichkeit der Hochbetagten zurück. Im Laufe 2022 stieg jedoch die Sterblichkeit der Alten wieder an. Auch hier fehlen hochwertige Studien zur belastbaren Beurteilung.

Falls es anfangs für alte Menschen einen gewissen Schutz gab, wurde er bitter erkauft. Ende 2022 zeigte sich immer deutlicher, dass die Schwererkrankten fast ausschließlich gengeimpfte Patienten sind. Das plötzlich international kursierende, in Deutschland insbesondere vom bayerischen Ministerpräsidenten Markus Söder oft und gern verwendete Schlagwort von der „Pandemie der Ungeimpften“ erweist sich als Bumerang. Im Sinne der „umgekehrten Immunität“ sollte man im Laufe 2022 eher von einer „Pandemie der Geimpften" ausgehen. Es fiel einfach auf, wenn beispielsweise Kliniken wie das Universitätsklinikum Schleswig-Holstein zuerst mit einer fast kompletten Impfquote der Mitarbeiter prahlten, um anschließend die eigene Funktionsfähigkeit wegen massenweisen Covid-Ausfalls von Mitarbeitern infrage zu stellen.

Doch viel schlimmer als die Lügen und Irreführungen hinsichtlich der Wirksamkeit ist die Behauptung sicherer und ständig überprüfter Arzneimittel. Mehrere Verantwortliche, allen voran Gesundheitsminister Karl Lauterbach, verstiegen sich gar zu der Aussage, es gebe keine Nebenwirkungen. Diese medizinisch komplett inakzeptable Behauptung hat Millionen Menschen ins offene Messer laufen lassen.

Post-Vac und Long-Lockdown sind nicht Long-Covid

In seltenen Fällen entwickeln Patienten nach einer Viruserkrankung, z.B. nach einer Infektion mit Epstein-Barr-Viren, Herpes-simplex-Viren, Entero-Viren oder Influenza-Viren, einen tiefgreifenden Erschöpfungszustand – in sehr seltenen Fällen auch nach einer klassischen Impfung. Man spricht von einem Chronischen Fatigue-Syndrom, oder auch postviralem Syndrom oder im Corona-Fall von Long-Covid-Syndrom. Betroffene, die nach einer Covid-Infektion an einem echten postviralen Syndrom leiden, werden aus ihrem bisherigen Leben herausgerissen und kommen ohne Hilfe oft nicht mehr zurecht. Das kommt zum Glück auch bei Covid sehr selten vor, aber diese Patienten gibt es. Meist schwächen sich die Symptome nach sechs Monaten ab. Aber für manche bedeuten sie eine lebenslange, schwere Beeinträchtigung. Die genaue Ursache ist weitgehend unbekannt, leider auch eine wirkungsvolle Therapie.

Doch damit sind nicht Müdigkeit, Konzentrationsmangel, Kopfschmerzen, Kurzatmigkeit oder depressive Verstimmung gemeint, die zwar oft damit einhergehen, aber sich bei geschätzt 50% aller Menschen finden, wenn man sie danach fragt. Besonders in einer Stresssituation. So verwundert das Ergebnis etwa einer Kinderstudie aus der Schweiz (Ciao-Corona-Studie) in keiner Weise. Dort gab die Vergleichsgruppe der nichtinfizierten Kinder ebenso viele „Long-Covid-Symptome" an wie die Kinder, deren Symptome nach einer Infektion auftraten. Dazu passt die Auswertung von Patientendaten des Zentralinstituts der Kassenärztlichen Versorgung (ZI): Long-Covid tritt so gut wie nie bei vorher gesunden Personen auf. In 24 von 25 Fällen hatten Long-Covid-Patienten bereits mindestens eine Vorerkrankung. Der Essener Neurologe Prof. Christoph Kleinschnitz präzisierte in der *Bild* die Ergebnisse des ZI: *„Psychiatrische Vorerkrankungen sind der größte Risiko-Faktor bei Long Covid.“* Wird die Dimension des Problems Long-Covid auf dieser Grundlage ermittelt, dann führt dies zu einer starken Überschätzung. Denn vieles, was heute unter Long-Covid eingeordnet wird, sollte besser als psychosomatische Folge des Lockdowns gedeutet werden – im Sinne eines Long-Lockdown-Long-Masken-Syndroms. Die irreführende Dramatisierung dieser Beschwerden als Long-Covid tut psychisch belasteten Patienten sicher nicht gut.

Spikeprobleme gibt es sicher auch bei Covid-Patienten. Aber nur wenn die Viren die Schleimhautabwehr überwinden, und das war bei den allerwenigsten, meist aus der Risikogruppe, der Fall. Durch die Injektion der mRNA an der Schleimhautabwehr vorbei in tieferes Körpergewebe wurde jedoch jeder Gengeimpfte prinzipiell diesem Risiko ausgesetzt. Eben auch diejenigen, die von Covid-19 gar nicht relevant bedroht waren: die Jüngeren und die Kinder. Völlig absurd wird es, wenn das enorm gesteigerte Auftreten gesundheitlicher Probleme im Rahmen der Covid-Impfkampagne von den Verantwortlichen der Corona-Politik umgedeutet wird in: Long-Covid-Probleme nach einer Impfung. Im Sinne von: Seht her, Corona richtet doch große gesundheitliche Schäden an. Als Gesundheitsminister Karl Lauterbach seine neue Genimpfkampagne in der Bundespressekonferenz vorstellte, begleitete ihn die *Spiegel*-Autorin Margarete Stokowski. Dort brachte sie das Kunststück fertig, einen waschechten Genimpfschaden (*„Ich war ziemlich frisch geboostert und seitdem bin ich krank“*) als Abschreckungsbeispiel für Long-Covid zu verkaufen. Das ist eine bewusste Irreführung, denn die Ursachen der Post-Vac-Beschwerden sind durch die verschiedenen krankhaften Wirkungen der mRNA-Impfstoffe gut erklärbar. Erst recht nach einer Covid-Infektion bei Gengeimpften, Stichwort: umgekehrte Immunität mit gesteigerter Krankheitsanfälligkeit.

Die Bundesregierung täuscht weiter die Bürger

Nur für den Fall, dass sich die Verantwortlichen an nichts mehr erinnern wollen, halten wir nun fest, wie Stand 4. Januar 2023 die Bundesregierung auf der Corona-Informationsseite ihre Bürger unverdrossen weiter täuscht:

„Frage: Warum ist es wichtig, sich gegen Corona impfen zu lassen?
Antwort: Wer sich gegen das Coronavirus impfen lässt, schützt vor allem sich selbst vor einem schweren oder tödlichen Krankheitsverlauf. Zudem hilft jede Corona-Impfung dabei, die Ausbreitung des Virus einzudämmen. So schützt jeder, der sich impfen lässt, auch die eigene Familie, Freunde und die Gemeinschaft.

Frage: Wie wirksam ist die Impfung?
Antwort: Alle zugelassenen Impfstoffe sind wirksam und sicher. Nach derzeitigem Kenntnisstand sind die mRNA-Impfstoffe Comirnaty (BioNTech/Pfizer) und Spikevax (Moderna) am wirksamsten.

Frage: Was gilt für Schwangerschaft und Stillzeit?
Antwort: Die ständige Impfkommission (STIKO) empfiehlt eine Corona-Schutzimpfung für Schwangere und Stillende.

Frage: Soll ich mein Kind impfen lassen?
Antwort: Die STIKO empfiehlt allen Kindern im Alter von 5 bis 11 Jahren eine Coronaschutzimpfung mit einem mRNA-Impfstoff.

Frage: Wie sicher ist eine Impfung?
Antwort: In Deutschland wird ein Impfstoff nur dann zugelassen, wenn er alle drei Phasen des klinischen Studienprogramms erfolgreich bestanden hat. Diese nationalen und internationalen Qualitätsstandards gelten wie bei allen anderen Impfstoff-Entwicklungen auch bei der Zulassung einer Coronavirus-Impfung. Nach der Marktzulassung wird die Impfstoff-Anwendung weiter eng überwacht und bewertet, um auch sehr seltene Nebenwirkungen zu erfassen.“

Hat sich der Hype gelohnt?

Im Januar 2023 meldete die *Tagesschau*, dass sich, wie das Gesundheitsministerium bestätigte, der Gesamtwert der Corona-Impfstoff-Bestellungen auf ca. 13,1 Milliarden Euro brutto beläuft. Weitere Details zu den Preisverhandlungen werden jedoch weiter verschwiegen. Insgesamt verpflichtete sich die Bundesregierung zur Abnahme von 672 Millionen Genimpfstoff-Dosen. Das sind acht Genimpfstoff-Dosen pro Einwohner. 2010 wurden Restimpfstoffe des Schweinegrippeimpfstoffs Pandemrix im Wert von 230 Millionen verbrannt. Diesmal werden unverbrauchte Genimpf-Dosen im Milliardenwert im Sondermüll landen. Abgesehen von der Riesenverschwendung an Steuergeldern gilt rein gesundheitlich betrachtet: je mehr, desto besser, denn genau dort gehören sie hin.

Für die EU bestellte die Kommissionspräsidentin Ursula von der Leyen 1,8 Milliarden Impfdosen im Mai 2021, und zwar per SMS vom Pfizer-Vorstandschef Albert Bourla unter strenger Geheimhaltung der Bedingungen. Natürlich sind die Verträge inzwischen bekannt und man kommt aus dem Staunen nicht heraus. Alle, wirklich alle Risiken liegen beim Steuerzahler und alle, wirklich alle Vorteile liegen bei Pfizer. Es ist nichts anderes als ein Freifahrtschein, selbst für klare Verstöße gegen das Arzneimittelrecht. Inzwischen ermittelt die Europäische Staatsanwaltschaft (EPPO) in Bezug auf den Erwerb von Covid-19-Impfstoffen in der EU. Die betreffenden Pfizer-SMS-Nachrichten kann Frau von der Leyen bedauerlicherweise auf ihrem Handy nicht mehr finden.

Wie bereits erwähnt, wurden weltweit 13 Milliarden Dosen Genimpfstoff injiziert. Auch China ist Teil des Genimpflobby-Netzwerks. Der Umsatz insgesamt dürfte irgendwo zwischen 100 und 200 Milliarden liegen.

Der australische Pathologe Robert Clancy beschreibt die Situation wie folgt: *„Unter dem Deckmantel einer Pandemie wurde der westlichen Gesellschaft eine andere Form der medizinischen Versorgung aufgezwungen. Und zwar auf eine Art und Weise, die sich über alle ausgefeilten und traditionellen Normen der klinischen Praxis hinwegsetzt. Sie hatten großartige Patente, die eine riesige kommerzielle Chance schufen, die sich in historische und außergewöhnliche Windfall (Gelegenheits)-Profite verwandelte. So einfach ist das."*

Die erschreckend banale Wahrheit lautet: Hinter dem verantwortungslosesten medizinischen Großexperiment der Menschheitsgeschichte steckt die blinde Gier nach Geld. Der Corona-Slogan „Follow the science“ bedeutete in Wirklichkeit Follow the money.

Fazit

Die Zulassung der neuen Genimpfstoffe war durch und durch kriminell. Die Folgen des bisher größten medizinischen Massenexperimentes betreffen die gesamte Menschheit. Abermillionen Menschen wurden geschädigt, Millionen sind mutmaßlich gestorben. Die meisten davon waren niemals relevant von Covid-19 bedroht.

Die Vorgänge, die zur Zulassung führten, müssen lückenlos aufgeklärt werden. Insbesondere müssen die Verquickungen der Behörden FDA, EMA und PEI und der beteiligten Wissenschaftler mit den Herstellern Pfizer, AstraZeneca, Johnson & Johnson, BioNTech und Moderna offengelegt werden. Die Anklage muss lauten: Grob fahrlässige Massenkörperverletzung und -tötung aus niederen Beweggründen. Wenn dies nicht geschieht, können wir die gesamte Arzneimittelsicherheit samt FDA, EMA oder PEI gleich ganz abschaffen. Denn derzeit kann sich Big Pharma die Zulassung de facto selbst ausstellen. Die Bevölkerung ist so zum Freiwild für medizinische Profitinteressen geworden.

Die traurige Wahrheit ist: Die Regierung, allen voran die Gesundheitsminister Spahn und Lauterbach, die Behördenleiter Klaus Cichutek und Lothar Wieler sowie der größte Teil der Ärzteschaft haben die Bevölkerung ins offene Messer einer weltweit angelegten kriminellen Arzneimittel-Kampagne gestoßen.

Kapitel 7

Verbrechenskomplex Covid-Impfkampagne, Teil 3

Der Impfzwang

Nachdem vor der Bundestagswahl im September 2021 viele Spitzenpolitiker eine Impfpflicht als dunkle Verschwörungstheorie weit von sich wiesen – vom späteren Bundeskanzler Olaf Scholz über den jetzigen Finanzminister Christian Lindner und die derzeitige Vizepräsidentin des Deutschen Bundestages Katrin Göring-Eckardt bis zum aktuellen Bundesgesundheitsminister Karl Lauterbach –, wurde dieses Versprechen nach der Wahl gebrochen. Ab Oktober 2021 befürworteten u.a. die Deutsche Krankenhausgesellschaft, die Ärztegewerkschaft Marburger Bund, die Ministerpräsidenten Söder (Bayern, CSU), Günther (Schleswig-Holstein, CDU), Kretschmann (Baden-Württemberg, Grüne), Weil (Niedersachsen, SPD) und Ramelow (Thüringen, Linke) eine allgemeine Impfpflicht.

Einrichtungsbezogene Impfpflicht

Als ersten Schritt beschlossen Bundestag und Bundesrat am 10. Dezember 2021 eine Änderung des Infektionsschutzgesetzes (IfSG). Sie führte mit Wirkung vom 16. März 2022 zu einer *„einrichtungs- und unternehmensbezogene(n) Pflicht zum Nachweis einer Impfung, Genesung oder Kontraindikation“*. Gemäß § 20a IfSG a. F. mussten Personen, die zu diesem Zeitpunkt im Gesundheitswesen tätig waren, bis zum 15. März 2022 der Leitung der jeweiligen Einrichtung oder des jeweiligen Unternehmens einen Impf- oder Genesenennachweis oder ein ärztliches Zeugnis darüber vorlegen, dass sie aufgrund einer medizinischen Kontraindikation nicht gegen das Corona-Virus SARS-CoV-2 geimpft werden können. Wer dies nicht tat, bekam von den jeweiligen Gesundheitsämtern erst die Ankündigung und später die Durchführung eines Betretungsverbots des Arbeitsplatzes zugestellt. Dies entspricht de facto einem Berufsverbot. Verbunden mit hohen Geldstrafen.

Das Bundesverfassungsverhinderungsgericht

Das Bundesverfassungsgericht lehnte die Eilanträge von 46 Beschwerdeführern gegen die einrichtungsbezogene Impfpflicht am 10. Februar 2022 ab. Die Verfassungsbeschwerden wurden mit Beschluss vom 27. April 2022 zurückgewiesen. Und das, obwohl die entscheidende Voraussetzung für diese Impfpflicht von Anfang an nicht gegeben war: der Fremdschutz (siehe Kapitel 5).

Das Bundesverfassungsgericht fühlte sich auch nicht an die verbindlichen Zusagen der Bundesrepublik Deutschland gegenüber der UN gebunden, die Vorgaben des geltenden Völkerrechts aus dem Jahr 1966 einzuhalten. Wie im darin enthaltenden Zivilpakt 1 Artikel 7 steht, *„darf niemand ohne seine freiwillige Zustimmung medizinischen oder wissenschaftlichen Versuchen unterworfen werden.“* Dieser sogenannte ICCPR (International Covenant on Civil and Political Rights, auf Deutsch: der Internationale Pakt über bürgerliche und politische Rechte, oder als Kurzfassung: UN-Zivilpakt) ist ein völkerrechtlicher Vertrag und steht nach Art. 25 unseres Grundgesetzes über Bundesgesetz und damit auch über dem

Infektionsschutzgesetz. Zum Zeitpunkt der Klageabweisung waren die Genimpfstoffe auf Basis der EU-Verordnung 507/2006 lediglich bedingt zugelassen, also ohne abgeschlossene Phase-III-Studien. Sie sind deshalb als allgemein zugelassenes medizinisches Experiment einzuordnen. Die spätere Vollzulassung ohne verbesserte Datenlage, aber dafür mit überwältigenden Indizien für eine katastrophale Sicherheitslage, schwächt dieses Argument in keiner Weise. Die einrichtungsbezogene Impfpflicht endete Gott sei Dank am 1. Januar 2023. Sie war meiner Meinung nach zutiefst illegal und trieb sehr viele Menschen in die blanke Verzweiflung.

Anhörung im Bundestag

In meine Sprechstunde kamen zunehmend verzweifelte Pflegekräfte, die die negativen Auswirkungen der Genimpfung an ihren Patienten und Kollegen sehen konnten, insbesondere in den Pflegeheimen. Sie wurden zu Beginn der Corona-Krise als Helden beklatscht und nun als Impfverweigerer beschimpft. Kein Wunder, dass die einrichtungsbezogene Impfpflicht die Pflegemisere weiter anheizte. Als Sachverständiger konnte ich meine Erfahrungen in einer öffentlichen Anhörung im Gesundheitsausschuss des Bundestages am 27. April 2022 vortragen. Ich zitiere mich selbst:

„Eine 61-jährige Altenpflegerin, gesund, kommt in meine Sprechstunde und sagt, dass sie Respekt, aber keine Angst vor Covid-19 habe, aber dass ihr diese neuartigen Impfstoffe große Sorgen machen. Sie lebt alleine und ist auf ihr Einkommen angewiesen. Sie hat erlebt, dass sich in ihrem Heim Patienten nach der Impfung massiv gesundheitlich verschlechtert haben. Deswegen möchte sie sich nicht impfen lassen. Ich finde, diese Frau hat es nach 35 Jahren harten Berufslebens verdient, dass man ihre professionelle medizinische Meinung respektiert. Sie und auch viele andere Betroffene empfinden dieses Gesetz als staatliche Nötigung und als Angriff auf ihre körperliche Unversehrtheit. Viele halten diesem Druck aber nicht stand und lassen sich gegen ihre Überzeugung impfen. In meinem Sprechzimmer fließen Tränen der Verzweiflung und der Wut.“

Der Präsident des Bundesverfassungsgerichts, Stephan Harbarth, behauptete sinngemäß in seiner Urteilsbegründung, dass es sich gar nicht um einen Zwang zur Impfung handele, denn man könne sich ihr durch Berufswechsel entziehen. Diese Begründung eines ehemaligen und sicher sehr gut verdienenden Industrie-Lobbyisten ist an Zynismus nicht zu überbieten. Das allein zeigt schon das obige Beispiel der Altenpflegerin, die sich 35 Jahre lang für uns bei bescheidenem Lohn den Rücken abgearbeitet hat und als Dankeschön vom Staat den Gang zum Arbeitsamt geschenkt bekommt.

Impfunfähigkeitsatteste

Viele versuchten, durch den Erhalt eines ärztlichen Impfunfähigkeits-Zeugnisses der Impfpflicht zu entgehen. Aus sehr gutem Grund, wie die Schilderung des Post-Vac-Syndroms in Kapitel 6 beweist. Auch hierzu ein Beispiel, das ich den Abgeordneten am 27. April 2022 vorgetragen habe:

„Ein Beispiel, eine 36-jährige Krankenschwester hat sich ordnungsgemäß zweimal gegen Covid impfen lassen. Nach der zweiten Impfung traten starke Schmerzen in der rechten Brust auf. Es entwickelte sich eine sogenannte Granulomatöse Mastitis. Sie ist seitdem in der Uniklinik in Behandlung, die das Ganze zwar als Autoimmunerkrankung eingestuft, aber eben nicht ans Paul-Ehrlich-Institut gemeldet hat. Das Brustgewebe ist schon so weit zerstört, dass man ihr gegenüber von einer Brustamputation sprach. Derzeit steht sie unter einer Cortison-Stoßtherapie, die sie nicht gut verträgt, die aber wenigstens die starken Schmerzen reduziert. Sie arbeitet in einer Arztpraxis und wurde nun aufgefordert, sich auch noch boostern zu lassen. Davor hat sie natürlich große Angst. Bitte machen Sie sich klar, eine junge Frau, deren rechtes Brustgewebe sich nach der neuartigen Covid-Impfung qualvoll selbst zerstört, wird nun vom Gesetzgeber, also von Ihnen, gezwungen, sich dennoch boostern zu lassen, weil sie sonst den Job verliert. Ich als Arzt werde kriminalisiert, wenn ich sie davor bewahren möchte. Das ist unverantwortlich. Es gibt mittlerweile tausende solcher Patienten, die durch diese Impfung in große Not geraten, aber weitergehend ignoriert werden. In meiner nun 30-jährigen Erfahrung als Arzt habe ich so etwas noch nie erlebt. Ich möchte deshalb an Sie als Verantwortliche appellieren, diesem Drama ein Ende zu bereiten und die einrichtungsbezogene Impfpflicht endlich abzuschaffen.“

Nun könnte ich eine Liste von ähnlichen Erlebnissen folgen lassen, die ein ganzes Buch füllen würden. Jede Kollegin, jeder Kollege, die versuchten, Rettungssanitäter, Intensivkrankenschwestern, Arztsekretärinnen, Lehrer an Pflegeeinrichtungen, Assistenzärztinnen, Medizinstudenten und viele mehr vor diesem fachlich völlig unsinnigen, menschenverachtenden und illegalen Impfzwang zu schützen, könnte das. Doch das Ausstellen von Impfunfähigkeitsbescheinigungen entwickelte sich zur regelrechten Mutprobe. Trotz eindeutiger Kontraindikationen verweigerten die meisten Kollegen ihren Patienten diesen Schutz. Manche brachten sogar das Kunststück fertig, ihren Patienten mitzuteilen, dass diese Impfung nicht gut für ihr Rheuma, ihre Neurodermitis, ihre Schilddrüse und vieles mehr sei, es aber für sie als Arzt zu gefährlich ist, ein Attest über eine medizinische Kontraindikation auszustellen. Sogar dann, wenn nach der ersten Impfung eine Verschlechterung aufgetreten war. Diese Kollegen empfahlen ihren Patienten dann, zu Ärzten zu gehen, die sich öffentlich kritisch äußerten und die bestimmt solche Zeugnisse ausstellen würden. Wie soll man das bezeichnen: Feigheit, Unverantwortlichkeit, Abgrund an Unkollegialität? Mir fehlen, ehrlich gesagt, die Worte.

Den Staatsanwalt im Rücken

In der Folge sammelten sich in meiner Sprechstunde verzweifelte Gesundheits-Mitarbeiter, teilweise aus weit entfernten Wohnorten. Wenn ich aufgrund einer gründlich erhobenen Untersuchung und aufgrund mitgebrachter Facharztbefunde eine Kontraindikation annehmen musste, stellte ich ihnen die ersehnte Genimpfunfähigkeit aus. Was denn sonst! Doch die Stimmung war aufgeheizt, der menschliche Drang zur Denunziation trieb neue Blüten. Ich besprach deshalb meine Situation mit einem Patienten, einem pensionierten Kriminalkommissar. Er bewertete meine Situation als durchaus bedenklich. Ein Staatsanwalt könnte bei Meldungen von vielen Impfzeugnissen eines einzelnen Arztes, der diese nach nur einem Besuch ausstellt, hellhörig werden. Erst recht, wenn die Patienten dafür von weither anreisten. Er könnte einen Anfangsverdacht daraus ableiten, ich würde Gefälligkeitsgutachten ausstellen.

Dann würden Polizeibeamte beauftragt, eine Beweissicherstellung mittels Hausdurchsuchung durchzuführen. Selbst wenn ich dann in einem späteren Prozess freigesprochen würde, müsste ich damit rechnen, die mitgenommenen Patienten-Dokumente, Smartphones und Computer teilweise monatelang nicht zurückzubekommen. Das würde den Praxisbetrieb erheblich behindern und schon für sich eine Kostenbelastung bedeuten. Im Gegensatz zu Dutzenden Kollegen blieb ich davon verschont. Doch hätte ich es mir nie träumen lassen, einmal meine Patienten nach bestem Wissen und Gewissen zu behandeln und deswegen den Staatsanwalt im Rücken zu spüren. An dieser Stelle einen herzlichen Dank an meine Frau. Angesichts drohender beruflicher Schwierigkeiten und Verleumdungen, angesichts von Praxisdurchsuchungen und Anklagen gegen Kollegen, die ebenfalls Masken- und Impfatteste ausstellten, angesichts von Urteilen, die von hohen Geldstrafen, Berufsverboten und bis zu mehrjährigen Haftstrafen ohne Bewährung reichten, sprach sie mir dennoch ausdrücklich Mut zu, meinem Gewissen zu folgen.

Gesundheitsämter außer Rand und Band

Unverständlicherweise stellten die Gesundheitsämter Ende 2022, also kurz vor Ablauf der einrichtungsbezogenen Impfpflicht, bundesweit wie auf Kommando Impfunfähigkeits-Zeugnisse infrage. Wieder wurden unter Androhung hoher Geldstrafen und Berufsverbot Menschen unter Druck gesetzt, sich genimpfen zu lassen. Es sei denn, der ausstellende Arzt würde sein Zeugnis gegenüber dem zuständigen Sachbearbeiter ausführlich begründen. Betroffene, die sich in Sicherheit wähnten, wurden schon wieder in die Verzweiflung getrieben und waren mit den Nerven fertig. Was steckte da nur dahinter: Amtsschimmel, Amtsanmaßung, Boshaftigkeit, Psychoterror? Das Gesetz sah tatsächlich vor, dass die Anerkennung einer medizinischen Kontraindikation in den Händen eines Sachbearbeiters und nicht beim Medizinischen Dienst lag. Meine entsprechenden Antwortschreiben wiesen stets darauf hin, dass ein Nichtarzt die Verantwortung nicht dafür übernehmen könne, wenn sich aufgrund seiner Ablehnung die Betroffenen zur Genimpfung nötigen ließen und dann genau die Erkrankungen auftreten, die der Arzt durch Ausstellen des Zeugnisses verhindern wollte. Außerdem ist ein Beamter verpflichtet, bei Anweisungen, die gegen Gesetze verstoßen, zu remonstrieren. Das bedeutet, seine Bedenken dem Vorgesetzten gegenüber zu äußern. Tut er dies nicht, ist er persönlich haftbar zu machen. Und ich bin überzeugt, dass in späteren Schadensersatzprozessen bestätigt wird, dass dieses Ämterhandeln illegal war. Das Gleiche gilt für die Umsetzung der de-facto-Impfpflicht für Soldaten: Verweigerern der duldungspflichtigen Genimpfung wurde ein soldatisches Dienstvergehen vorgeworfen, verbunden mit erheblichen beruflichen Nachteilen.

Der im Bundestag vorgestellten Patientin geht es übrigens derzeit nicht besser. Wegen schwerer Nebenwirkungen musste die Cortison-Therapie beendet werden. Aber dann flammte die Brustentzündung wieder verstärkt auf. Neue immununterdrückende Medikamente konnten nicht verhindern, dass sie heute unter massiven Schmerzen und einer stark verhärteten Brust leidet. Außerdem schmerzen nun ihre Lymphknoten unter den Achseln. Sie schrieb mir: *„Ich bin es langsam leid! Ich habe zwei kleine Kinder. Ich bin Krankenschwester! Ich will das Ganze so nicht mehr auf mir sitzen lassen. Ich geh durch die Hölle, weil man mich zwang, diese Plörre injizieren zu lassen. Ich möchte, dass ich als Impfgeschädigte aufgeführt werde! Dass dies als anerkannter Impfschaden auf der Liste steht. Ich möchte einen Verantwortlichen! Ans PEI habe ich es damals geschickt – es kam nie eine Rückmeldung zurück“.*

Allgemeine Impfpflicht

Als zweiter Schritt sollte eine allgemeine Impfpflicht folgen. Eine erste Debatte im Bundestag dazu fand am 26. Januar 2022 statt. Am 17. Februar 2022 wurde ein Gesetzentwurf für eine allgemeine Impfpflicht ab dem 1. Oktober 2022 eingebracht, unterschrieben von über 200 Bundestagsabgeordneten. Am 7. April 2022 stimmte der Deutsche Bundestag mit aufgehobenem Fraktionszwang über vier Anträge für oder gegen eine Impfpflicht ab. Alle Anträge wurden abgelehnt: die Beschlussempfehlung des Gesundheitsausschusses, die eine Impfpflicht ab 60 Jahren zum 15. Oktober 2022 vorsah, ein von der Unionsfraktion vorgelegter Antrag für ein Impfvorsorgegesetz, der Antrag gegen eine allgemeine Impfpflicht und der Antrag gegen eine gesetzliche Impfpflicht. Wer die Debatte dazu verfolgte, kann sich jedoch des Eindrucks nicht erwehren, dass diese Ablehnung weniger an Einsicht als vielmehr an Parteiengeschacher scheiterte. Vielleicht schwante den Abgeordneten aber auch, dass die breiten Proteste und Demonstrationen gegen die einrichtungsbezogene Impfpflicht nur ein Vorbote dessen waren, was sich nach Einführung der allgemeinen Impfpflicht Bahn brechen würde. Diese Proteste waren unüberhörbar, obwohl die etablierten Medien darüber wieder einmal kaum berichteten.

Rettet die Genimpfung Millionen Leben?

Diese Behauptung war das Hauptargument derjenigen, die eine Impfpflicht forderten. Zuletzt behauptete eine wissenschaftliche Arbeit, veröffentlicht im Fachblatt *The Lancet* im September 2022 (Watson OJ, 2022), dass die Covid-Impfstoffe im Jahr 2021 etwa 15 bis 20 Millionen Menschenleben gerettet hätten. Das klingt geradezu fantastisch, um nicht zu sagen schlichtweg unmöglich. Denn würde das stimmen, hätte Covid-19 ohne Genimpfung den bisherigen Spitzenreiter der Todesursachenstatistik, den Herztod mit jährlich 9 Millionen Toten, in dramatischer Weise abgelöst. Außerdem hätte die Genimpfung allein im Jahr 2021 die Verdreifachung aller bisher gezählten Covid-Opfer (von 2020–2022 insgesamt ca. 6,7 Millionen Menschen) verhindert.

Der Arzt und Pharmaexperte Dr. Manfred Horst hat dazu eine Rechnung auf der wissenschaftlichen Internetplattform des Brownstone-Instituts aufgestellt: Die Zahl aller weltweiten Todesfälle (inkl. der Covid-Opfer) liegt derzeit bei etwa 60 Millionen pro Jahr. Die Autoren der Studie wollen uns weismachen, dass ohne die Covid-Impfstoffe die Gesamtzahl der Todesopfer weltweit im Jahr 2021 um mindestens ein Viertel gestiegen wäre. Schwer vorstellbar, da das Durchschnittsalter der Covid-Toten über (!) der durchschnittlichen Lebenserwartung liegt. Das Problem ist vielmehr, dass mit Beginn der Covid-Impfkampagne die Sterbezahlen nicht sanken, sondern stiegen. Auch in Deutschland steigt seitdem die altersbereinigte

Sterblichkeit trotz der Covid-Impfkampagne an – oder wegen? Oder noch einfacher: Die vollkommen absurde Annahme von 15–20 Millionen Impfrettungen wird allein durch die Tatsache widerlegt, dass die Todeszahlen der Nicht-Gengeimpften überhaupt nicht angestiegen sind. Wie ein Blick auf die Todeszahlen von Ländern mit niedrigen Genimpfraten wie Rumänien oder Bulgarien belegt. Keine Katastrophe der Nichtgeimpften, nirgends. Vielmehr ist zu beobachten, dass derzeit der Anteil schwer Covid-Erkrankter mit Genimpfung ansteigt, wie eine Untersuchung der amerikanischen Kaiser Family Foundation im November 2022 feststellte.

Wer hat eigentlich diese Fantasiezahlen in die Welt gesetzt? Es sind die Modellrechner aus dem Londoner Imperial College. Die wissenschaftliche Keimzelle, die im März 2020 den Panik-Hype losgetreten hat. Es ist einfach erstaunlich, wie bisher renommierte Fachmagazine wie *The Lancet* seit Corona solchen – mit Verlaub – Oberschwachsinn als Wissenschaft verkaufen und damit ihren Ruf aufs Spiel setzen. Ganz zu schweigen von den Wissenschaftsredaktionen von *FAZ* bis ZDF, die ihn dann anschließend verbreiten, und so am Ende Parlamentarier solch kompletten Unsinn im Bundestag zur Grundlage ihrer Entscheidung machen.

Öffentlich-rechtliche Verzweiflungstaten

In die gleiche Kategorie fällt ein weiteres Erlebnis. Im Zuge meiner Corona-Kritik wurde ich vereinzelt – etwa in meiner Heimatzeitung, der *Rhein-Neckar-Zeitung*, oder in der *Ärztezeitung* – als „rechts“ geframt und die übliche Kontaktschuld ausgesprochen, weil mich im Bundestagsausschuss der AfD-Abgeordnete Kai-Uwe Ziegler befragte. Den Vogel schoss jedoch die ARD ab. Am 21. Oktober 2022 bekam ich eine E-Mail-Anfrage mit dem Absender faktenfinder@tagesschau, verbunden mit der Bitte, Fragen zu meinen Ausführungen als Sachverständiger im Gesundheitsausschuss zu beantworten. Ich ergänzte in meiner Antwort meine Forderung nach Aussetzen der Impfpflicht mit den Argumenten, wie Sie sie in diesem Kapitel gelesen haben. Vor allem wies ich darauf hin, dass es um Warnsignale gehe und nicht um den Beweis, dass all diese Probleme direkt von der Genimpfung ausgelöst werden. Die Beweislast liege bei den Zulassungsbehörden. Es ist ihr gesetzlicher Auftrag, Warnsignale umfassend zu widerlegen, was bisher jedoch nicht erfolgte. Doch das interessierte den Journalisten der *Tagesschau* nicht die Bohne.

Am 25. Oktober 2022 veröffentlichte er dann seinen Artikel unter tagesschau.de mit der Überschrift: *„AfD bietet Pseudo-Experten eine Bühne"*. Zu meiner Person war zu lesen: *„So durfte der Hausarzt Gunter Frank in einer Anhörung beispielsweise vor einem „Contergan-Skandal mit dem Faktor zehn" mit Blick auf die Corona-Impfungen warnen – angesichts der vom Paul-Ehrlich-Institut angegebenen Verdachtsfälle schwerwiegender Nebenwirkungen und Impfkomplikationen von 0,3 Meldungen pro 1.000 Impfdosen eine äußerst fragwürdige Behauptung."* Abgesehen vom herablassenden Sprachduktus des Journalisten: Schon wieder wurde die Situation von der ARD verharmlost. 0,3 von 1.000 bedeuten bei 190 Millionen Impfdosen ca. 57.000 schwere Nebenwirkungen in Deutschland. Das liegt über dem Zehnfachen der ca. 4.000 Contergan-Opfer in Deutschland. Aufgrund der Dunkelziffer ist das Hundertfache sogar realistischer. Contergan-Opfer kamen mit Verstümmelungen meist der Gliedmaßen auf die Welt, nachdem in den späten 1950er Jahren Schwangere das Schlafmittel Contergan eingenommen hatten. Auch diese Opfer wurden anfangs im Stich gelassen. Ihre Eltern mussten lange kämpfen, bis sie endlich Anerkennung fanden und der Hersteller Grünenthal schließlich angeklagt wurde. Infolge des Contergan-Skandals wurden schärfere Zulassungsstandards für neue Arzneimittel beschlossen, die nun im Zuge der Covid-Impfkampagne auf fahrlässige Weise sabotiert wurden.

Ausblick

Wie hoch werden die Opferzahlen sein? Es gibt ernstzunehmende Stimmen, die noch tiefergehende Probleme mit der Genimpfung sehen, etwa die Beeinflussung unseres Erbgutes mit unabsehbaren Langzeitfolgen. Auch das langfristige Explodieren der Krankheitszahlen, insbesondere der bösartigen Erkrankungen, wird befürchtet. Ich möchte mich dem nicht anschließen. Die bisherigen mutmaßlichen Opferzahlen sind erschreckend genug, aber sie deuten nicht auf eine Apokalypse hin. Aufgrund vielfältiger Beanstandungen bzgl. unterschiedlicher Chargenqualitäten und aufgrund von Hinweisen fehlender Zertifizierungen neuer Betriebsstätten glaube ich, dass die massenweise Produktion in so kurzer Zeit zu gravierenden Qualitätsmängeln einzelner Chargen geführt hat. Auf der Internetseite *www.howbadismybatch.com* kann man die Chargennummer seines Genimpfstoffs eingeben und erkennen, wie hoch der entsprechende Prozentsatz an gemeldeten Nebenwirkungen ist. Die Schwankungen sind enorm.

Außerdem glaube ich an die Reparaturfähigkeit unseres Körpers, speziell unseres Immunsystems, dessen Leistungsfähigkeit in den Corona-Jahren so sträflich außer Acht gelassen wurde. Gesellschaftlich betrachtet hätte es alle wesentlichen Probleme ausgehend von SARS-CoV-2 ohne jede zusätzliche „Schutzmaßnahme" selbst in den Griff bekommen. Ich bin überzeugt, es wird auch Gegenmaßnahmen gegen dauerhafte Spikeproduktion und Genschädigungen entwickeln. So wie es uns seit Millionen Jahren vor allen möglichen Bedrohungen schützt. Es gäbe uns schlichtweg sonst nicht mehr.

Für Deutschland gehe ich von einer mittleren bis schweren Nebenwirkung pro 80 komplett gengeimpften Bürgern aus. Ich glaube, dass sich 80% dieser Beschwerden spätestens nach sechs Monaten wieder deutlich bessern. Hoffentlich werden für die verbleibenden Dauergeschädigten, es werden dennoch ca. 100.000 sein, bald effektive Therapien entwickelt. Außerdem schätze ich, dass pro 2.000 Genimpfungen ein Todesfall auftritt. Insofern halte ich die Annahme von 40.000 deutschen Genimpftoten für realistisch, darunter eine zweistellige Zahl an Kindern. Das besonders Tragische ist, dass die meisten dieser Opfer nicht relevant durch Covid bedroht waren.

Wissen werden wir es jedoch erst, wenn die Wissenschaft sich aus ihrer tiefen Abhängigkeit befreit und endlich anfängt, anhand hochwertiger Studien die tatsächliche Zahl der körperlich Geschädigten zu ermitteln. Doch die gesellschaftlichen Verwerfungen, die sozialen und psychischen Schäden, die der Panik-Hype in Form von Lockdown und Impfkampagne auslöste, sind in ihrer riesigen Dimension gar nicht messbar.

Staatsversagen

Seit Beginn der Corona-Krise tausche ich mich mit einer sehr aktiven E-Mail-Gruppe aus, bestehend aus bekannten Forschern, Ärzten und Journalisten. Je nach persönlichen Umständen agierten sie im Namen der Vernunft in der Öffentlichkeit oder im Hintergrund. Ich verdanke diesem Austausch viele Erkenntnisse, die sich auch in diesem Buch wiederfinden. Zum Schluss der drei Kapitel über die Covid-Impfkampagne möchte ich einen renommierten Arzt und Wissenschaftler aus dieser Gruppe mit seiner Erlaubnis zitieren:

„Es musste alles eindeutig sein. Man wollte mitmachen. Die Impfung versprach Erlösung. Und nun ist das Elend angerichtet. Es gibt inzwischen unzählige Hilferufe von Betroffenen. Es gibt ein außergewöhnliches diffuses Krankheitsgeschehen, von dem Hausärzte berichten, es spiegelt sich in Krankenkassendaten wider und korreliert mit der Impfkampagne zeitlich. Es gibt eine seriöse Studie, welche die von den Impfstoffen ausgehende Gesundheitsgefahr als bereits in den Zulassungsstudien prädeterminiert feststellt. Es gibt jedoch keinen politischen Willen, die offenkundige Problemlage zu erforschen und gegenzusteuern, dafür institutionelle Arbeitsverweigerung zwecks Gesichtswahrung auf Kosten der Menschen. Und dann gibt es eine WHO und eine EU, die gegen jede Vernunft auf Dauerimpfen aus sind, ohne dass dies medial skandalisiert würde. Alles in allem ein gesellschaftliches Armutszeugnis, ein Staatsversagen.“

Fazit der Covid-Impfkampagne

Hätte mir zuvor jemand erzählt, was in den letzten drei Jahren geschehen ist, ich hätte ihn selbst als Aluhutträger und Verschwörungstheoretiker bezeichnet. Doch dieses Komplott, und anders kann man es nicht nennen, welches einen weltweiten Panik-Hype auslöste, um die Massenanwendung eines vollkommen ungeeigneten wie gefährlichen Arzneimittels durchzusetzen, und das alles im vollkommenen Einklang mit der Weltpolitik, den Wissenschaftsverbänden und der Weltpresse, das verschlägt einem regel-

recht den Atem. Vielleicht haben die verantwortlichen Wissenschaftler vor 25 Jahren tatsächlich geglaubt, sie würden mit ihren gefährlichen Forschungen an Corona-Viren der Menschheit Gutes tun. Vielleicht haben sie anfangs gedacht, sie könnten die Geldgeber davon abhalten, auf dunkle Gedanken zu kommen. Doch wenn medizinische Forschung Gelder des Pentagons annimmt, dann lässt sie sich auf ein faustisches Spiel mit dem Feuer ein. Ein Kontrollverlust ist unausweichlich und wer nicht abspringt oder sich vielleicht schon erpressbar gemacht hat, wird Teil eines globalen Biowaffen-Netzwerks, das im Wortsinn über Leichen geht. Dessen menschenverachtendes Kalkül gipfelte in einer staatlichen Impfpflicht, die Menschen zur Teilnahme an diesem risikoreichen medizinischen Versuch zwang und damit fundamental gegen Völkerrecht verstößt.

Für mich persönlich ist die Zulassung, Bewerbung und Anwendung dieser experimentellen Genimpfung für Kinder, Jugendliche und für weitere wehrlose Schutzbefohlene der Tiefpunkt der gesamten Corona-Krise. Es ist ein medizinischer Zivilisationsbruch, symbolisiert durch die Bilder von Genimpfbussen an Schulen.

Kapitel 8

Nicht wissen wollen bedeutet Vorsatz

Angesichts des Riesenschadens äußern die Befürworter der Pandemiepolitik nun leise Zweifel, ob alles wirklich notwendig war. Zaghaft berichten Zeitungen von den Schäden. Vielleicht habe man etwas überzogen. Aber am Anfang habe man eben nicht gewusst, dass die Corona-Infektion sich als nicht so schlimm herausstellen würde. Aufgrund der Unsicherheit habe die Regierung gar keine andere Wahl gehabt, so zu handeln, um uns zu schützen. Zumindest der erste Lockdown sei richtig gewesen und die Impfung habe ja die schlimmen Verläufe verhindert. Stimmt das oder handelt es sich um pure Ausreden, um sich nicht dem eigenen Versagen stellen zu müssen? Diese Frage wird in diesem Kapitel beantwortet.

Sie wollten es nicht wissen

Warum sagen Wahlprognosen die späteren Wahlergebnisse oft bis aufs Komma genau voraus? Und warum lagen die Vorhersagen zur Corona-Pandemie stets daneben? Alle Katastrophenwarnungen entpuppten sich als grotesk übertrieben, ob von Lauterbach, Drosten oder den Computermodellierern um Meyer-Hermann oder Priesemann. Das hat einen einfachen Grund. Wahlforscher arbeiten mit repräsentativen Stichproben, die sie dann befragen. Diese besteht aus sorgfältig ausgewählten Personen, die der Verteilung von Alter, Geschlecht, Beruf, Wohnort und einigem mehr des gesamten Wahlvolks entsprechen. Es reichen dann schon wenige tausend Befragte aus, um eine präzise Voraussage treffen zu können. Genauso leicht ist es, während einer Pandemie zutreffende Voraussagen zu machen. Man wählt eine repräsentative Stichprobe und fängt an, diese Gruppe Menschen intensiv zu beobachten, sprich zu befragen, zu untersuchen und Blutproben zu entnehmen. Eine solche Stichprobe existiert sogar, die sogenannte Nationale Kohorte (NAKO). Sie wurde 2014 angelegt und umfasst 200.000 Menschen, die regelmäßig zu ihren Lebensumständen und ihrer Krankheitsgeschichte befragt und medizinisch untersucht werden. Man hätte sie nutzen und sofort loslegen können.

Mit einer solchen Stichprobe ließe sich darüber hinaus sogar die Wirksamkeit, positiv wie negativ, von Schutzmaßnahmen messen, inklusive einer Impfung. Dazu müssen repräsentative Studiengruppen nach Zufallsprinzip geteilt werden. Die einen erhalten Schutzmaßnahmen oder eine Impfung, die anderen nicht bzw. stattdessen ein Placebo. Dann beobachten klinisch geschulte Diagnostiker aktiv, welche erwünschten und unerwünschten Effekte auftreten, und vergleichen die Gruppen. Dann weiß man Bescheid. Man hätte z.B. auch ausgewählte Schulen beobachten können; die einen achten streng auf Masken und Abstand, die anderen nicht. Doch solche sogenannten kontrollierten Vergleichsstudien wurden versäumt – oder absichtlich nicht durchgeführt? Wir reden schließlich nicht über Raketenwissenschaft, sondern über das kleine Einmaleins der Epidemiologie, also dem Fach, welches sich mit Krankheitsverläufen in der Bevölkerung beschäftigt.

Genau genommen sind belastbare Aussagen zur Wirksamkeit von allen medizinischen Maßnahmen, ob Blutdrucktabletten oder Ernährungsempfehlungen, nur durch solche hochwertigen Vergleichsstudien möglich. Sie werden auch für Medikamentenzulassungen gefordert. Doch Störfaktoren und Schlampereien können ihre Aussagekraft verwässern oder gar verfälschen. Deshalb müssen solche Studien professionell geplant und sehr diszipliniert durchgeführt werden. Die BioNTech/Pfizer-Zulassungsstudie ist ein gutes Beispiel, wie es nicht funktioniert.

Hochwertige Ressourcen in Hülle und Fülle

In Deutschland gibt es ganz hervorragende Institute und Persönlichkeiten, die internationale Studien nach Qualität sichten und hochwertige Vergleichsstudien selbst auf den Weg bringen können. Namentlich die Professoren Matthias Schrappe, Gerd Antes oder Ingrid Mühlhauser und Andreas Sönnichsen vom Deutschen Netzwerk für Evidenzbasierte Medizin. Sie alle haben schon ab Frühjahr 2020 klipp und klar den fehlenden Erkenntnisstand kritisiert und vor Fehlern gewarnt. Es existiert sogar ein offizielles Institut, dessen Hauptaufgabe darin besteht, brauchbare Studien aus der Masse der Veröffentlichungen herauszufiltern, um daraus belastbare medizinische Bewertungen abzuleiten: das Institut für Qualität und Wirtschaftlichkeit im Gesundheitswesen (IQWiG) in Köln. Karl Lauterbach betont ständig, einer der Gründerväter zu sein. Doch dessen Leiter, der Mathematiker Prof. Dr. Jürgen Windeler, wunderte sich, dass er nie eine Corona-Anfrage aus dem Gesundheitsministerium erhielt. Ganz offensichtlich wollte man dort von den eigenen Fachleuten nicht über den tatsächlichen wissenschaftlichen Erkenntnisstand informiert werden. Gelder für Corona-Forschung sind großzügig geflossen, vorrangig an die Charité. Aber an einer qualifizierten und vor allem ergebnisoffenen Wissenschaft war man in Berlin nicht interessiert.

Die frühe Entwarnung – Infektionssterblichkeit (IFR)

Doch trotz dieser grundlegenden Arbeitsverweigerung hätten die Verantwortlichen früh Entwarnung geben müssen. Die wichtigste Zahl, um die Gefährlichkeit einer beginnenden Pandemie einzuschätzen, heißt:

Infektionssterblichkeit (IFR). Mit der IFR kann man die Zahl der Infizierten errechnen, die zukünftig an der Infektion sterben werden. Sie wird in Prozent angegeben. In meinem Buch „Der Staatsvirus“ habe ich bereits ausführlich belegt, dass schon Anfang März 2020 ausreichend sicher feststand, dass die Corona-IFR um 0,3% beträgt und damit einer mittelschweren Grippeepidemie entspricht. Somit drohte zu keinem Zeitpunkt eine Killerseuche. Das bestätigte sich anhand der Zahlen der Wirklichkeit, wie sie in Kapitel 1 vorgestellt wurden.

Zur deutschen Ehrenrettung sei die Heinsberg-Studie unter der Leitung von Prof. Dr. Hendrik Streeck im Juni 2020 erwähnt, die das Gleiche feststellte und so ein hervorragender Ausgangspunkt gewesen wäre, eine solide Prognose für den Pandemieverlauf in Deutschland zu ermöglichen. Die deutsche Forschung dazu stagnierte jedoch danach. Allerdings gab es weltweit immer mehr repräsentativ erhobene Daten. Am 14. Oktober 2020 veröffentlichte die WHO auf ihrer Internetseite offiziell eine Metastudie mit dem Titel: „Infection fatality rate of Covid-19 inferred from seroprevalence data“ aus dem Stanford-Team von Ioannidis. Danach liege global die IFR bei 0,23%. Das entspricht der Gefährlichkeit einer mittleren Grippewelle. Eine Metaanalyse aus dem Jahr 2021 senkt die globale IFR noch weiter auf 0,15% ab und fächert die IFR auch nach Altersgruppen auf.

Tabelle 3

Infektionssterblichkeit von Covid-19 nach Altersgruppen

Altersgruppen	**Infektionssterblichkeit** in Prozent
0 – 19	0,0013
20 – 29	0,0088
30 – 39	0,021
40 – 49	0,042
50 – 59	0,14
60 – 69	0,65
70 plus (nicht im Pflegeheim Lebende)	2,90
70 plus (alle)	4,90

Daraus ergibt sich beispielsweise, dass die Überlebensrate bei unter 20-Jährigen bei Covid 99,9987 Prozent beträgt. Und dass über 70-Jährige zu 97,1 Prozent Covid überlebten, wenn sie außerhalb von Pflegeheimen wohnten. Aufgrund der Altersstruktur kann man von einer durchschnittlichen IFR für Afrika und Asien von 0,05 Prozent ausgehen. Für Europa von 0,3 Prozent bis 0,4 Prozent. Neuere Publikationen aus 2023 senken die IFR sogar noch deutlicher ab. Persönlich gehe ich davon aus, dass gerade am Anfang die unglückselige strategische Frühintubation (siehe Seite 60) mit ihren tausenden unnötigen Verstorbenen die IFR besonders in der ersten Welle künstlich erhöht hat.

Somit war von Anfang an klar: Wir haben es, was das Sterberisiko betrifft, mit einer ganz normalen grippalen Infektionserkrankung zu tun. Das soll nichts bagatellisieren. Erst recht keine Grippe, jedes Jahr sterben auch vereinzelt Jüngere daran. Nur hätte man einem Experten, der vor 2020 deswegen ein ganzes Land einsperren und zwangsimpfen lassen wollte, mit der Zwangsjacke gedroht. Nach 2020 wurde dieser Wahnsinn jedoch zur Staatsräson erhoben.

Die Regierung war gewarnt

Ebenso klar war von Anfang an, dass der Lockdown riesige Schäden anrichten wird. In „Der Staatsvirus“ wird ausführlich über den Fall des Oberregierungsrates Stephan Kohn berichtet. Er war der einzige Beamte der Abteilung Krisenmanagement des Bundesinnenministeriums (BMI), der es für notwendig erachtete, die Verhältnismäßigkeit des Lockdowns auch anhand seiner potenziellen Schäden zu bewerten. Als Einzelkämpfer gelang es ihm im Mai 2020 auf offiziellem Weg, sämtliche Corona-Krisenstäbe in Bund und Ländern zu warnen. Durch Zusendung eines 182-seitigen Analysepapiers aus dem BMI mit dem Namen: „Auswertungsbericht des Referats KM 4 (BMI) – Coronakrise 2020 aus Sicht des Schutzes Kritischer Infrastrukturen. Auswertung der bisherigen Bewältigungsstrategie und Handlungsempfehlungen.“ Wie wir heute wissen, trafen fast alle seiner Schadensberechnungen zu. Die Regierungen in Bund und Ländern waren somit offiziell gewarnt. Doch statt sich damit auseinanderzusetzen, unterdrückte das Innenministerium diese so wichtige Analyse. Seehofer beurlaubte Stephan Kohn umgehend und diskreditierte ihn öffentlich. Statt ihm einen Verdienstorden zu verleihen, wurde dem zweifachen Vater inzwischen der Beamtenstatus entzogen.

Ausschaltung echter Wissenschaft

Die erfahrenen Wissenschaftler Prof. Dr. Andreas Sönnichsen und Prof. Dr. Paul Cullen wollen schon lange eine repräsentative Corona-Vergleichsstudie auf den Weg bringen. Doch alle Universitäten, unter deren Dach sie loslegen möchten, verweigern eine Zusammenarbeit. Sogar wissenschaftliche Corona-Symposien werden wieder abgesetzt, wenn bekannt wird, dass auch kritische Wissenschaftler eingeladen wurden (z.B. an der Universität Witten-Herdecke). Die Überprüfung der vorhandenen Daten zur Wirksamkeit und Sicherheit von genetischen Impfstoffen durch Berufsverbände, Fachzeitschriften und den Medien wurde weltweit zu einer „No-Go-Area". Es herrschte blanke Angst unter den Wissenschaftlern, sich kritisch zu äußern. Diejenigen, die dies dennoch taten, wurden von der Teilnahme an der Diskussion ausgeschlossen, und zwar mit Methoden, die von der Beschuldigung als „Impfgegner" bis hin zur Entlassung von Angehörigen der Gesundheitsberufe reichen. Es setzte sich ein Wissenschaftsverständnis durch, welches nur noch die Unterscheidung zwischen Wahrheit und Leugnung gestattete. Doch der Motor wissenschaftlicher Erkenntnis benötigt den Zweifel als Treibstoff. Ohne Querdenker, Leugner, ja sogar Spinner, die sich später nicht selten als genial erweisen, wird der Fortschritt schnell zum Rückschritt.

Der deutsche Expertenrat – oder die Kunst, das Nichts zu evaluieren

Auf Seite 34 wurde bereits über die Feststellung immenser Lockdown-Schäden im Evaluierungsbericht des Sachverständigenausschusses vom 1. Juli 2022 berichtet. Wie sieht es mit der Bewertung der Sachverständigen hinsichtlich der Maßnahmen aus? Auf 160 Seiten quälen sich 19 Doctores und Professoren aus Medizin und Rechtswissenschaften mit der schlichten Erkenntnis herum, dass nichts unternommen wurde, um während zwei Jahren härtester Maßnahmen herauszubekommen, ob diese überhaupt gerechtfertigt waren. Deren Nutzen sei bis heute nicht belegbar, so die Experten. Aber dafür würde deren Schaden immer deutlicher sichtbar. Die Ergebnisse entsprechen ziemlich exakt dem, was bereits Stephan Kohn mit Hilfe externer Experten analysierte und den Krisenstäben bereits im Mai 2020 offiziell vorlegte. Er sprach unmissverständlich von Gefahr in Verzug. Doch damals galt Maßnahmen-Rationalismus als Corona-Leugnung.

Offiziell verfassungswidrig

Die juristischen Schlussfolgerungen aus diesem Komplettversagen sind eindeutig und stehen etwas versteckt auch im Bericht: die *„Feststellung der epidemischen Lage von nationaler Tragweite“* stellt eine *„juristisch fragwürdige Konstruktion dar“*, die sich für die Zukunft verbiete. Die darin *„vorgenommene Verlagerung wesentlicher Entscheidungsbefugnisse auf die Exekutive wird im rechtswissenschaftlichen Schrifttum ganz überwiegend für verfassungswidrig gehalten“*. Und schließlich: *„Die genannten Bestimmungen des § 5 Abs. 2 IfSG“*, in der zu den gelisteten Maßnahmen ermächtigt wird, *„sind verfassungswidrig.“* Damit drücken die 19 Autoren in aller Klarheit aus, dass die deutsche Corona-Politik rechtswidrig war. Sie stellen außerdem fest, dass Kritiker der Maßnahmen, die mit besten Argumenten vor deren Schäden gewarnt haben, ausgegrenzt wurden: *„Partizipation beinhaltet auch, Kritik und Skepsis ernst zu nehmen und sich aktiv damit auseinanderzusetzen. Abweichende Meinungen wurden in der Corona-Pandemie oft vorschnell verurteilt. Wer alternative Lösungsvorschläge und Denkansätze vorschlug, wurde nicht selten ohne ausreichenden Diskurs ins Abseits gestellt“*.

Versagen ohne Konsequenzen

Wer das liest, denkt: Alles klar. Es ist das Zeugnis eines undemokratischen Totalversagens einer gescheiterten Pandemiepolitik. Note sechs.

Ein Aufschrei hätte erfolgen müssen, mit der Forderung, die deutsche Corona-Politik zu beenden und die Verantwortlichen zur Rechenschaft zu ziehen. Doch nichts dergleichen. Bei der Präsentation des Papiers legten die Autoren unfreiwillig das tiefgehende Problem unserer Gesellschaft offen: Es ist im heutigen Deutschland normal, dass man den Regierenden gröbstes Versagen unter Bruch der Verfassung nachweist, um dann einfach zur Tagesordnung überzugehen. So scheuten die Autoren davor zurück, die notwendigen Konsequenzen zu fordern. In der Pressekonferenz redeten sie ihr eigenes Papier schön und bezeichneten ohne belastbare Argumentation den ersten Lockdown als plausibel und unstrittig (nicht zuletzt deswegen, weil sie ihn damals ohne jede Grundlage selbst gefordert hatten).

Wegbereiter des Hygienestaats

Dieses inkonsequente und letztlich feige Gerede aus dem Munde der Wissenschaftseliten ist leider hochgefährlich. Denn so legitimieren sie im Endeffekt einen Staat, der ohne irgendeinen objektiven Nachweis Epidemien ausrufen kann, um dann härteste Grundrechtseinschränkungen durchzusetzen. Ganz im Sinne eines willkürlichen Hygieneregimes. Und so verwundert es kein bisschen, dass die politisch Verantwortlichen solche rhetorischen Schlupflöcher nur zu gerne aufgreifen, um einer öffentlichen Anklage zu entgehen. Karl Lauterbach hat sich dazu bei Anne Will einen besonders schönen Vergleich ausgedacht: *„Es hat noch nie eine Studie gegeben, dass Menschen, die aus einem Flugzeug fallen, mit einem Fallschirm besser wegkommen als ohne Fallschirm. Trotzdem schreiben wir es vor, weil es einfach hoch plausibel ist“*. Damit zielt er auf die Schutzmaßnahmen wie Lockdown oder Maskenpflicht. Bleiben wir beim Fallschirmvergleich. Jeder Fallschirm wird technisch geprüft, bevor er zur Anwendung kommt. Doch genau diese Prüfung glaubte man bei Einführung von Lockdown und Co. nicht notwendig zu haben. So hat man die Bevölkerung gleichsam mit ungeprüften Fallschirmen ohne Not aus dem Corona-Flieger gestoßen. Der harte Aufschlag kostete viele Menschen Gesundheit, finanzielle Existenz und sogar das Leben. Das ist plausibel und leider auch vorhersehbar.

Noch beeindruckender argumentiert der grüne Gesundheitsexperte Janosch Dahmen, ein weiterer Drahtzieher der deutschen Corona-Politik. Der Evaluationsbericht liefere lediglich ergänzende Hinweise, aber keine abschließende Bewertung der Wirkung von Schutzmaßnahmen. Und, Achtung jetzt kommt es: *„Die Abwesenheit von Evidenz zur Wirksamkeit ist keine Evidenz für die Abwesenheit von Wirksamkeit.“* Nach zwei Jahren Corona-Pandemie und Unsummen an Forschungsgeldern, die – für was eigentlich? – eingesetzt wurden, fährt Dahmen nun das ultimative Argument für das Fortführen der Corona-Maßnahmen auf: das Fehlen von Beweisen. Genau aus diesem Grund existiert auch der Weihnachtsmann oder der Yeti. Ganz sicher. Denn dank Dahmen wissen wir jetzt, dass das Fehlen von Beweisen nicht beweist, dass es sich um nette Hirngespinste handelt. Womit das intellektuelle Niveau der deutschen Pandemiepolitiker ausreichend beschrieben ist.

Die führenden Corona-Experten

In der Corona-Krise verließen sich Regierung und Medien auf Experten, die weniger durch sachliche Argumentation und Beschränkung auf ihr Fachgebiet auffielen als durch schrilles Auftreten, fachfremden Humbug, Panikmache und überhebliches Abkanzeln von Gegenmeinungen. Den zwei führenden Vertretern dieser Experten-Gattung möchte ich noch kurz ein paar Zeilen widmen.

Das Orakel

Schnell entwickelte sich der Berliner Virenforscher Prof. Dr. Christian Drosten zum deutschen Corona-Lieblingsexperten mit enormem politischem Einfluss. Sein Fachgebiet liegt in der Erforschung von Gensequenzierungen neuer Viren und der Entwicklung dazu passender PCR-Nachweistests. Auf diese enge Fachexpertise hätte er sich lieber beschränken sollen. Doch stattdessen gefiel er sich in der Rolle des allwissenden Corona-Hohepriesters und verkündete in Interviews, Politikberatung, Podcast, Talkshows, Pressekonferenzen das aktuelle Grusel-Orakel des Tages mit angeblich drohenden gigantischen Opferzahlen. Dabei brachte er immer wieder das Kunststück fertig, sich selbst tags darauf komplett zu widersprechen. Kein neues Phänomen für ihn. Schon 2009, im Jahr der Schweinegrippe, war er Teil des Teams Panik und Impftreiber und lag damit völlig daneben. Seine Beteiligung an der Vertuschungsaktion der Virologen wirft erhebliche Fragen auf. Er war in Deutschland derjenige, der auf die Entschärfung der Laborthese hinwirkte. Früh hat er sich als Unterzeichner weiterer Wahrheitsaufrufe an der Unterdrückung einer echten wissenschaftlichen Diskussion beteiligt.

Tausende erfahrene und solide Wissenschaftler und Ärzte, die vor den Gefahren der Pandemie-Politik eindringlich warnten, von den vier Chemikern, die in einem offenen Brief die Aufklärung schwerer Qualitätsmängel der Impfchargen forderten, den interdisziplinären Positionspapieren von Prof. Schrappe, den vielen verschiedenen Aufrufen tausender Ärzte bis zu den über 900.000 Unterzeichnern der *Great-Barrington-Erklärung*, ausgehend von Stanford- und Harvard-Professoren, all dies hatte keine Chance gegen die Lichtgestalt Drosten. Alles „Pseudoexperten“, seinem Urteil nach.

Jemand hätte ihn vor sich selbst schützen sollen. So ist er, wenngleich wahrscheinlich nicht juristisch, aber ganz sicher persönlich für die tödlichen Schäden, die seine Politikberatung und mediale Stimmungsmache angerichtet hat, mitverantwortlich zu machen. Kein Wunder, wenn ihn aufgebrachte Menschen auf einem Campingplatz lautstark darauf hinweisen. Dann fühlt er sich zu Unrecht angegriffen und droht mit Klage. Dabei ist er nur in der Wirklichkeit der Gegenmeinungen angekommen, denen er auf wissenschaftlicher Ebene immer ausweichen konnte.

Der Endemieleugner

Karl Lauterbach lieferte sich mit Christian Drosten einen beeindruckenden Zweikampf um die kürzeste Halbwertszeit belastbarer Aussagen. 2022 verdrängte er dann Drosten vom medialen Experten-Thron. Was will man eigentlich noch zu Lauterbach sagen? In „Der Staatsvirus“ habe ich seinen seltsamen beruflichen Lebensweg genauer beschrieben. Seine äußerst ungewöhnliche Berufung als Professor in Köln, das jahrzehntelange Versteckspiel seiner mehr als dürftigen Harvard-Doktorarbeit. Seine nachfolgenden Aktivitäten, bei denen er als Lobbyist die Seiten wechselte wie andere die Mund-Nasen-Bedeckung. Heute inszeniert er sich als Kämpfer für eine bessere, solidarische Versorgung und kritisiert die zunehmende Ökonomisierung des Gesundheitswesens. Doch tatsächlich war er als Chefberater seiner Vorgängerin Ulla Schmidt vor 15 Jahren einer der wesentlichen Treiber dieser unseligen Entwicklung.

Das faszinierendste an ihm ist jedoch sein Drang zur Panik. Die Prophezeiung kommender Katastrophen ist für ihn Lebenselixier. Dafür gibt er alles und opfert ganze Nächte, um in der nächsten Studie den einen Halbsatz zu finden, der irgendwie zum Fürchten einlädt. Ob im Rest der Studie dann das glatte Gegenteil seiner Schnellschüsse steht, egal, Hauptsache es wird schlimm. Als Fan der nächsten Killervariante gibt es für ihn kein Ende der Pandemie (Betonung auf Pan). Und auch die Klimahysterie ist bei ihm in guten Händen. Er ist das Sinnbild der sprichwörtlichen German Angst. Doch die Berufung als Gesundheitsminister ist die bisher einzige seiner herbeigesehnten Katastrophen, die tatsächlich eingetreten ist.

Die Wirklichkeitsbekämpfung im Deutschen Bundestag

Das Infektionsschutzgesetz verpflichtet seit 18. November 2020 die Kassenärztlichen Vereinigungen, ihre Diagnosedaten an das Paul-Ehrlich-Institut (PEI) zu übermitteln. Gemäß der EU-Verordnung 507/2006 soll das PEI diese Daten für eine besonders strenge Überwachung der Sicherheitslage der neuen Genimpfstoffe nutzen. Doch dies ist bis heute nicht geschehen, obwohl es an eindeutigen Hinweisen für ein erhebliches Problem nicht mangelte. Was Sie nun lesen, ist ein Schmierentheater, welches in den vorläufigen Tiefpunkt der parlamentarischen Wirklichkeitsverweigerung mündet.

Wer warnt, wird entlassen

Im Februar 2022 ließ der Vorstand der ProVita-Krankenkasse Andreas Schöfbeck die Daten seiner 11 Millionen Versicherten analysieren. Er fand Hinweise für eine *„sehr erhebliche Untererfassung von Verdachtsfällen für Impfnebenwirkungen"* und bat das PEI schriftlich, diese Analyse sehr ernst zu nehmen. Als Ergebnis folgte eine mediale Verleumdungskampagne – und die Entlassung Schöfbecks. Später wurde seine Analyse durch die Gesamtzahlen der Kassenärztlichen Vereinigungen bestätigt. Es handelt sich um einen Anstieg abgerechneter Impfnebenwirkungen von 0,25% in den Vorjahren zu aktuell 1,4%. Der bereits erwähnte Datenanalyst Tom Lausen analysiert Krankenkassendaten schon lange und wies mehrfach als Sachverständiger im Gesundheitsausschuss des Bundestags auf einen massiven Anstieg vieler Diagnosen seit Beginn der Covid-Impfkampagne hin. Am 22. April 2022 hatte ich selbst Gelegenheit, in diesem Gremium eindringlich an die Abgeordneten zu appellieren, diese Sicherheitssignale endlich ernst zu nehmen. All diese Warnhinweise lagen dem deutschen Parlament somit schon lange vor.

Der Dienstherr bestätigt den Gesetzesbruch und… tut nichts

Im April und Mai 2022 fragt der AfD-Parlamentarier Martin Sichert nach, ob inzwischen KV-Daten an das PEI übermittelt worden seien. Die Antwort aus dem Gesundheitsministerium: *„Nein, bislang fanden keine Gespräche der Kassenärztlichen Vereinigungen hinsichtlich der Datenübermittelung […] mit dem Paul-Ehrlich-Institut statt."* Sichert verlangte daraufhin von der Kassenärztlichen Bundesvereinigung (KBV) die Übermittlung aller (!) Diagnose-Codes der Patienten, die in den Jahren 2016 bis 2021 behandelt und von niedergelassenen Ärzten in Deutschland abgerechnet wurden. Im November 2022 schickte die KBV schließlich die Daten (unprofessionell per PDF-Datei). Tom Lausen wurde beauftragt, die Daten auszuwerten. Das Ergebnis wurde am 12. Dezember 2022 in einer Pressekonferenz der AfD von Tom Lausen selbst vorgestellt. In erschreckender Weise belegen diese Daten einen starken Anstieg der plötzlichen, unerwarteten Todesfälle seit dem 1. Quartal 2021, der weiter anhält. Allein für diese Diagnose ergibt dies für 2021 über 30.000 Todesfälle. Da ein zeitlicher Bezug zum Beginn der Covid-Impfkampagne herrscht, äußerte Sichert den Verdacht, dass diese Todesfälle mit der Genimpfung zusammenhängen können, und fordert ein Aussetzen der Covid-Impfungen, bis der Sachverhalt geklärt ist.

Reaktion der Krankenkassen

Am selben Tag gab die Kassenärztliche Bundesvereinigung (KBV) eine kurze Stellungnahme ab: Anhand der Abrechnungscodes ließen sich keine kausalen Zusammenhänge zwischen Covid-Impfungen und Todesfällen herstellen. Einen kausalen Zusammenhang hat Lausen in der Medienkonferenz allerdings nicht behauptet, sondern eine Abklärung derselben gefordert. Den plötzlichen Anstieg an Todesfällen bestreitet die KBV in ihrer Stellungnahme nicht, sieht aber eine andere Ursache, die sie nun selbst als kausal darstellt. *„Aus Sicht der KBV handelt es sich bei der dargestellten Zunahme der Todesfälle größtenteils um eine pandemiebedingte Übersterblichkeit."* Auf die Idee, dass diese kühne Behauptung die Wirksamkeit der Genimpfung infrage stellt, kam die KBV allerdings nicht. 2021 betrug die Impf-Quote über 70%. Außerdem: Handelte es sich um Covid-Tote, wären sie ganz sicher auch in dieser Kategorie geführt worden und nicht als „plötzlich und unerwartet" Verstorbene.

Einen Tag später, am 13. Dezember 2022, veröffentlicht das „Zentralinstitut für die Kassenärztliche Versorgung" (ZI) eine Stellungnahme und eine „wissenschaftliche Einordnung". Anders als die KBV bestreitet das ZI nun die Zunahme an Todesfällen. Die Daten würden „keine Auffälligkeiten" in Bezug auf die plötzlichen Todesfälle zeigen, schreibt das ZI, und präsentiert eine Grafik, um seine Aussage zu untermauern. Tatsächlich nehmen die plötzlichen Todesfälle dort nicht zu. Auf welchen Grunddaten diese Grafik beruht, teilt das ZI allerdings nicht mit. Der Widerspruch – die KBV bejaht eine plötzliche Zunahme von Todesfällen, das ZI sieht keine – wird weder von der KBV noch vom ZI aufgelöst.

Lebende Tote

Das ZI behauptet außerdem, Sichert habe nur die Daten von Patienten erhalten, die im Jahr 2021 beim Arzt waren. Insofern sei der Vergleich von Todesfällen im Jahr 2021 mit denen des Vorjahres nicht möglich, denn wer 2021 beim Arzt war, kann in den Vorjahren nicht gestorben sein. Doch Sichert fragte die KBV ausdrücklich auch nach den Daten der vor 2021 Verstorbenen. Das ZI geht also von einem Fehler der KBV bei der Datenübermittlung aus. Aber wie will es dann erklären, dass z.B. die Diagnose Erstickungstod in den Jahren 2016-2021 pro Jahr in diesen Daten gleich häufig vorkommt, mit leichtem Anstieg aufgrund der alternden Gesellschaft? Laut ZI müssten die Toten vor 2021 noch leben. Auch dem sprunghaften Anstieg der Diagnose plötzlicher Tod 2021 geht in den Jahren 2016–2020 zwar eine deutlich niedrigere Anzahl voraus, aber eben nicht null. Das ZI behauptet nun, das liege an Eingabefehlern. Sprechen wir jetzt plötzlich über hunderttausende falsche Diagnoseeingaben der KBV, was die Zuverlässigkeit des gesamten Erfassungssystems infrage stellen würde? Wer möchte hier eigentlich wen für dumm verkaufen?

Reaktion PEI

Am 16. Dezember 2022 verschickt das PEI eine mehrseitige Information an Medien: Bei der Analyse von Lausen handle es sich um Fehlinterpretationen, welche „die Bevölkerung irreführen“ würden. Das PEI habe zwar „frühzeitig“ eine Studie mit den großen Krankenkassen geplant, allerdings sei es ihm erst „kürzlich gelungen“, eine große Kasse dafür zu gewinnen. Dr. Thomas Voshaar, Präsident des Verbandes Pneumologischer Kliniken, der schon das Problem der strategischen Frühintubation weltweit ins Bewusstsein brachte, sprach in der Welt dazu von einem Skandal, dass bezüglich der mRNA-Impfung eine besonders aufmerksame Beobachtung von Wirkungen und Nebenwirkungen in Deutschland fehle. Wörtlich: *„Noch schlimmer und eigentlich von kriminellem Charakter ist das Ignorieren von Daten. Oder sie gar nicht erst regelgerecht zu erheben.“*

Reaktion Medien

Wer nun erwartete, dass Medien diesen unfassbaren Medizinskandal thematisieren und die Entlassung des PEI-Chefs Prof. Dr. Klaus Cichutek fordern würden, wurde wieder mal enttäuscht. Sie machten sich stattdessen über die „falschen Horrorzahlen der AfD" lustig und framten Tom Lausen als rechts. In deutschen Wohnzimmern und Smartphones kommt weiter an: Die Impfstoffe sind sicher, die Kritiker sind Nazis.

Ich kenne Tom Lausen persönlich. Es geht ihm nicht um Politik, erst recht nicht um Parteipolitik. Er hätte die Daten gerne auch im Auftrag von Grünen, SPD, CDU oder der FDP analysiert und vorgestellt. Doch die einzige Partei, die sich derzeit für einen sachlich richtigen Umgang mit den Risiken der Genimpfung einsetzt, ist nun mal die AfD. Ohne sie wäre der Skandal um das PEI und dessen Dienstherrn, das Gesundheitsministerium, nicht in dieser Klarheit aufgedeckt worden.

Bundestagsdebatte

Ebenfalls am 16. Dezember 2022 fand eine aktuelle Stunde des Bundestages zu Nebenwirkungen der Corona-Impfung statt. Diese Debatte entwickelte sich zu einem Zeitdokument der anmaßenden Verdrängung bitterer Wahrheiten. Obwohl das PEI seinen gesetzlichen Auftrag ignoriert und damit ganz offensichtlich die Gesundheit der Bürger gefährdet, obwohl es mehr als ernste Sicherheitssignale gibt bei mutmaßlich bereits hunderttausenden Geschädigten, sind die Parlamentarier nicht in der Lage, endlich das Ruder herumzureißen und sich der Wirklichkeit zu stellen. Anstatt das PEI zu kritisieren und den Gesundheitsminister aufzufordern, endlich die gesetzliche Sicherheitsvorgabe beim PEI durchzusetzen, echauffieren sich die Abgeordneten von SPD, Grünen, FDP, CDU und Linke über die Kritik an den Corona-Maßnahmen und der Genimpfung. Begriffe wie „Pseudowissenschaft", „Fakenews", „destruktiv", „Verunsicherung", „undemokratisch", „Desinformation", „Haben-Sie-noch-alle-Tassen-im-Schrank", „dubiose Experten" und „Hetze" fallen. Tom Lausens Integrität wird infrage gestellt. Er sei ein Scharlatan, oder wie ein besonders humorbegabter CDU-Politiker meinte, ein Datensalafist. Ein SPD-Abgeordneter, selbst Arzt, verstieg sich zu der Aussage: *„Er nennt sich Datenanalyst. Ich sage bewusst, er ist ein Datenverfälscher."* Den Nachweis dieser Ungeheuerlichkeit bleibt der Kollege freilich schuldig.

Ich habe mir auch die einstündige Aufzeichnung der Debatte angesehen. Man erkennt ein Feixen und hämisches Lachen im Plenum, immer wenn Redner Partei für die Lockdown- und Impfopfer nehmen. Manche meiner ca. 50 behandelten Genimpfopfer haben ihre Abgeordneten angeschrieben, verbunden mit der Bitte, sie endlich ernst zu nehmen. Anstatt dieses Leid wahrzunehmen, machen viele Parlamentarier lieber Witze darüber und lachen Genimpfopfern damit direkt ins Gesicht.

Die tiefe Gefahr der Wirklichkeitsverweigerung

Die große Philosophin und Historikerin Hannah Arendt, die vor der Schreckensherrschaft der Nationalsozialisten aus Deutschland fliehen musste, widmete einen großen Teil ihrer Arbeit der Frage, wie totalitäre Herrschaftssysteme entstehen können. In ihren Werken beschreibt sie die Unterdrückung der freien Debatte als eine der Grundvoraussetzungen, die sich anfangs oft schleichend entwickelt. Dem Begriff des radikal Bösen setzte sie die These von der „Banalität des Bösen" entgegen. Als sie erstmalig nach dem Krieg Deutschland besuchte, hielt sie ihre Gedanken in dem Essay „Besuch in Deutschland" fest. Daraus stammt folgendes Zitat:

„Die größte Gefahr in der Moderne geht nicht von der Anziehungskraft nationalistischer und rassistischer Ideologien aus, sondern von dem Verlust an Wirklichkeit. Wenn der Widerstand durch Wirklichkeit fehlt, dann wird prinzipiell alles möglich."

Bis zu dem Tag, an dem ich diese Zeilen schreibe, streiten die Regierung, die Mehrheit des Parlaments, die obersten Gerichte, die Chefredaktionen der etablierten Medien und die Funktionseliten der Gesellschaft, inklusive Wissenschaftsverbände, Kirchen und diverser Ethik-Kommissionen, die Wirklichkeit in der Corona-Krise vehement ab. Sie bekämpfen sie regelrecht, indem sie versuchen, die freie öffentliche Debatte darüber zu verhindern, bis hin zur offenen Zensur und Verleumdung der kritischen Stimmen. Sogar vor politisch motivierter strafrechtlicher Verfolgung schrecken sie nicht zurück. Der Organisator der Querdenker-Demonstrationen, Michael Ballweg, sitzt ohne belastbare juristische Begründung seit über sechs Monaten in Untersuchungshaft. Die Querdenker-Demos haben es geschafft, trotz widrigster Umstände Hunderttausenden die Gelegenheit zu geben, vor allem 2020 ihren Protest gegen die Corona-Maßnahmen friedlich und demokratisch auf die Straße zu bringen. Dabei muss nicht jedem gefallen, was einzelne Redner auf den Podien von sich gaben. Aber der Kern dieses Protestes war zutiefst demokratisch und das Ansinnen ist unbedingt notwendig. Ich äußere mich zu offenen juristischen Verfahren nicht leichtfertig. Aber wer sich mit den bekannten Fakten beschäftigt, kann leicht zu dem Schluss kommen, dass Ballweg für seine erfolgreiche Oppositionsarbeit büßen soll. Mit dem Wortungetüm „Delegitimierung des Staates" fordern Minister und der Chef des Verfassungsschutzes nun sogar, Kritiker der offiziellen Regierungswahrheiten vom Verfassungsschutz beobachten zu lassen. Wie weit werden sie noch gehen? Das Pochen auf die Wirklichkeit wird immer notwendiger, um dieser autoritären Entwicklung, die wieder alles möglich machen kann, entgegenzutreten – jederzeit und überall.

Realitätsverweigerung schützt nicht vor Schuld – sie vertieft sie

Doch zurzeit beißt man damit noch auf Granit. In vielen Diskussionen musste ich erkennen, dass selbst die eindeutigsten Argumente brüsk und überheblich abgeblockt werden. Wenn ich Abgeordnete, Landräte, Ärztevertreter oder Chefredakteure auf die Zahlen der Leibniz-Analyse (siehe Kapitel 1) hinweise, die die historische Unterbelegung der Krankenhäuser inklusive Intensivabteilungen bei minimalem Covid-Anteil beweisen, wenn ich ihnen sogar diese Zahlen direkt auf der Internetseite des Gesundheitsministeriums zeige, glauben sie immer noch, sich mit banalen, längst widerlegten Gegenargumenten vor der Wirklichkeit drücken zu können. Trotz überwältigender Berichte von ernsten Nebenwirkungen der Genimpfung, trotz erschreckender Zahlen selbst der offiziellen Meldesysteme, trotz über tausend wissenschaftlicher Publikationen, die sich damit befassen, lehnt die Bundesregierung auf Anfrage die Existenz des Post-Vac-Syndroms immer noch ab und spricht von Long-Covid.

Angesichts der größten Verwerfung in der Geschichte der Bundesrepublik wurde die anhaltende Ablehnung der Wirklichkeit selbst zur tödlichen Gefahr – und das mit Vorsatz. Denn sie wollten es nie wissen.

Fazit

Die Ausrede, man habe 2020 nicht wissen können, dass die Corona-Maßnahmen unnötig und schädlich sind, ist eine reine Schutzbehauptung, um sich vor der Wirklichkeit zu drücken. Doch genau diese Realitätsverweigerung hat die Corona-Krise erst zu einer Katastrophe werden lassen. Denn in Wirklichkeit standen ausreichend Ressourcen und Wissen zur Verfügung, um schon im März 2020 zu erkennen, dass wir es mit einer relativ normalen Grippewelle zu tun haben.

Hochqualifizierte Fachleute aus Forschung, Lehre oder Ministerien, die die Regierung auf ihre Fehleinschätzungen aufmerksam machen wollten, mussten erleben, wie sie brutal mundtot gemacht wurden. Viele bekamen berufliche Schwierigkeiten bis hin zur Kündigung oder wurden gar im deutschen Parlament aufs Übelste verhöhnt.

Wer mit dieser Konsequenz und Gewalt Sachwissen unterdrückt, der nimmt den zu erwartenden Schaden mit Vorsatz in Kauf.
Eine große Mitverantwortung tragen mächtige Kreise innerhalb der Wissenschaft, deren Verstrickungen mit dem in Kapitel 5 und 6 beschriebenen Biowaffen-Netzwerk offensichtlich ihren Tribut einforderten. Denn ohne ihr Mitmachen wäre der Hype wirkungslos verpufft.

Kapitel 9

Hall of Shame – Die gezielte Entmenschlichung der Kritiker

Die Aggressivität, mit der gegen Kritiker der Corona-Maßnahmen vorgegangen wurde, war außergewöhnlich. Sie wird erklärbar durch eine psychologische Massendynamik, die man Gruppenmoralismus nennt. Der evolutionäre Sinn dieses Phänomens ist das Gruppen-Überleben in Extremsituationen auf Kosten anderer.

Stellen Sie sich zwei Steinzeit-Dörfer in einem einsamen Tal vor. Nahrung und Wasser werden knapp, nur ein Dorf wird überleben. Es wird das sein, welches das andere zuerst überfällt und erschlägt. Dazu muss der genetisch verankerte Tötungsskrupel gegenüber den Artgenossen überwunden werden. Doch das ist nicht so einfach. Vielleicht wurden zuvor mit dem Nachbardorf Feste gefeiert und es bestehen sogar verwandtschaftliche Beziehungen. Deshalb muss sich das Täterdorf als ersten Schritt moralistisch über die Nachbarn überhöhen.

Dazu dient eine höhere Sache, mit der man sich von den anderen unterscheiden kann. Doch egal ob Herkunft, Hautfarbe, Glaube oder Moral, der Grund des Überlegenheitsanspruchs ist austauschbar. Es geht nur darum, das Gefühl, bei den Richtigen zu sein, so lange zu pushen, bis die Gruppe sich überlegen fühlt und die anderen als Untermenschen abqualifizieren kann. Derart aufgepumpt von moralistischer Selbstüberhöhung können Menschen so den Tötungsskrupel überwinden und ihre Interessen brutal durchsetzen. Es liegt in der Natur des Gruppenmoralismus, einen Massenwahn zu erzeugen, der Vernunft und Empathie abschaltet, denn das Ziel ist letztlich die Vernichtung des Gegners. Während Angst Menschen leicht manipulierbar macht, können Menschen durch den Gruppenmoralismus zu Tätern werden.

Gruppenmoralismus lässt sich gezielt auslösen

Alle Völkermorde basieren auf einem Gruppenmoralismus. Hexenverfolgung, Kreuzzüge, die Vernichtung des armenischen Volkes, der Ruanda-Bürgerkrieg, der Gulag und das schlimmste Menschheitsverbrechen, das je von deutschem Boden ausgegangen ist, die Massenvernichtung von Mitmenschen aufgrund ihrer jüdischen Familienherkunft, wurden nur möglich durch kollektive Raserei in der Überzeugung, das „Richtige" zu tun.

Jeder von uns besitzt diese teuflische Fähigkeit. Das zeigen psychologische Experimente, in denen viele Menschen bereit waren, andere zu foltern, wenn es einer guten Sache dient und sie von einer Autorität dazu aufgefordert wurden (in diesem Fall handelte es sich natürlich um einen Fake-Stromschlag und die „Opfer" waren Schauspieler). Fragt man nach dem heutigen Sinn dieser destruktiven Kraft, lehnen sich die Evolutions-Soziologen entspannt zurück. Ihrer Ansicht nach neigen Gesellschaften nach einer Weile stets zur Selbstzerstörung, damit danach wieder Neues aufgebaut werden kann. Na, prima.

Gruppenmoralistisches Verhalten kann auch gezielt geschürt werden. In dem bereits zitierten WHO-Artikels „A World at Risk", fordern die Autoren *„multilaterale Institutionen müssen für [...] geeignete nicht-pharmazeutische Interventionen sorgen."* Was meinten die Vertreter der Biowaffen-Lobby damit: Abstand halten, Quarantäne, Masken, oder vielleicht mehr?

Die Vorbereitung des Covid-Massenwahns

Im Juli 2020 startete eine psychologische Studie der US-Eliteuniversität Yale (James EK, Vaccine, 2021). Zu einer Zeit, in der eine Zulassung der Genimpfstoffe unter seriösen Bedingungen in weiter Ferne lag. Der Auftrag war, herauszufinden, welche Botschaften Menschen am effektivsten motivieren, sich selbst gegen Covid-19 impfen zu lassen und andere ebenfalls davon zu überzeugen.

4.000 Teilnehmer wurden in Gruppen von jeweils 300 eingeteilt und verschiedenen Botschaften ausgesetzt. Die effektivsten waren:

- Stellen Sie sich vor, wie peinlich und beschämend es für Sie wäre, wenn Sie sich nicht impfen lassen und Covid-19 auf jemanden übertragen würden, der Ihnen wichtig ist.
- Die Menschen, die eine Impfung ablehnen, sind in der Regel unwissend oder verwirrt über die Wissenschaft.
- Denken Sie daran, dass jede Person, die sich impfen lässt, die Wahrscheinlichkeit verringert, dass wir unsere Freiheiten verlieren oder die Regierung uns wieder einsperrt.
- Doch der absolute Spitzenreiter war die Botschaft, die die ultimative Herabsetzung der Kritiker ermöglichte: Menschen, die sich weigern, sich gegen Covid-19 impfen zu lassen, sind rücksichtslos. Wer sich nicht impfen lässt, riskiert die Gesundheit seiner Familie, seiner Freunde und seiner Gemeinschaft. Um Stärke zu zeigen, sollten Sie sich impfen lassen, damit Sie nicht krank werden und anderen Menschen, die es dringender brauchen, Ressourcen wegnehmen.

Die Autoren schlussfolgern: „*Die Betonung, dass Impfen eine prosoziale Handlung ist, erhöht nicht nur die Akzeptanz, sondern auch die Bereitschaft, andere dazu zu drängen, und zwar sowohl durch direkte Überzeugung als auch durch negative Beurteilung von Impfunwilligen.*“ Jede seriöse Wissenschaft hätte geschlussfolgert, solche Strategien tunlichst zu meiden, weil sie stets zu Übergriffen auf andere führen. Doch die Autoren meinten es ernst. Einer, der Epidemiologie-Professor Saad Omer, setzte sich später sogar für ein Impf-Abo unter Nutzung der „Nudge-Theorie“ ein (deutsch: anstupsen, gemeint ist: nötigen). Mit dieser Studie wollten die

Autoren mit voller Absicht eine gruppenmoralistische Verhaltenssteuerung als wissenschaftlich legitim etablieren.

Der Hype wird zum Menschheitsverbrechen

Finanziert wurde diese Horrorstudie vom National Center for Advancing Translational Sciences (NCATS), eines der 27 Institute des National Institutes of Health (NIH). Der damalige Chef des NIH Francis Collins war Teil des Vertuschungskartells zum Virusursprung. Geben Sie einmal in ihre Bilder-Suchmaschine die Namen Francis Collins und Bill Gates ein. Der dritte Mann, der oft mit den beiden auf dem Bild zu sehen ist, heißt Anthony Fauci.

Das alles ist kein Zufall, sondern Teil einer strategischen Planung. Die Nutzung von Elementen des Gruppenmoralismus wurde von Anfang an zur Effektivitätssteigerung der Covid-Impfkampagne eingeplant. So wurde der Impfpass zum Instrument der Einteilung in Gut und Böse. Anhand des Maskenverhaltens konnte man gut erkennen, wer sich der überlegenen Gruppe zugehörig fühlte. Es waren die Menschen, die in Bussen und Zügen andere maßregelten, die Maske aufzuziehen, sonst würden sie den Schaffner holen. Mit der gezielten Einbindung des Gruppenmoralismus nahm man somit bewusst die psychische und physische Vernichtung ganzer Menschengruppen in Kauf, die sich gegen die Corona-Maßnahmen aussprechen. Zusammen mit dem Genimpfzwang hebt dies die Covid-Impfkampagne von einem organisierten Verbrechen in die Dimension eines Verbrechens gegen die Menschheit.

Deutschland hat nichts gelernt

Die Beispiele grausamen Verhaltens Mitmenschen gegenüber, von denen das Buch bereits berichtet hat, wären ohne Verdrängung von Vernunft und Mitgefühl nicht in dieser Weise passiert. Dabei sollten ganz besonders wir wissen, was Massenwahn anrichten kann. Es ist beschämend, wie sich die deutsche Gesellschaft – allen voran Politik, Medien, Kirchen und Geistesgrößen – vor diesen Karren hat spannen lassen. Mit der ganz großen Moralkeule wurde die Genimpfung zur solidarischen Bring-Leistung sowie zum Akt der Liebe erklärt. Viele fühlten sich berufen, ihre Hypermoral zur Schau zu stellen, und entdeckten die Freude an der Denunziation. Ehemalige Kämpfer gegen das Establishment überschlugen sich in Staatshörigkeit und ergraute Rockgrößen fanden, Nichtgeimpfte seien asozial. 150 Firmen warben in ihren Firmenmottos für das Genimpfen, von Daimler („Das Impfen oder nichts") bis Otto („Impfen – find ich gut"). Die Kirchen verstiegen sich zu Slogans wie „Impfen ist Nächstenliebe".

Infolge dieser Kampagne wurden Nicht-Gengeimpfte wie Parias isoliert und ausgeladen. Es entwickelt sich eine regelrechte G2-Impf-Apartheid. Als ein beliebter Fußballer auf hartnäckige Nachfrage bekannte, nicht gengeimpft zu sein, wurde er daraufhin medial derart unter Druck gesetzt, dass er sich wie in einem mittelalterlichen Sühnetribunal genötigt sah, Abbitte zu leisten. Nicht-Gengeimpfte liefen sogar Gefahr, medizinisch schlechter oder gar nicht behandelt zu werden. Betroffene berichteten, dass Kollegen ihnen eine Behandlung verweigerten, oder sie ließen sie im Winter draußen in der Kälte bewusst lange warten. Manche Krankenhäuser debattierten ganz offen, Gengeimpfte bei der Behandlung gegenüber Nicht-Gengeimpften zu bevorzugen.

Was sich an Brutalität und Häme Bahn brach, wird die nächsten Forschergenerationen beschäftigen: Wie konnte es geschehen, wer hat mitgemacht, wer nicht und wieso? Eine Studie dazu gibt es schon. Drei Forscher der Universität Aarhus haben Aussagen zum Thema Impf-Diskriminierung von mehr als 15.000 Menschen aus 21 Ländern ausgewertet. Im Fachmagazin *Nature* wurde das Ergebnis im Dezember 2022 veröffentlicht (Bor A, Nature, 2022). Fast überall auf der Welt stellten sie eine Ausgrenzung von Gengeimpften gegenüber Nicht-Gengeimpften fest, außer in Rumänien und Ungarn. Die Autoren vergleichen die gesellschaftliche Stellung von Ungeimpften mit jener von Migranten oder Drogensüchtigen.

Nicht verschwiegen werden soll, dass es auch zu einer umgekehrten wahnhaften Ausgrenzung kommen kann. Zum Beispiel über das Thema Shedding (Übertragung von Impf-Spikes an Nicht-Gengeimpfte). Ohne das Thema komplett vom Tisch zu wischen, Pfizer selbst hält es für möglich, sollten nun andererseits Nicht-Gengeimpfte vermeiden, selbst irrationale Ängste zu schüren und mit der gleichen Häme Gengeimpfte aus ihrer Gemeinschaft auszugrenzen. Die Covid-Impfkampagne hat wahrlich die Büchse der Pandora geöffnet.

Der ganz besondere Wahnsinn – Zero-Covid

Ein noch tieferes Abgleiten in den Gruppenwahn fand unter dem Siegel No-Covid (auch Zero- oder Null-Covid) statt. Australien, Neuseeland und China stehen vor den Trümmern dieser komplett irrationalen Ideologie. Doch Deutschland war nicht so weit davon entfernt, mitzumachen. Ausgerechnet das totalitäre China galt lange als das Vorbild einer gelungenen Pandemiepolitik. Angela Merkel wünschte sich 2020 öffentlich mehr China und weniger Querdenker, kurz bevor im November der Lockdown weiter verschärft wurde. *„Ein sehr guter Anfang"*, meinte Christian Drosten auf Twitter, wo er eine am 20. Januar 2021 in der Zeit vorgestellte No-Covid-Kampagne empfahl. Am 18. Januar 2021 wurde im Web und in der Zeit das No-Covid-Manifest veröffentlicht, mit dem Titel „Eine neue proaktive Zielsetzung für Deutschland zur Bekämpfung von SARS-CoV-2", publiziert unter anderem von der Virologin Melanie Brinkmann, dem Soziologen Heinz Bude, dem Physiker Dirk Brockmann, dem Ökonom Clemens Fuest und dem Mediziner Michael Hallek, Professor in Köln und stellvertretender Vorsitzender der Deutschen Gesellschaft für Innere Medizin. Diese Gruppe politiknaher Berater durfte ihren Plan sogar dem Bundeskanzleramt und den Ministerpräsidenten vorstellen. Parallel zum No-Covid-Manifest erschien am 17. Januar 2021 außerdem noch ein „ZeroCovid" genannter Aufruf, zu dessen Erstunterzeichnern der WDR-Journalist Georg Restle und die Klimaaktivistin und Weltenbummlerin Luisa Neubauer gehörten. Das totalitäre Gedankengut dieser Protagonisten ist erschreckend. Die Zero-Covid-Papiere lesen sich wie aus Orwellschen Zukunftsdystopien. Sag Solidarität und meine Unterdrückung. Einiges konnten sie mit ihrer Medienmacht und politischem Einfluss durchsetzen. Die unseligen Schulschließungen gehen vor allem auf ihre Kappe. Dass Deutschland nicht in den Zero-Covid-Wahn abdriftete, ist das Verdienst der öffentlichen Corona-Proteste, die sich trotz aller Widrigkeiten nicht unterdrücken ließen.

Die Polizeigewalt gegen Corona-Demonstranten

Die Möglichkeit, öffentlich gegen die Mächtigen zu demonstrieren, ist ein Grundpfeiler einer freien Gesellschaft. An vielen Kundgebungen und Demonstrationen gegen die Corona-Politik habe ich selbst mitgewirkt. Wie unzählige andere kann ich bestätigen, dass die Demonstranten mit überwältigender Mehrheit aus der Mitte der Gesellschaft stammten. Einen guten Teil würde man auch bei Friedensdemonstrationen verorten. Alle einte, dass sie die Corona-Maßnahmen als Angriff gegen Vernunft, Freiheit und körperliche Unversehrtheit empfanden und eine offene gesellschaftliche Debatte darüber schmerzlich vermissten. Trittbrettfahrer lassen sich nie ganz vermeiden, doch wer dabei war, weiß: Die Corona-Proteste waren konstruktiv, friedlich und lautstark, und damit einer freiheitlichen Demokratie würdig.

Unwürdig war dagegen die verzerrte mediale Berichterstattung. Man bekam den Eindruck von regelrechten Nazi-Aufmärschen. Zusätzlich lieferten mehr als unbedachte Äußerungen wie die des Bundespräsidenten (*„Der Spaziergang hat seine Unschuld verloren“*) die Corona-Demonstranten der allgemeinen Aggression aus. Die Stimmung wurde derart angeheizt, dass offensichtlich auch die Hemmschwellen innerhalb des Polizeiapparats sanken. Das brachiale Aufgebot schwerstbewaffneter Beamter inklusive Wasserwerfer sollte bewusst einschüchtern. Demonstranten, darunter viele ältere Menschen, wurden massenweise von Polizisten brutal zu Boden gestoßen, gefesselt, abgeführt und später zu einer Ordnungsstrafe verurteilt. Auch gab es offenbar Agents Provocateur, die sich medienwirksam aggressiv gegen die Ordnungskräfte aufführten, wie in einem Video des Journalisten Boris Reitschuster festgehalten ist.

Diese Übergriffe fielen auch dem UN-Folter-Sonderberichterstatter auf, dem Schweizer Rechtswissenschaftler Nils Melzer. In einem 16-seitigen Schreiben an die Bundesregierung spricht er neun Fälle exzessiver Polizeigewalt an. Zum Beispiel wurde in Dresden ein aus dem Grundgesetz rezitierender Mann attackiert, als er auf sein Fahrrad steigen wollte. In Berlin wurde ein gewaltloser 75-Jähriger von hinten angegriffen, zu Boden geworfen und schwer verletzt, weil er die Durchfahrt von Polizeifahrzeugen behindert hatte. Ebenfalls in der Hauptstadt wurde eine nicht gewalttätige Frau in lebensgefährlicher Weise zu Boden geworfen. Wörtlich: *„Insbesondere die Standardpraxis der deutschen Polizei, ungehorsame, aber gewaltlose Demonstranten zu Boden zu zwingen oder zu werfen, verstößt gegen die Erfordernis der abgestuften Gewaltanwendung und bringt unnötige und unverhältnismäßige Risiken von Körperverletzungen sowie unnötige Demütigungen mit sich."* Er wirft der Polizei *„eine grausame und unmenschliche Behandlung und in einigen Fällen sogar Folter"* und den Justizbehörden Messen mit zweierlei Maß vor. Hunderte Demonstranten mussten ein Bußgeld zahlen, während bundesweit nur ein Polizist verurteilt wurde. Melzers Schreiben blieb unbeantwortet. Die Polizei darf sich nicht wundern, wenn Bürger ihr in Zukunft mit großer Zurückhaltung begegnen. Ihr Image als Freund und Helfer hat sie selbst grundlegend beschädigt.

Gratismut der Hypermoral

Geradezu grotesk wirkt es, wenn ausgerechnet in Deutschland diese Entmenschlichung von Corona-Kritikern im Namen von „Antifaschismus" und „Kampf gegen rechts" erfolgt. Es ist eine Unsitte der heutigen Zeit, das Andenken an die Opfer des Nationalsozialismus politisch zu missbrauchen, um unbequeme Meinungen höchst undemokratisch aus der Debatte auszuschließen. Doch Vernunft ist nicht links und auch nicht rechts, Vernunft ist vernünftig. Wird sie verleumdet und ausgegrenzt, kann es nur schiefgehen.

In meiner Heimatstadt erdreistete sich z.B. ein Landrat unter dem Slogan „Herz statt Hetze", öffentlich Corona-Spaziergänger mit den Mitläufern des Dritten Reichs zu vergleichen. Diese Pose des Kämpfers gegen rechts wirkt umso anmaßender angesichts der institutionellen Macht im Rücken, die die Demonstranten in Form von an den Haaren herbeigezogenen Ordnungsstrafen und beruflichen Nachteilen zu spüren bekamen. Die Frage darf erlaubt sein, wie man Hass und Hetze bekämpfen will, wenn man diese Mittel selbst anwendet. So wurden überall in Deutschland unter dem Beifall der Honoratioren und mit tatkräftiger Unterstützung der Lokalredaktionen kritische Mitmenschen verleumdet und verstoßen. Schlimmer kann man eine Gesellschaft nicht spalten.

Während der Corona-Krise brauchte es sehr viel Selbstvertrauen, Energie und Mut, um sein Recht auf eine andere Meinung wahrzunehmen. Auch um dem unmenschlichen Impfdruck standzuhalten. Dieser spaltete Ehen, Familien, Freundschaften und Arbeitskollegen. Viele ließen sich gegen ihre Überzeugung impfen. Manche leichtfertig, weil sie in Urlaub fahren wollten. Viele aber, weil ihnen mit Jobverlust gedroht wurde. Viele, weil sie sonst ihre Kinder nicht hätten besuchen können oder ihren kranken Ehepartner im Krankenhaus. Viele auch, weil sie die Denunziationen der Nachbarn nicht mehr aushielten. Alles offiziell im Namen der Liebe und der Solidarität.

The Hall of Shame

Nun folgen einige Originalzitate aus verschiedenen Gesellschaftsbereichen, die anschaulich dokumentieren, wie umfassend sich der Gruppenwahn unter Personen des öffentlichen Lebens ausbreiten konnte. Unter den Zitierten finden sich die üblichen Verdächtigen, die immer auf der Bühne der Guten glänzen wollen. Doch der Corona-Wahn befiel auch Personen, die sich zu anderen Themen durchaus reflektiert äußern. Es geht nicht darum, sie an den Pranger zu stellen. Am Pranger wurden in früheren Zeiten Täter öffentlich vorgeführt, *nachdem* sie verurteilt waren. Doch von öffentlich gewollter Aufklärung sind wir noch weit entfernt. Die allermeisten derjenigen, die an prominenter Stelle die unfassbaren Übergriffe mitbefeuerten, weisen immer noch jede Verantwortung von sich, schon gar nicht entschuldigen sie sich dafür. Deswegen folgt nun eine kleine Erinnerung.

Politik

Friedrich Merz, CDU, 23.11.2021:
„Diejenigen, die sich aus, ja warum, lauter Vorbehalten, weil sie Corona leugnen, weil sie notorische Impfgegner sind, kann man sagen: Ok. Aber dann nehmt ihr hier am öffentlichen Leben nicht mehr teil.“

Rainer Stinner, FDP, 4.8.21 (bei Twitter, später gelöscht)
*„Kein Impfgegner wird wie ein Staatsfeind behandelt.
Er darf nur, hoffentlich bald, nicht mehr unter die Leute gehen, weil er ein gefährlicher Sozialschädling ist."*

Frank-Walter Steinmeier, Bundespräsident, 12.11.21:
„Diejenigen, die sich nicht impfen lassen, [...] gefährden uns alle."

Robert Habeck, Grüne, im ZDF-Sommerinterview, 8.8.21:
„Es wird einen Unterschied geben im Zugang von Rechten und in der Freiheit des Lebens zwischen den Geimpften und Ungeimpften."

Jens Spahn, Gesundheitsminister, 22.11.21
„Wahrscheinlich wird am Ende dieses Winters so ziemlich jeder in Deutschland geimpft, genesen oder gestorben sein."

Dr. Janosch Dahmen, MdB Bündnis 90/Die Grünen, 29.8.22:
„Es sind schreckliche Videos, die offensichtlich von Beamten der #BerlinerFeuerwehr verbreitet werden. Voller Verachtung für Wissenschaft, Demokratie & frei von Empathie für >140.000 Corona-Verstorben in DE. So jemand hat weder im Staatsdienst noch Gesundheitswesen etwas verloren."

Marie-Luise („Malu") Dreyer,
Ministerpräsidentin Rheinland-Pfalz, 17.12.21:
„Also Ungeimpfte sollen nach unserer Verordnung gar nicht feiern. Die dürfen sich eigentlich nur mit Ungeimpften treffen im eigenen Hausstand oder mit zwei Personen aus einem anderen Hausstand."

Tobias Hans, Ministerpräsident des Saarlandes, 9.12.21
bei Maybrit Illner:
„Es ist wichtig den Ungeimpften eine klare Botschaft zu senden: Ihr seid jetzt raus aus dem gesellschaftlichen Leben."

Volker Bouffier, Ministerpräsident Hessen, 3.12.21:
„Auch keine Kultur-und Freizeitangebote mehr für Ungeimpfte“

Daniel Günther, Ministerpräsident Schleswig-Holstein, 29.22.21:
„Ich finde, dass sich Ungeimpfte gar nicht treffen sollten in diesen Zeiten, um das Virus nicht weiterzuverbreiten.“

Winfried Kretschmann, Ministerpräsident Baden-Württemberg, 25.6.21:
„Wir sollten also einmal grundsätzlich erwägen, ob wir nicht das Regime ändern müssen, sodass harte Eingriffe in die Bürgerfreiheiten möglich werden, [...] um die Pandemie schnell in den Griff zu bekommen.“

Dr. Karl Lauterbach, SPD, Gesundheitsminister
28.10.20: *„Die Unverletzbarkeit der Wohnung darf kein Argument mehr für ausbleibende Kontrollen sein.“*
15.11.21: *„Das gesamte öffentliche Leben muss auf 2G reduziert sein. Die Kontrollen mit Strafen, unangenehm und teuer, ich weiß, sind das zentrale Mittel. Die Ungeimpften müssen das ertragen, weil, wenn man ehrlich ist, sie auch mit dem Leben der anderen spielen.“*
21.11.21: *„Besser wäre jetzt zusammenhalten, alle gegen Impfgegner.“*

Marie-Agnes Strack-Zimmermann, FDP, 15.11.21:
„Ungeimpfte dürfen nicht als Minderheit die Mehrheit terrorisieren.“

CSU-Generalsekretär Markus Blume, 21.1.22:
„Freiheit heißt Impfpflicht für alle.“

Medien

Rainald Becker, TV-Journalist, ARD, SWR, in den *tagesthemen*, 6.5.20
„All diesen Spinnern und Coronakritikern sei gesagt: Es wird keine Normalität mehr geben wie vorher.“

Christian Vooren, *ZEITonline*, 19.11.21:
„Was es jetzt braucht, ist nicht mehr Offenheit, sondern ein scharfer Keil. Einer, der die Gesellschaft spaltet... Richtig und tief eingeschlagen, trennt er den gefährlichen vom gefährdeten Teil der Gesellschaft."

Nikolaus Blome, Politik-Chef RTL, n-tv, 7.12.20
„Ich hingegen möchte an dieser Stelle ausdrücklich um gesellschaftliche Nachteile für all jene ersuchen, die freiwillig auf eine Impfung verzichten. Möge die gesamte Republik mit dem Finger auf sie zeigen."

Max Boedekker, *Bild*, 13.10.21:
„Denn wer durch dumme Verweigerung oder falsche Dokumente die Gesundheit meiner Familie gefährdet, ist kriminell und asozial."

Sarah Frühauf, MDR, *tagesthemen*, 19.11.21:
„Na herzlichen Dank! An alle Ungeimpften. Dank euch droht der nächste Winter im Lockdown. [...] „Alle Impfverweigerer müssen sich den Vorwurf gefallen lassen, an der derzeitigen Situation mitschuldig zu sein. [...] Und sie müssen sich fragen, welche Mitverantwortung sie haben an den wohl tausenden Opfern dieser Corona-Welle."

Michael Stempfle, ARD, 22.9.21:
„Der Staat muss handeln. Daher: keine Lohnfortzahlung, wenn eine nichtgeimpfte Person in Quarantäne muss, weil sie etwa Kontakt zu einem Corona-Patienten hatte. [...] Ja, wir sind jetzt an einem Punkt angekommen, wo der Staat den Druck auf Impfskeptiker erhöhen muss."

Michael Herl, Kolumnist *Frankfurter Rundschau*, 9.11.21
„Die Corona-Leugner und Impfverweigerer halten das Virus am Leben"

Jan Böhmermann, ZDF-Moderator, 29.1.22:
„Was die Ratten in der Zeit der Pest waren, sind Kinder zurzeit für Covid-19: Wirtstiere."

Susanne Knaul, Leiterin der Meinungsredaktion der *taz,* 3.9.21:
„Noch immer sind 30 Prozent der Erwachsenen nicht gegen Covid-19 geimpft. [...] Wenn es mit Zuckerbrot nicht geht, muss die Peitsche ran."

Kultur

Wolfgang Niedecken, Sänger, 10.3.22:
„Ich finde auch, es ist höchste Zeit, dass die Impfpflicht kommt. Es ist asozial, sich nicht impfen zu lassen."

Günther Jauch, TV-Moderator, 30.11.21
„Ich kann Ihnen aber auch sagen, welchen Menschen ich in diesem Jahr mit großem Unverständnis begegne: [...] alle Impfverweigerer, die mit ihrem Starrsinn zig Millionen Menschen quasi in Geiselhaft nehmen."

Andreas Läsker, Manager (Die Fantastischen Vier), 18.12.21:
„Hat jemand eine Idee, wie wir jemals aus dieser Pandemie kommen sollen, wenn sich Millionen von ultra-asozialen Vollidioten einfach nicht impfen lassen wollen?"

Sarah Bosetti, TV-Komikerin, 3.12.21:
„Wäre die Spaltung der Gesellschaft wirklich etwas so Schlimmes? Sie würde ja nicht in der Mitte auseinanderbrechen, sondern ziemlich weit rechts unten. Und so ein Blinddarm ist ja nicht im strengeren Sinne essentiell für das Überleben des Gesamtkomplexes."

Sarah Connor, 6.8.21:
„An alle Querdenker oder sonstige Vollidioten, [...] Ich verstehe einfach nicht die Leute, die jetzt noch hadern und zaudern und ich finde den Gedanken absurd."

Mike Krüger, Comedian und Entertainer, 7.7.20:
„Und zusätzlich zur Maske gibt es jetzt eine App. Wer die runterlädt ist clever, wer nicht, der ist ein Depp."

Heinz Rudolf Kunze, Musiker, 6.12.21:
„Ich finde es unerträglich, wie diese Querdenker das geistige Klima in unserem Land vergiften und die Menschen davon abhalten sich impfen zu lassen.“

Udo Lindenberg, Musiker, 27.8.20:
„Wenn die hirntoten Risikopiloten [Maskenverweigerer] durch die Aerosole zischen, wird es ganz viele noch erwischen.“

Dieter Nuhr, Comedian, Kabarettist, 18.11.21:
„Und dann sagen die Leute: Die Impfung macht aber krank. Nein! Es ist die Dummheit, die uns grade krank macht!"

Natalia Wörner, Schauspielerin, 14.11.21:
„Müsste ich einen Film drehen mit jemandem, der sich nicht impfen lassen möchte, würde ich das nicht tun.“

Medizin und Wissenschaft

Eckart von Hirschhausen, Arzt und Entertainer, 13.12.21:
„Und es gibt ja auch wirklich die Ärzte, die davon abraten. Denen müssten man meiner Meinung nach auch die Approbation entziehen.“

Prof. Dr. Melanie Brinkmann, Virologin,
Mitglied des Expertenrats, 22.11.21:
„Die Ungeimpften treiben diese Pandemie gerade“

Prof. Dr. Christian Drosten, Virologe Charité Berlin, 18.11.21:
„Covid-19 in erster Linie eine „Krankheit der Ungeimpften“

Thomas Fischbach, Kinder- und Jugendärztepräsident, 23.9.21:
„Die Warnungen vor erheblicher Gefahr durch Impfschäden sind nichts als verschwörungstheoretischer Quatsch.“

Prof. Dr. Armin Falk, Verhaltensforscher, Ökonom, Leopoldina-Forscher, 30.7.21:
„Sich nicht impfen zu lassen hat nichts mit Rationalität zu tun, sondern einfach nur mit Eigennutz. Die Allgemeinheit muss hier zahlen für die Trägheit und die Dummheit der Impfgegner. [...] Nach meinem Dafürhalten handelt es sich hier um Trittbrettfahrertum der übelsten Sorte und sollte auch als solches gebrandmarkt werden."

Prof. Christine Falk, Präsidentin Deutsche Gesellschaft für Immunologie, 26.11.21:
„Die Ungeimpften sind im Moment ein großer Treiber der Pandemie."

Dr. Marc Hanefeld, Allgemeinmedizin, Notfallmedizin, 21.8.21 bei Twitter:
„Wer vom Nürnberger Kodex faselt, und zwar irgendwie im Zusammenhang mit Corona, wird von mir als Neonazi betrachtet und konsequent geblockt sowie geächtet."

Harald Lesch, Astrophysiker, TV-Moderator, 5.12.21:
„Verhaltet Euch nicht wie Steinzeitmenschen, die von Krankheitserregern und Medizin keine Ahnung hatten. Lasst! Euch! Impfen!"

Frank Ulrich Montgomery, „Weltärztepräsident",
8.11.21 bei Anne Will: *„Denn momentan erleben wir ja wirklich eine Tyrannei der Ungeimpften..."*
18.11.21 bei Maybrit Illner: *„Die Ungeimpften grenzen sich selbst aus [...] Zuckerbrot haben wir probiert, jetzt ist Zeit für die Peitsche."*

Sport

Paul Breitner, Ex-Fußballprofi, Leiter Münchner Tafel Haidhausen, 8.11.21:
„Münchner Tafel in Haidhausen nur noch für Geimpfte"

Fredi Bobic, Geschäftsführer Hertha BSC, 23.11.21:
„Hertha BSC: Kein Gehalt für ungeimpfte Profis in Quarantäne"

Uli Hoeneß, Ehrenpräsident des FC Bayern München, 5.1.22
„Ich kann ziemlich militant werden, wenn jemand sich nicht impfen lässt. [...] Ich glaube, man muss diese Leute konsequent ausgrenzen, weil es ziemlich rücksichtslos ist, sich nicht impfen zu lassen."

Wirtschaft

Dieter Bauhaus, IHK-Präsident, 25.11.21:
„Ein Anfang könnte die Beteiligung der Ungeimpften an Kosten der eigenen Krankenhausversorgung sein."

Wolfgang Grupp, Trigema, 13.9.21:
„Wer nicht geimpft ist, muss auch mit Einschränkungen rechnen."

Kirche

Franz Sieder, Römisch-katholischer Seelsorger in Amstetten, 6.11.21:
„Grundsätzlich muss ich sagen, dass die Impfverweigerung eine Sünde ist."

Dr. Annette Kurschus, Vorsitzende des Rates der EKD, 19.11.21:
„Mit der Entscheidung gegen die Impfung gefährde ich nicht nur mich, sondern auch andere."

Pastor Ulrich Pohl, Evangelischer Theologe,
Vorstands-Chef Bethel, 1.9.22:
„Impfen ist christliche Pflicht."

Gebhard Fürst, katholische Bischof von Rottenburg-Stuttgart, 28.11.21
Laut SWR sagte der katholische Geistliche in seiner Adventspredigt, Christen könnten nicht tatenlos zusehen, Querdenkern könne das „Hosanna" nicht gelten.

Ethik und Philosophie

Alena Buyx, Vorsitzende Deutscher Ethikrat, 8.10.21:
„...natürlich keine ungerechtfertigte Ungleichbehandlung [...], weil ungeimpfte Menschen [...] sehr sehr viel mehr Gefahr bedeuten für andere.“

Wolfram Henn, Medizinethiker und Mitglied des Deutschen Ethikrats 19.12.20:
„Wer partout das Impfen verweigern will, der sollte, bitte schön, auch ständig ein Dokument bei sich tragen mit der Aufschrift: Ich will nicht geimpft werden! Ich will den Schutz vor der Krankheit anderen überlassen! Ich will, wenn ich krank werde, mein Intensivbett und mein Beatmungsgerät anderen überlassen.“

Sabine Döring, Professorin für Philosophie, Universität Tübingen, 9.8.21:
„Die dann noch verbliebenen Bockigen, Leugner und Egoisten sollten wir durch strafbewehrte gesetzliche Pflichten und Ausschluss aus bestimmten materiellen, kulturellen oder institutionellen Bereichen der Teilhabe dazu bewegen, ihre moralische Pflicht zu tun.“

Peter Sloterdijk, Philosoph, im Magazin *brand eins*, Ausgabe 08/21:
„Die sogenannten Querdenker kämpfen mit der Ignoranzwaffe, und zwar blank gezogen. Das sind Figuren wie aus dem Spätmittelalter, die den Weg in die Moderne und damit zu naturwissenschaftlicher Evidenz und zum Staatsbürgertum inner lich nicht mitgegangen sind. Das hat im Verwechseln der eigenen Wünsche mit der Welt etwas Kleinkindliches. [...] Es gibt für den Selbstgenuss nichts Schöneres als solche Räusche des Irrsinns. Ich glaube, man muss heute über Aussteigerprogramme für Anhänger der Querdenker und anderer Regressionssysteme nachdenken.“

Auf der Liste der führenden deutschen Intellektuellen landet Peter Sloterdijk regelmäßig auf Platz eins. Man sieht, Bildung oder akademischer Rang schützen in keiner Weise davor, dem Gruppenwahn zu verfallen. Weise Worte Arthur Schopenhauers helfen, dies zu verstehen: *„Unter allen Ständen finden wir Menschen von intellektueller Überlegenheit, und oft ohne alle Gelehrsamkeit. Denn natürlicher Verstand kann fast jeden Grad von Bildung ersetzen, aber keine Bildung den natürlichen Verstand."*

Kapitel 10

Die Corona-Verbrechen und ihre Täter

Der Lockdown war keine Naturkatastrophe, die Covid-Impfkampagne kein Schicksal. Sie wurden von Menschen mit Regierungsmacht beschlossen und gegen alle Regeln der Vernunft auch dann noch durchgesetzt, als der unermessliche Schaden nicht mehr zu übersehen war. Dabei wurden Menschen vom Staat dazu angestachelt, aggressiv und brutal gegen Mitmenschen vorzugehen, die gegen diesen Irrsinn protestierten. Es wurden Amtspflichten, Verträge, Versprechen und Gesetze gebrochen – von Menschen, nicht vom Virus. Die Opfer haben ein Recht darauf, dass die Verantwortlichen benannt und zur Verantwortung gezogen sowie, falls Verbrechen vorliegen, angeklagt und gegebenenfalls verurteilt werden.

Juristische Aufarbeitung unausweichlich

Es wird lange brauchen, bis die Wunden der gesellschaftlichen Spaltung zu heilen beginnen. Die beste Therapie ist, der Wirklichkeit endlich zu ihrem Recht zu verhelfen. Am besten in Form eines umfassenden, live übertragenen Untersuchungsausschusses, geleitet von Personen mit glaubhaftem Aufklärungsinteresse und weitgehenden Ermittlungsbefugnissen.

Im Gegensatz dazu werden nun die Rufe nach Versöhnung immer populärer – von denjenigen, die mitgemacht haben. Sie möchten jetzt „den Blick nach vorne" richten. Doch hinter diesen wohlfeilen Äußerungen steckt einzig die Angst vor Aufarbeitung und die Konfrontation mit der eigenen Schuld. Geradezu ein Schlag ins Gesicht der Opfer ist es, wenn wir, wie es Jens Spahn gerne möchte, *einander* verzeihen sollen. Doch unter den Teppich kehren wird nicht funktionieren. Dazu ist der angerichtete Schaden einfach zu riesig. Die Zahl der Opfer des Lockdowns und der Covid-Impfkampagne geht allein in Deutschland in die Millionen. Der Ruf nach Aufklärung wird lauter werden, wenn die Menschen ihre Angst ablegen und zunehmend erkennen, dass ihre Ehepartner, Schwester oder Bruder, Vater oder Mutter, Freunde oder Berufskollegen noch leben würden, dass ihre Unternehmen und ihre berufliche Existenz noch intakt wären, hätte man sie nicht in so tiefgreifender Weise getäuscht.

Welche Anklagen und gegen wen?

Eines ist mir in dieser Zeit klar geworden. Nicht die Demokratie, sondern nur der Rechtsstaat kann uns vor einem Abdriften ins Totalitäre schützen. Er ist nun gefordert.

Viele Juristen arbeiten daran, die Corona-Verbrechen vor Gericht zu bringen. Viele überzeugende Anklagen sind eingereicht, z.B. von KRiStA – Netzwerk Kritische Richter und Staatsanwälte n.e.V. Auf deren Internetseite kann man sich über den Stand der Dinge informieren. Ebenfalls sehr zu empfehlen ist die Seite der Anwälte für Aufklärung e.V. Dieser

Verein engagiert sich ebenfalls in bewundernswerter Hartnäckigkeit für die Opfer der Coronaverbrechen und begleitet sie durch alle Instanzen. Immer wieder erreichen sie Teilerfolge und halten so die Hoffnung hoch. Falls Sie juristische Informationen suchen, empfehle ich Ihnen diese beiden Seiten neben denen der Rechtsanwalts-Kanzleien, die sich inzwischen auf das Riesen-Thema Impfschäden und Schadensersatzklagen gut vorbereiten.

Als Arzt und als Bürger möchte ich nun aus meiner Sicht aufzählen, welche Verbrechen begangen wurden und wer dafür verantwortlich zu machen ist. Die Anklagen könnten z.B. lauten: Nötigung, Vorteilsnahme bis hin zu fahrlässiger Tötung mit Vorsatz. Hier einige Beispiele:

- Es liegt ein eklatanter Bruch der Amtspflichten staatlicher Behörden vor. Allen voran des Robert-Koch-Instituts und des Paul-Ehrlich-Instituts. Als Hauptverantwortliche sehe ich deren Leiter und die vorgesetzten Ministerien: Lothar Wieler, Klaus Cichutek, die verantwortlichen Beamten des Bundesgesundheitsministeriums und des Bundesinnenministeriums mit den Ministern Jens Spahn und Karl Lauterbach, Horst Seehofer und Nancy Faeser.
- Die Einflüsse des Biowaffen-Netzwerks auf die deutschen Institutionen müssen dargestellt und dahingehend untersucht werden, ob es Einflussnahme bzgl. der Maßnahmen und des Genimpfstoffvertriebs unter Vorteilsnahme gab, z.B. in Form schöner Villen oder toller Chefposten bei internationalen Institutionen.
- Das Gleiche gilt für die behördlichen Vorgänge bezgl. der Maskenbeschaffung und der Covid-Massentestungen.
- Die Vorgänge bezgl. der Zulassung der Genimpfstoffe, der Sicherheitsüberwachung und Herstellung müssen genaustens auf Unregelmäßigkeiten überprüft werden. Wurden Gesetze gebrochen, um Qualitätsstandards in gefährlicher Weise zu umgehen?
- Die Vorgänge um die Bettenbelegungen und Covid-Meldungen im Zusammenhang staatlicher Mittelvergaben, sowie die entsprechenden Äußerungen von Funktionären der Deutschen Krankenhausgesellschaft (DKG) und der Deutschen Interdisziplinären Vereinigung für Intensiv- und Notfallmedizin (DIVI) als Sachverständige im Gesundheits-

ausschuss des Deutschen Bundestags müssen untersucht werden. Das Zusammenwirken von Klinikunternehmen, Fachgesellschaften und Behörden zum Zwecke des Missbrauchs öffentlicher Gelder wirft die Frage auf, ob wir nicht eigentlich schon von organisierter Kriminalität sprechen sollten.

- Alle weiteren Behörden auf Stadt-, Kreis, Land- und Bundesebene haben Entscheidungen getroffen und Vorgaben exekutiert, die wider besseres Wissen Menschen geschadet und rechtsstaatliche Garantien verletzt haben. Beamtinnen und Beamte tragen für die Rechtmäßigkeit ihrer dienstlichen Handlungen eine persönliche Verantwortung.
- Die Strafbescheide und Betretungsverbote der Gesundheitsämter gegen Nicht-Genimpfbereite verdienen eine besondere Überprüfung auf Rechtsstaatlichkeit und Haftung.
- Innerhalb medizinischer Einrichtungen ist aufzuklären, ob und in welchem Maß gegen Mitarbeiter und Patienten übergriffig und nötigend vorgegangen wurde. Stichwörter: rechtswidrige Isolationspraktiken, unnötige Frühintubationen oder Nichtbehandlungen oder Benachteiligungen von Nicht-Gengeimpften.
- In den Innenministerien der Länder sowie der Polizeiführung muss ermittelt werden, wer die Verantwortung für die brutalen polizeilichen Übergriffe gegen Corona-Demonstranten trägt.
- Das Vorgehen von Heim- und Schulleitungen ist zu untersuchen; ob sie gegen die Rechte ihrer Schutzbefohlenen verstoßen haben und welche Schäden dadurch entstanden sind.
- Universitäten, Wissenschaftsverbände und STIKO sind dahingehend zu überprüfen, ob deren grob falschen Aussagen zur medizinischen Sachlage und den Genimpfstoffen unter Vorteilsnahme getätigt wurden, z.B. in Abhängigkeit der vergebenen Fördermittel und anderer Interessenskonflikte.

Weiterer nicht-juristischer Vorschlag zur Unterstützung der gesellschaftlichen Gesundung: Die Abgeordneten, die für das neue Infektionsschutzgesetz und seine Verschärfungen sowie für die Fortführung der Maßnahmen und die Impfpflicht gestimmt haben, sollen sich einfach nur in

Grund und Boden schämen. Der demokratische Rechtsstaat liegt bei diesen Politikern nicht in guten Händen.

Wer haftet für die Schäden der Genimpfopfer?

Die Politik sowie die Ärztekammern haben genimpfenden Ärzten versprochen, dass sie nicht für Schäden in Haftung genommen werden können. Erinnern wir uns an die Spahnsche Verordnung (siehe Seite 129), in der dies ausdrücklich steht. Genimpfende Ärzte vertrauten diesen Versprechungen sogar dann noch, als die Hinweise auf ein erhebliches Sicherheitsproblem nicht mehr zu überhören waren, und impften einfach weiter. Sie impften auch dann ein zweites und ein drittes Mal, wenn ihre Patienten von ernsten Problemen nach der ersten Injektion berichteten.

Abgesehen davon, dass ich dies alles für fachlich wie ethisch inakzeptabel halte, wäre es besser gewesen, sich die Spahnsche Verordnung genauer anzuschauen. Dort steht nämlich, dass die Haftungsfreigabe bei grober Fahrlässigkeit oder Vorsatz entfällt. Frühzeitig hat die Rechtsanwältin Beate Bahner in ihrem Buch „Corona-Impfung: Was Ärzte und Patienten unbedingt wissen sollten", davor gewarnt, die besonderen Aufklärungspflichten bei einem experimentell zugelassenen Arzneimittel auf die leichte Schulter zu nehmen. Erste Klagen sind bereits eingereicht. Betroffene Ärzte werden schnell erleben, wie Politik und Kammern in Turbogeschwindigkeit darauf verweisen werden, dass der Haftungsausschluss natürlich nicht bedeutet, dass der behandelnde Arzt von seinen Aufklärungspflichten entbunden wäre. Ich möchte nicht weiter spekulieren, was das bedeutet, könnte mir aber vorstellen, dass wir irgendwann eine Generalamnestie für Genimpfärzte brauchen, um die allgemeine medizinische Versorgung nicht zu gefährden.

Ist unsere Justiz wirklich unabhängig?

Die bisherigen Erfahrungen deuten an, wie dick die zu bohrenden Bretter der Gerechtigkeit in deutschen Gerichtssälen sind. In den Eilentscheidungen gegen Maßnahmen und Impfzwang versteckten sich fast alle Richter hinter der Annahme, die Mehrheit eines gewählten Parlaments werde schon wissen, was sie tut. Die Corona-Krise hat dabei die

Schwächen des deutschen Justizsystems schonungslos offengelegt. Man darf aus gutem Grund in Deutschland die klassische Gewaltenteilung einer Demokratie zumindest teilweise infrage stellen. Völlig zurecht kritisiert beispielsweise der Europäische Gerichtshof (EuGH) die Weisungsgebundenheit der deutschen Staatsanwaltschaft durch die Politik. Was ist beispielsweise davon zu halten, wenn eine richterliche Aufhebung der Maskenpflicht an zwei Schulen in Weimar eine staatsanwaltlich angeordnete Durchsuchung nach sich zieht? Und zwar von Dienstzimmer, Privatwohnung inklusive Smartphone-Beschlagnahmung des mittlerweile suspendierten Familienrichters, der derzeit seinem Prozess wegen „Rechtsbeugung" entgegensieht. Das alte Mao-Prinzip – *„Bestrafe einen, erziehe hundert"* – wird auch hier wirken. Und in der Tat entwickelten sich Urteile gegen die Corona-Politik zur Mutprobe. Dagegen empört die Härte gegen coronakritische Angeklagte. Drei Jahre Haft ohne Bewährung mit Berufsverbot für eine Kollegin, die massenweise, aber in bester Absicht Maskenatteste ausgestellt hat. Es ist schwer, wie im Falle von Michael Ballweg nicht an politische Urteile zu denken. Ganz abgesehen von tausenden absurden Ordnungsstrafen. Nicht nur für die Betroffenen ist es dagegen unerträglich, wenn gröbste Verstöße gegen die Arzneimittelsicherheit mit tausenden Toten keinen Staatsanwalt interessieren. Aber was würde ihm wohl drohen, sollte er diesbezüglich mit Ermittlungen beginnen?

Spätes Recht ohne Konsequenzen

Während des Lockdowns und der Genimpfkampagne entschieden Gerichte in ihren Eilanträgen staatstragend fast durchweg im Sinne der Regierung. Die aktuellen Urteile in den Hauptverfahren deuten an, dass den Eilanträgen später objektivere Entscheidungen über das Corona-Unrecht folgen werden. So erklärte im November 2022 das Bundesverwaltungsgericht in Leipzig die Ausgangsbeschränkungen in Bayern während der ersten Welle der Corona-Pandemie für unzulässig. Die Frage darf aber erlaubt sein, was dieses Urteil den Schülern oder den einsam im Lockdown Gestorbenen zwei Jahre später noch nützen soll. Reaktion? Der Hauptverantwortliche für diesen Verfassungsbruch und einer der schlimmsten Lockdowner, Ministerpräsident Markus Söder, duckt sich weg und flüchtet sich in Fantasiezahlen: 130.000 Menschen habe seine Corona-Politik das Leben gerettet. Als engagierter Christ habe er sich dazu verpflichtet gefühlt. Doch Gerechtigkeit ist etwas anderes. Ein wahrer Christ übernimmt Verantwortung für seine Fehler. Ein Rücktritt wäre da nur der erste Schritt.

Schützenhilfe aus dem Ausland

Schützenhilfe aus anderen Ländern wird unserer Corona-Rechtsprechung sicher guttun. Und die wird es geben. Viele Länder beginnen bereits mit der Aufarbeitung der Fehler. Die Ministerpräsidentin des kanadischen Bundesstaates Alberta, Danielle Smith, hat sich bereits für die Diskriminierung der Ungeimpften entschuldigt und kündigt umfassende Aufarbeitung an. Außerdem verbittet sie sich unangemessene Einflussnahme internationaler, nicht demokratisch legitimierter Organisationen auf die Gesundheitspolitik. Viele Impulse werden aus den USA kommen. Zahlreiche Berufsverbote ungeimpfter Polizisten oder Feuerwehrleute wurden schon als rechtswidrig anerkannt, ausstehende Gehälter ausgezahlt. Die Schadenersatz-Klagewelle, die dort auch in Form von Sammelklagen möglich wird, wird in den nächsten Jahren zu einer umfassenden Aufklärung führen. Meine Prognose: Aufgrund der jetzt schon bekannten Unregelmäßigkeiten bei Pfizer wird Vorsatz geltend gemacht werden. Es wird zu Rekordstrafen kommen, die Pfizer nicht überleben wird. BioNTech wird es nicht anders ergehen. Ist es Naivität oder Hybris, wenn die Gründer in ihrem Buch „Projekt Lightspeed: Der Weg zum BioNTech-Impfstoff“ die Zulassung vorbei an allen Sicherheitsstandards selbst dokumentieren?

Ron DeSantis, Gouverneur des US-Bundesstaates Florida, war im Herbst 2020 so klug, die Corona-Schutzmaßnahmen de facto zu beenden und damit sein Land vor weiterem Schaden zu bewahren. Er verbot jede Form von Impf-Diskriminierung, die er sogar gesetzlich unterband. Nun stellte er einen dreistufigen Rechenschaftsplan vor. Erste Stufe: Einsatz einer Grand Jury zur Untersuchung von Verbrechen und Fehlverhalten gegen Floridas Einwohner im Zusammenhang mit dem Covid-19-Impfstoff. Zweite Stufe: Erstellung einer Studie zur Klärung plötzlicher

Todesfälle nach der Impfung gegen Covid-19 in Florida, basierend auf Autopsieergebnissen. Dritte Stufe: Bildung eines Untersuchungsausschusses, der die Integrität der öffentlichen Gesundheitsämter prüft.

Am 22. Dezember 2022 genehmigte der Oberste Gerichtshof von Florida die Einsetzung einer landesweiten Grand Jury, um mutmaßliches Fehlverhalten im Zusammenhang mit Covid-19-Impfstoffen zu untersuchen. In der Verfügung des Obersten Gerichtshofs heißt es, dass die Grand Jury Personen und *„Einrichtungen, einschließlich, aber nicht beschränkt auf, pharmazeutische Hersteller (und ihre leitenden Angestellten) und andere medizinische Vereinigungen oder Organisationen, die an der Konzeption, Entwicklung, klinischen Prüfung oder Untersuchung, Herstellung, Vermarktung, Vertretung, Werbung, Verkaufsförderung, Kennzeichnung, Verteilung, Formulierung, Verpackung, Verkauf, Kauf, Spende, Abgabe, Verschreibung, Verabreichung oder Verwendung von Impfstoffen beteiligt sind, die angeblich Covid-19-Infektionen, -Symptome und -Übertragungen verhindern sollen“*, überprüfen wird. Sie meinen es ernst. Sollte DeSantis sogar Präsident werden, und die Chancen stehen gut, dann darf man sich Hoffnung auf eine umfassende politische Aufklärung machen, dem sich andere Länder nicht verschließen können. Auch Deutschland nicht, da sollte sich niemand falsche Hoffnungen machen. Man darf gespannt sein, wann die deutschen „Qualitäts“-Medien die Zeichen der Zeit erkennen und sich zu großen Rufern nach Aufklärung wandeln.

Das Grundgesetz wird zum Papiertiger

Der Erfolg unserer freien Gesellschaft beruht auf dem Konsens, dass am Ende des Tages rationale Entscheidungen getroffen werden. Die Grundvoraussetzung dafür ist jedoch der offene, angstfreie Streit um die besten Lösungen, den unser Grundgesetz prinzipiell garantiert. Während der Corona-Krise haperte es jedoch gewaltig daran. Man bekam zeitweise das Gefühl, in einer Art Diktatur der Mehrheit zu leben. Deshalb ist es nun Zeit, die Frage zu stellen, ob die Corona-Politik der Bundesregierung verfassungsgemäß war. Der Sachverständigenrat hat diese Frage bereits verneint. Doch entscheidend sind die Urteile des Bundesverfassungsgerichts (BVerfG) in Karlsruhe.

Ohne die Durchsetzung von Verhältnismäßigkeit kein Rechtsstaat

Das BVerfG lehnte mehrere hochwertige Corona-Klagen ab, obwohl sie genau mit den Argumenten unterlegt waren, wie sie in diesem Buch aufgeführt werden. Dass der Regierung ein Ermessungsspielraum gewährt wird, ist nicht zu beanstanden. Aber nur für eine kurze Frist. Danach hätte das Bundesverfassungsgericht auf den wichtigsten Grundsatz bestehen müssen, der unser Grundgesetz erst zur verlässlichen Grundlage einer rechtsstaatlichen Demokratie macht: den Grundsatz der Verhältnismäßigkeit. Verhältnismäßigkeit verlangt, dass jede Maßnahme, die in Grundrechte eingreift, einen legitimen öffentlichen Zweck verfolgt und überdies geeignet, erforderlich und verhältnismäßig im engeren Sinn („angemessen") ist. Eine Maßnahme, die diesen Anforderungen nicht entspricht, ist rechtswidrig.

Waren die Maßnahmen erforderlich? Die gesamte übergriffige Pandemiepolitik der Bundesregierung basierte letztlich auf der Feststellung einer „epidemischen Lage von nationaler Tragweite", die durch den Deutschen Bundestag am 28. März 2020 erfolgte. Das Kapitel 1 beweist anhand harter Zahlen, dass es diese epidemische Lage nationaler Tragweite nie gab. Den Nachweis, dass er realistisch drohte, hätte die Regierung zu keinem Zeitpunkt liefern können. Eine vorsichtige Entwarnung hätte stattdessen schon im Frühjahr 2020 erfolgen müssen. Doch Kapitel 8 belegt, dass die Bundesregierung an einer fachgerechten Beurteilung der Lage kein Interesse hatte, ja sie aktiv sabotierte.

Wie steht es mit „geeignet und verhältnismäßig"? Um dies zu bewerten, müssen auch die Schäden, die Maßnahmen anrichten, berücksichtigt werden. In Form einer Wahrscheinlichkeitsprognose, so wie sie der Oberregierungsrat Stephan Kohn den Krisenstäben der Regierung in Form einer umfassenden Risikoanalyse vorgelegt hat. Prognosen, die, von vielen Fachleuten geteilt, exakt zutrafen und für die Kohn von der Regierung durch Verlust des Beamtenstatus bestraft wurde. Die Wahrheit ist: Die Bundesregierung interessierte sich nicht für die erwartbaren Millionen Opfer, die die unnötigen Maßnahmen mit psychischen, körperlichen und beruflichen Schäden bezahlten, viele auch mit ihrem Leben. Das BVerfG hätte somit nach kurzer Zeit feststellen müssen, dass der Grundsatz der Verhältnismäßigkeit gebrochen wurde.

Das Bundesverfassungsgericht war Teil des Hypes

Die Anwendung des „Gesetzes zum Schutz der Bevölkerung bei einer epidemischen Lage von nationaler Tragweite" vom 27. März 2020 war somit nach meiner Auffassung verfassungswidrig. Dennoch stellte das Bundesverfassungsgericht der Regierung einen Freifahrtschein aus, mit dem sie willkürlich medizinische Notlagen feststellen kann, um Freiheitsrechte einzuschränken. Und der Gesetzgeber setzt sogar noch einen drauf: Mit der Verabschiedung des Gesetzes zur Stärkung des Schutzes der Bevölkerung und insbesondere vulnerabler Personengruppen vor Covid-19 vom 16. September 2022 wird komplette staatliche Willkür möglich. Für die Zeit vom 1. Oktober 2022 bis zum 7. April 2023 werden die bundesweit geltenden besonderen Schutzmaßnahmen unabhängig von einer epidemischen Lage von nationaler Tragweite bei saisonal hoher Infektionsdynamik erlaubt, ohne einen belastbaren Beleg für die Verhältnismäßigkeit vorlegen zu müssen.

Zu Deutsch, das aktuelle Bundesverfassungsgericht degradiert unser Grundgesetz zum Papiertiger. Es bietet keinen Schutz mehr vor einer übergriffigen Regierung, die Fremdinteressen höher wertet als die Unversehrtheit der eigenen Bevölkerung. Die Aufarbeitung der Corona-Krise muss deshalb ganz zentral die Frage beantworten, wie das BVerfG zukünftig seiner Aufgabe wieder besser gerecht werden kann. Mein Vorschlag wäre, verstärkt darauf zu achten, dass nur Freunde der Grundrechte, die sich als exzellente Verfassungsrechtler bewiesen haben, mit dem Präsidentenamt betraut werden.

Liegt ein Verbrechen gegen die Menschlichkeit vor?

Der Begriff „crime against humanity" wurde erstmals angesichts des Völkermordes an den Armeniern 1917 formuliert. Der Straftatbestand eines Verbrechens gegen die Menschlichkeit ist Teil des Völkerstrafrechts (§7), der durch einen ausgedehnten oder systematischen Angriff gegen eine Zivilbevölkerung gekennzeichnet ist. Im Rahmen der Nürnberger Prozesse gegen die NS-Kriegsverbrecher wurde der Tatbestand 1945 im sog. Londoner Statut erstmals völkerrechtlich festgelegt. Der zuständige Internationale Gerichtshof hat seinen Sitz in Den Haag.

Ist eine Anklage vor diesem Internationalen Gerichtshof wegen Verbrechen gegen die Menschlichkeit im Zusammenhang mit den staatlichen Corona-Maßnahmen gerechtfertigt? Darf man – gerade in Deutschland – diesen Tatbestand heranziehen, der doch so sehr mit den NS-Verbrechen verknüpft ist? Ist an dieser Stelle nicht äußerste Zurückhaltung geboten?

Machen wir uns bewusst: Der umfassende Hype, das Drängen in den Lockdown, um dann als Rettung weitgehend wirkungslose, aber potenziell hochgefährliche Arzneimittel weltweit zu vermarkten, spricht für ein konzertiertes Vorgehen ohne Rücksicht auf Leib und Leben. Der Zwang, an einem Menschenversuch teilzunehmen, sowie die Integration gruppenmoralistischer Elemente, die bewusst auf die Vernichtung kritischer Gruppen setzen, hebt meines Erachtens den Corona-Hype in den Rang eines systematischen Angriffs auf die Zivilbevölkerung. Die Hauptakteure des dafür verantwortlichen Biowaffen-Netzwerks wurden in diesem Buch bereits genannt. Ich kann keinen anderen Antrieb erkennen, als Milliardengewinne zu erzielen ohne Respekt vor dem Leben selbst. Eine umfassend recherchierte Klage, die genau dies belegen möchte, liegt Den Haag bereits vor.

Doch die Hauptverantwortung für die Umsetzung dieses Angriffs liegt bei den Staatsführungen. Insbesondere den Regierungen der Zero-Covid-Staaten Neuseeland und Australien ist dieser Vorwurf zu machen, von China ganz zu schweigen. Man kann Bundeskanzlerin Angela Merkel nicht vorwerfen, wenn sie aufgrund der Situation im März 2020 selbst in Panik geriet. Aber es liegt in ihrer Verantwortung, wie in der ihres Nachfolgers Olaf Scholz, die tatsächliche Gefahr für die Bevölkerung zu erkennen, um solche Angriffe abzuwehren. Das ist die ureigenste Aufgabe eines Bundeskanzlers. Und daran sind beide gescheitert. Doch die verantwortlichen Staatenlenker werden wohl kaum in Den Haag auf der Anklagebank landen, denn sie müssten sich derzeit selbst anzeigen. Das anzunehmen, ist selbstredend unrealistisch.

Dennoch ist es dringend geboten, diesen neuartigen Angriff auf die Zivilbevölkerung zukünftig in den Kanon eines „Verbrechens gegen die Menschlichkeit" mit aufzunehmen und international strafrechtlich zu verfolgen. Denn die Verbrechensdimension, mit der eine Massenanwendung gefährlicher Arzneimittel systematisch an Gesetzen und Sicherheitsvorschriften vorbei durchgesetzt wird, ist erschreckend. Viele können sich noch nicht die dahintersteckende kriminelle Energie vorstellen, mit der ganze Regierungen, Wissenschaft und Medien in diese Verbrechen eingebunden werden. Deshalb muss eine breite gesellschaftliche Debatte darüber beginnen. Ohne die öffentliche Aufdeckung dieser international agierenden Strukturen wird jede Aufbereitung und jede Anklage hinsichtlich der Corona-Vergehen und -Verbrechen unvollständig und im Kern unwirksam bleiben. Die Angriffe werden sonst einfach fortgeführt werden.

Schluss

Es ist nicht vorbei

In den nächsten Wochen, Monaten und Jahren werden immer mehr empörende Details und Zusammenhänge aufgedeckt werden, die die kriminelle Energie des Corona-Komplotts immer deutlicher zu Tage treten lassen. Angesichts der Opferzahlen wird es immer schwieriger werden, an den Corona-Lügen festzuhalten. Es ist zu hoffen, dass die Mehrheit ihren Irrtum bald erkennt. Doch das wird nicht einfach. Denn das Eingeständnis, von *Tagesschau,* Talkshows, Universitäten und Ministern in diesem Ausmaß getäuscht und aufgehetzt worden zu sein, bedingt auch die Bereitschaft, sich mit der damit verbundenen Erschütterung des Vertrauens in die Institutionen auseinanderzusetzen – und mit der eigenen Scham. Jeder ist willkommen, der diesen Weg aus der Lüge gehen möchte. Zur eigenen Gesunderhaltung ist er auch dringend zu empfehlen. Denn wer immer mehr Energie aufwenden muss, um die Wirklichkeit abzuwehren, wird in einen immer größeren inneren Konflikt geraten, der in Zwangsstörungen und Neurosen münden kann.

Die globale Krisen-Lobby

Auch gesamtgesellschaftlich ist eine umfassende juristische Aufklärung nicht nur aus Gerechtigkeitsgründen dringend notwendig. Nicht aus Rache, sondern aus Gründen der Prävention, denn die Nachfolge-Kampagnen stehen schon in den Startlöchern. Das mächtige Netzwerk, welches in Kapitel 4 und 5 beschrieben wird, ist Teil einer Art globaler Krisen-Lobby, deren Geschäftsmodell auf dem Aufblasen von normalen Menschheitsproblemen zu Endzeit-Untergangskatastrophen beruht. Im Zuge einer angeblichen Rettung werden dann handstreichartige Machtbefugnisse und Riesengewinne durchgesetzt. Vorbei an nationaler Selbstbestimmung und demokratisch verankerten Institutionen.

Die Protagonisten treffen sich besonders gerne auf dem Weltwirtschaftsforum (WEF) in Davos, wo sich jährlich das Führungspersonal der Welt versammelt. Chef des WEF ist Klaus Schwab, der 2020 in seinem Buch „Covid-19: The Great Reset“ (auf Deutsch: Der große Umbruch) beschrieben hat, wie sich die dortigen Eliten die Lösung aller Probleme vorstellen: Alle Normalos geben ihre Selbstbestimmung an eine globale Zentralgewalt ab, weil die viel besser weiß, was gut für alle ist. So werden die Hunger-, Migrations-, Kriegs-, und Klimaprobleme gelöst. Wer dabei eigene Vorstellungen für sinnvoller hält, ist ein unverbesserlicher Hinterwäldler, der durch Überwachung identifiziert werden sollte, bevor er Schaden anrichtet. Durch Entzug von Rechten soll er danach wieder auf Linie der größeren Weisheit gebracht werden. Ich übertreibe etwas – aber nur ein wenig.

Der nächste Hype wird vorbereitet

Inzwischen existieren unzählige Organisationen und Programme, die alle irgendwie die Welt retten wollen. In Wirklichkeit werden über sie große Geldmengen bewegt und Gefolgsleute versorgt, meist aus öffentlichen Geldern. Wie beispielsweise die EcoHealth Alliance, die in Wirklichkeit als Geldwaschanlage für die Biowaffenforschung fungiert. Wer sich mit den Texten dieser Organisationen beschäftigt, kann sich des Eindrucks nicht erwehren, dass alles etwas eindimensional wirkt, um nicht zu sagen dümmlich. Doch sie meinen es ernst. Todernst. Wenn im

Januar 2023 Karl Lauterbach und die Architekten des Corona-Komplotts um Jeremy Farrar in Davos über das Jahrhundert der Pandemien fantasieren, sollte man hellhörig werden. Schuld sei der Klimawandel, was sonst. Der nächste Hype liegt dann bereits in der Luft. Schon wieder wird mehr staatliches Engagement zur Vorbereitung und für die Entwicklung neuer „Impfstoffe" gefordert.

Die unsinnige, fachlich durch nichts zu rechtfertigende Verknüpfung mit den natürlichen Klimaschwankungen bietet in besonderer Weise die Möglichkeit, den dazu notwendigen Leidensdruck zu erzeugen. So sollen z.B. zukünftig laut WEF und den Vereinten Nationen (UN) beim Verfehlen völlig irrationaler Klimaziele die Bürger mit elektronischen Straßensperrungen und saftigen Bußgeldern gezwungen werden, ihre Bewegungsfreiheit einzuengen. Oxford wird die „15-Minuten-Stadt" ab 2024 einführen, Berlin möchte folgen. Das Bundesverfassungsgericht stellt mit seinem Urteil im März 2021 vorsorglich die Grundrechte unter einen Klima-Vorbehalt. Die Bundestagsvizepräsidentin Katrin Göring-Eckardt (Grüne) stimmt auf Klima-Lockdowns ein: *„Die Klimakrise wird uns noch viel mehr Einschränkungen abverlangen."* Dazu passen die aktuellen Pandemie-Pläne der WHO, die man nur noch als Anleitung zur Meinungsunterdrückung, digitalen Überwachung und Abgabe nationalstaatlicher Souveränität bezeichnen kann. Schon wieder werden auf Grundlage von Computermodellierungen Millionen Tote angekündigt und schon wieder werden ebenso sinnlose wie nebenwirkungsreiche Maßnahmen medial als alternativlose Rettung auf allen Kanälen verbreitet.

Um was geht es den Weltenrettern wirklich? Wie immer um Macht und Geld. Viel Geld, und zwar durch Umverteilung von unten nach oben. Während hunderttausende Mittelständler während des Lockdowns in finanzielle Nöte gerieten, erzielt die Börse Rekordgewinne. Während sich der Normalbürger zunehmend auf Mangel und Verzicht einstellen muss, werden Unsummen öffentlicher Gelder in die Netzwerke dieser globalen Krisen-Lobby gepumpt. Woran ich nicht glaube, sind absichtliche diabolische Pläne zur Dezimierung und Umwandlung der Menschheit zu steuerbaren Robot-Menschen. Vielleicht fehlt mir dazu auch die Fantasie. Aber ich glaube an die menschliche Gier nach Macht und Geld.

Eine Gier, die nie genug davon bekommt und dabei über Leichen geht. Und die zwangsläufig immer damit einhergehende Grenzüberschreitung, die ab einem gewissen Punkt zu Kontrollverlust und Chaos führt.

Der Staatsstreich der Dilettanten

Würde unsere Gesellschaft von fachkundigem wie verantwortungsvollem Personal geführt, hätten solche systematischen Angriffe keine Chance. Doch schon seit Jahren breiten sich in den Führungsetagen der westlichen Demokratien Inkompetenz-Netzwerke aus, die die gesellschaftliche Widerstandskraft schwächen. Eine direkte Folge der Hypermoralisierung. Heute wird mit der richtigen Haltung Karriere gemacht. Sachwissen, welches dieser Haltung widersprechen könnte, stört da eher und muss bekämpft werden. In den 1980er Jahren wäre der Corona-Hype sofort als Panikmache entlarvt worden. Noch 2009 wurde der Schweinegrippe-Hype von Ärzten und Patienten wenigstens nach einigen Monaten durchschaut. Doch seitdem hat sich die institutionelle Unfähigkeit derart ausgebreitet, dass man von einem Staatsstreich der Dilettanten sprechen könnte.

In Folge plündern Inkompetenz-Netzwerke seit Jahren die öffentlichen Kassen und alimentieren ihre Anhängerschaft durch Jobs und schönklingende Programme zur „Demokratieförderung", besonders in den Medien. Aber wie es sich für Moralisten gehört, ist das eigentliche Ziel ein anderes: die breite gesellschaftliche Stigmatisierung anderer Meinungen, die ihre Unfähigkeit enttarnen könnten. Zu diesem Zweck schrecken sie zunehmend auch vor totalitären Methoden nicht zurück, wie Zensur und brutale Einschüchterung. Jeder Krisen-Hype dient dabei als willkommener Vorwand und natürlich – der wohlfeile Kampf gegen rechts. Das ist der eigentliche Grund, warum die allermeisten Politiker nichts von der Corona-Wirklichkeit wissen wollen. Sie haben Angst vor dieser Meute.

Wenn jedoch echte Probleme zu meistern sind, zeigt sich die schwindende institutionelle Kompetenz; man schaue nur ins Ahrtal oder auf die Migrations- oder Energieprobleme. Unsere Gesellschaft ist so zur leichten Beute für Angriffe wie den des Corona-Hypes geworden. Je dümmer, desto leichter steuerbar. Ein Blick auf die beruflichen Lebensläufe und peinlichen Äußerungen des aktuellen politischen Führungspersonals widerlegt die These des Dilettanten-Staates nicht gerade. Doch diesmal könnten alle zu weit gegangen sein.

Der Löwe ist geweckt

Die vielen Opfer des Lockdowns und der Genimpfungen sind nicht mehr zu übersehen. Die Corona-Krise hat die vielfältigen Fehlentwicklungen unserer Gesellschaft in besonders eindrücklicher Weise offenbart. Die zunehmenden Proteste zeigen: Der schlafende Löwe, die arbeitende Zivilgesellschaft, ist geweckt. Sie möchte für gewöhnlich unbehelligt von politischen Ränkespielen ihr Leben leben. Doch immer mehr Menschen erkennen nun, wie gefährlich es ist, die politische Macht autoritären Dilettanten zu überlassen. Sie werden die tägliche Indoktrination immer häufiger hinterfragen. Das ist gut, denn eine freiheitliche Demokratie lebt nicht vom blinden Glauben an die Staatsmacht, sondern vom Misstrauen den Mächtigen gegenüber.

Vielleicht wird die Corona-Krise einmal als Wendepunkt gelten, ab dem die westlichen Demokratien wieder ihren Weg zurück zu einer offenen Debatte und zu verantwortlichem staatlichen Handeln gefunden haben. Werden Entscheidungen wieder auf dem Boden der Wirklichkeit getroffen, wird es ein Leichtes sein, zukünftige Hype-Angriffe abzuwehren. Die konsequente juristische und gesellschaftliche Aufarbeitung der Corona-Krise bietet die große Chance dazu. Damit dies gelingt, halte ich es für angebracht, auf die völkerrechtliche Dimension des Verbrechens zu bestehen, um der Forderung nach Aufklärung die notwendige Durchschlagskraft zu verleihen. Denn das zugrundeliegende Verbrechen, um das es dabei geht, ist kein verzeihlicher Fehler, nicht die übliche Korruption und auch nicht nur organisierte Kriminalität. Es ist ein systematischer Angriff auf die Bevölkerung durch die eigene Staatsmacht.

Es ist ein Staatsverbrechen.

Danke – Hall of Fame

Mein besonderer Dank gilt dem Team von Achgut.com und meinem Lektor Claudio Casula. Sie hielten in der Corona-Zeit die Fahne des unabhängigen Journalismus hoch und ermöglichten Kritikern wie mir, sehr viele Menschen zu erreichen. Es ist eine Freude, mit Euch zusammenzuarbeiten.

Die Corona-Krise hatte auch eine ganz besondere positive Seite. Noch nie lernte ich so viele wunderbare Menschen kennen, mit denen sich in kürzester Zeit eine tiefe Verbundenheit aufbaute. Oft reichte ein Blick oder eine Bemerkung an der Hotelrezeption, im Taxi oder an einer Kasse, um eine seelische Corona-Verwandtschaft zu erkennen und in ein vertrauensvolles Gespräch zu kommen. In ganz Deutschland haben sich auf diese Weise Gemeinschaften entwickelt, die sich gegenseitig unterstützen, um den anhaltenden gesellschaftlichen Irrsinn gemeinsam besser ertragen zu können.

Wer dagegen immer noch im aktuellen Corona-Gruppenwahn gefangen ist, kann zwar selbst durch die besten Argumente nicht überzeugt werden, benötigt aber immer mehr Energie, um die Wirklichkeit abzuwehren. Die Welt des Corona-Wahns wird so immer grauer und zynischer. Vielleicht ist das beste Mittel, diese Menschen zu erreichen, ihnen zu zeigen, dass es bei uns lustiger, freundlicher, offener zugeht, dass wir Feste feiern, bei denen man sich umarmt, statt Abstand zu halten, und dass wir unseren Kindern die Lust am Leben vermitteln und nicht die Angst davor. Vielleicht wird auf diese Weise das Lügengebirge zusammenfallen, weil es dort, wo die Wirklichkeit lebt, einfach schöner ist, und dadurch die Sehnsucht, dem freudlosen Corona-Wahn zu entfliehen, immer größer wird.

Auf meinem persönlichen Weg habe ich unzählige Kollegen, Wissenschaftler, Journalisten, Künstler und so viele andere kennengelernt, die sich gegen die Corona-Lügen und das Corona-Unrecht – teils leise, teils lautstark – einsetzen. Aus ganz unterschiedlichen gesellschaftlichen und politischen Richtungen stammend, eint sie alle die Liebe zur Freiheit und Wahrhaftigkeit. Sie setzen sich mit einer Klarheit, Würde und Unbeirrtheit dafür ein, trotz übelster Diffamierung und vielen Nachteilen, die sie dabei erdulden müssen. Das Hemingway'sche *„grace under pressure"* blühte in der Corona-Krise auf, und ich bin stolz, Teil dieser großen Gemeinschaft zu sein.

Ich danke allen von Herzen, Ihr seid meine Hall of Fame.

Quellen und Anmerkungen

Die allermeisten Quellen zu diesem Buch sind offen im Internet aufrufbar, indem man die Stichwörter in eine Suchmaschine eingibt. Zusätzliche Quellenangaben, z.B. zu wissenschaftlichen Veröffentlichungen, finden sich in einem speziellen Dossier zu diesem Buch:
https://www.achgut.com/artikel/gunter_frank_das_staatsverbrechen_dossier

Dort finden Sie auch vielfältige Links zu weiteren Informationsquellen, Nachrichtenmedien – und einem neuen 24-Stunden-Radiosender. Viele davon gibt es erst seit der Corona-Krise als Reaktion auf die anhaltende Wirklichkeitsverweigerung der etablierten Medien. So fanden sich profunde Beiträge und hoher journalistischer Standard fast ausschließlich in Medienangeboten abseits des Etablierten. Solch kritischer Journalismus wurde zwar ausgegrenzt, z.B. von der Bundespressekonferenz, und natürlich als „rechts" geframt, aber das konnte nicht verhindern, dass die neuen Medien inzwischen ein Millionenpublikum erreichen.

Wie bereits im Buch erwähnt, empfehle ich denjenigen, die sich zum Thema Genimpfschäden informieren möchten, insbesondere diese zwei Seiten:
cormea.org
corih.de

Wer juristische Corona-Informationen sucht, wird besonders auf diesen zwei Seiten fündig:
netzwerkkrista.de
afaev.de

Wer Ärztevereinigungen sucht, die den
Coronawahn kritisch sehen wird z.B. hier fündig:
aerzte-hippokratischer-eid.de
individuelle-impfentscheidung.de
aletheia-scimed.ch
mwgfd.org

Sehr zu empfehlen auch die englischsprachige
Great Barrington Declaration:
gbdeclaration.org

Und zum Schluss eine Seite, die mir ganz besonders am Herzen liegt. Seit Beginn der Corona-Krise 2020 treffen sich viele kritische Ärzte und Therapeuten weltweit, um sich darüber auszutauschen, wie man sich und seine Patienten gegen medizinischen Missbrauch und gesellschaftliche Repressalien schützen kann. Aus meiner Heimatgruppe im Rhein-Neckarraum ist daraus der Text der Heidelberger Ärzteerklärung entstanden. Alle Ärzte, Psychotherapeuten und Zahnärzte sind weltweit eingeladen, diese Erklärung namentlich mitzuzeichnen, um so ein öffentliches Zeichen zu setzen gegen den Bruch ärztlicher Ethik und den dadurch drohenden Vertrauensverlust in die moderne Medizin. Patienten können auf dieser Seite Ärzte in ihrer Nähe finden, die diese Erklärung mitgezeichnet haben. Es sind derzeit fast 1.000:
www.heidelberger-aerzteerklaerung.org

Weitere Bücher von Gunter Frank

Gunter Frank
Lizenz zum Essen: Stressfrei essen, Gewichtssorgen vergessen
2009, Piper Verlag

Gunter Frank
Schlechte Medizin – ein Wutbuch
2012, Knaus Verlag

Gunter Frank
Fragen Sie Ihren Arzt – aber richtig! – Was Patienten stark macht.
2015, Südwest Verlag

Gunter Frank/Léa Linster/Michael Wink
Karotten lieben Butter – Eine Sterneköchin, ein Arzt und ein Wissenschaftler über traditionelles Kochwissen und gesunden Genuss
2018, Knaus Verlag

Gunter Frank/Maja Storch
Die Mañana-Kompetenz – Wer Pausen macht, hat mehr vom Leben
Neuauflage 2021, Piper Verlag

Gunter Frank/Henning Fritz/Daniel Strigel
Powern & Pausieren – Überleben in der Leistungsgesellschaft mit Konzepten aus dem Spitzensport
2020, Verlag Edition Essentials

Gunter Frank
Der Staatsvirus
2021, Achgut Edition

Weitere Informationen zu meiner Arbeit
finden Sie auch auf *www.gunterfrank.de*